U0147032

我為什麼告別高盛

以及華爾街教我的那些事

WHY I LEFT GOLDMAN SACHS

A Wall Street Story

Greg Smith
葛瑞・史密斯 著
洪慧芳 譯

目次

作者序

當做錯事的人沒有受罰，還大賺其錢時……

期待更多的透明與負責

這本書談的是我在高盛十二年生涯所記得的一切，目的是希望藉由我在高盛的工作和經歷告訴大家：在一個充滿利益衝突的體制和產業中，有時甚至需要挑戰道德界線、犧牲誠信，才能出人頭地。

由於我要揭露的是體制、不是個人，因此更動了書中一些人名及描述。

我是憑著記憶書寫的，盡量讓原始對話重現，保留原汁原味。若有任何疏漏或出入，由我獨自承擔責任。

當初投書時我主要的遲疑，不是對自己提的論點有任何疑慮（我堅信那些論點），而是擔心對一家企業及一個產業如此重砲開轟，是否存在著道德上的問題。畢竟有成千上萬名誠實的從業人員每天仍做好分內的事，努力工作養家，更何況多年來無論公司內外，很多人都待我不薄。

但是在我離職前的十二個月期間，我和公司幾位同事談了數十次，我看到很多人跟我一樣，對體制都感到失望，大家常被要求做出有道德疑慮的決策。有時候，當你看到有人做錯事非但沒有受罰，還因此大賺其錢時，理智可能告訴你那樣做沒錯，但事實並非如此。

這幫我釐清了我的決定，我心想：「如果我的投書，能以自己微小的力量促成一個更合乎道德的體制，長期來說每個人都能受惠。」無論是《紐約時報》的那篇文章或這本書，我的目的都是具建設性而不是破壞性的：我希望能讓這個體制變得更透明、更有擔當，從而改善整個體制。

我要感謝大中央出版社（Grand Central）給我機會寫這本書。我的出版商傑米．拉布（Jamie Raab）非常棒，我們首次碰面時，他就展現了豐富的學識，設想周到，在合作的過程始終如一。我還要感謝大中央出版社整個團隊的辛苦與專業，尤其是凱莉．徐麥克（Kallie Shimek）和梅瑞狄斯．哈格蒂（Meredith Haggerty）。

我以前從未寫過書，也沒跟編輯合作過，但我想約翰．布羅迪（John Brodie）肯定是業界最優秀的編輯之一，他善良、機靈、博學、觀察敏銳，我很感謝他的細心指導，以及從一開始就耐心地傾聽我的故事。在整個寫書過程中，能有他陪在身邊，我覺得很幸運。

此外，我還要感謝以下幾位的幫忙與誠信相待：喬納森．萊伯訥（Jonathan Leibner）、保羅．費多柯（Paul Fedorko）、詹．羅勒（Jen Rohrer）、泰斯．德米佐夫斯基（Tess Dmitrovsky）、姍米．比娜（Sammy Bina）、傅瑞德．紐曼（Fred Newman）、雪柔．蓋勒（Sheryl Galler）、馬克．

勒文（Mark Levine）。

感謝詹姆斯‧卡普蘭（James Kaplan）在這段過程所展現的智慧，以及提供寶貴的協助。

感謝我弟弟馬克陪在我身邊，還有我最要好的朋友萊克斯‧貝爾（Lex Bayer）和丹‧立普金（Dan Lipkin）。他們在那篇投書刊出後的幾分鐘，馬上就透過Skype給我支持。他們事前完全不知情，卻全力相挺，給我支持、建議與友情相伴，讓我安心不少，我珍惜我們的友誼。

我最親近的朋友一直都站在我這邊，謝謝Jackie、Phil、Adam、Amitav、Ariel、Shimrit、Michael、Alexandra、Dov、Gavin、Sean、Jody、Sentheel、Brian、Ralph、Rowan、Hayley、Kevin、Alon、Gopal、John、Kris。你們是我見過最正派、最有情義的朋友。

我的家人對我意義特殊，我深愛他們，也相當仰賴他們。感謝派特姑媽、弟弟馬克、我的最佳伴侶卡麗，他們總是鼓舞著我；我父親勇敢地通過了美國艱難的藥劑師考試，隨著我一起到了美國；我母親則為了我，盡一切所能的付出一切。

最後，我要感謝的是Elliot Wolf、Digby Ricci、Jim Montoya及Jon Reider。

| 第1章 |

什麼，只能坐矮凳子？

金字招牌下的實習生涯

二〇〇〇年六月十二日，二十一歲的我坐在曼哈頓下城布羅德街一二五號三十樓的會議室裡，那是我在高盛暑期實習的第一天。

一位名叫喬許的實習生，站在會議室前方，正漲紅著臉面對嚴苛拷問。他努力回答關於風險套利的問題，但講得一塌糊塗。當時我還不知道，他老爸其實是個億萬富豪，是全球金融圈裡最有權勢的金融家之一。但是，這裡畢竟是高盛，管你老爸是誰，也得跟其他人一樣——證明自己的實力。

歡迎來到高盛出了名的「開放會議」。對於包括我在內的七十五位參與業務及交易實習計畫的暑期實習生來說，這是一場新兵訓練，是高盛的古老傳統。一位合夥人站在會議室前方，手拿著一份名單隨機點名，要我們起來回答各種關於公司文化、歷史、股市概況等問題。這些問題會連珠砲似的發出，你必須專注、清醒、有備而來。

那年夏天，有兩人被問到哭。你想在高盛拿到正職——每屆的錄取率不到四〇%——就必須一而再、再而三地通過重重考驗。

實習生在「開放會議」的表現，是這家全球最負盛名的投資銀行用來決定誰畢業後有資格進來工作的三大標準之一。在這個為期十週的實習裡，你需要在高盛裡找到一位想雇用你的「貴人」，因此你必須在會議中有出色的表現，獲得貴人的青睞，同時也要在「與人為善」及「積極競爭」之間拿捏好微妙的分寸。合夥人隨時都在注意，實習生是不是塊「文化傳承」的料——這是高盛內部常用的說法，意思是指你在應付客戶及同事時，不會搞砸高盛的招牌。畢竟，這塊招牌多年來讓高盛孕育出很多參議員、財政部長和央行總裁。

拷問及羞辱，都不是這群精挑細選出來的菁英們過去會碰到的事。我周遭圍繞的，都是長春藤名校出身的佼佼者，都是學校裡的風雲人物——有人學能傾向測驗（SAT）考試滿分，有人十五歲就高中畢業，有人參加過奧運泳賽，還有人是西洋棋高手。喔對了，還有馬克・穆爾羅尼（Mark Mulroney），他老爸當過加拿大總理。但即便是這些人中之龍，仍然未必能通過這裡的考驗。

不過，只要熬過這關，你就捧到了一個金飯碗了——在這家公司裡，就算是中階管理者，平均年薪也高達二十五萬美元，而且擁有某種地位與影響力。

說！我們的目標價是多少？最近有什麼消息可能刺激股價？

我出生於南非的約翰尼斯堡，父親是藥劑師。在拿到獎學金進入史丹佛大學、第一次踏上美國以前，我從來沒聽過「投資銀行」這四個字。

跟喬許一起站在會議室前方白板邊的，是另一位實習生，名叫亞當，後來和我成了好友，到一家避險基金公司管理數十億美元的資產。

開放會議每週有兩次，通常是週二和週四在交易廳收盤後舉行。為時九十分鐘的會議，通常是由合夥人、董事總經理（ＭＤ）或三位副總裁（ＶＰ）按位階順序召開，他們會擺出一副老大哥的模樣，坐在會議室的大桌前方。每次會議的風格因主持人而有所不同，但無論是誰主持，氣氛永遠都是緊繃的。

公開會議是從下午六點——不是六點零一分，不是零二分——準時開始，分秒不差。但總是有三、四位實習生，會拖到六點零三或零五分才到，然後主持人會叫他們站在外面等。如果那天太多人遲到，我們就得全體隔天早上五點再來一次，補開會議，合夥人自己也一定會在早上五點整出現。要是你又遲到，五點零五分才到場，你同樣必須在外頭等。這規矩，高盛非常嚴格執行，那些就是無法準時到場的人，所得到的評價當然也不好。

我們這些實習生會坐在成排的長桌後面，桌上放筆記本，上面寫滿事先準備的筆記。主持人坐在最前方，手拿著實習生的名單。會議一開始，主持人就會隨機點名，而實習生心裡都在禱告：「千萬別點到我。」

我也很緊張，不過我準備得滿充分的。我的策略是主動出擊，碰到我知道的問題就趕緊舉手，這樣一來，萬一之後出現我不會的問題，就比較不可能點到我了。不過有些人似乎就算被點到，也面不改色，但有人（不分男女）會嚇到六神無主。

副總裁（邊說邊用手指）：好，第三排，第二位，站起來，報上你的大名。

實習生（緩緩起立）：布萊恩・湯馬斯，布朗大學。

副總裁（語氣堅定）：告訴我，微軟這檔股票怎樣？我們公司對這檔股票的看法如何？我們的分析師怎麼看？

實習生（不知所措）：嗯，我想我們對它的評價還不錯，呃……

副總裁（發火狀）：拜託，答案你不是早就該滾瓜爛熟了？微軟是全球最大、最重要的公司之一，你怎麼會講成這樣？

實習生（不安又恐懼）：抱歉，我想……我們的評價是「買進」吧？

副總裁（拉高分貝）：那我們的目標價是多少？最近有什麼消息可能刺激股價？最近這檔股票的交易情況如何？說吧。

（這位實習生已經嚇呆了，一句話也說不出來，淚水湧上眼眶，最後奪門而出。）

開放會議就像偵訊室，主持人會想盡辦法把你逼到極限，測試你各方面的知識。首先也是最基本的，就是市場知識。他可能會問你：「今天S&P指數收在幾點？」或「為什麼今天原油價格跌三%？」或「葛林斯潘為什麼調降利率？」這種不按牌理出牌的問法，讓你措手不及。

第二類問題是有關高盛的歷史。當他們問這類問題時，我會鬆一口氣，因為我已倒背如流。例如，高盛何時創立？創辦人是誰？一九六〇年代至今的資深合夥人有哪些？高盛目前的財務長是誰？這些我早就知道。高盛有一些傳奇的領導人物，例如西德尼．溫伯格（Sidney Weinberg）、約翰．懷海德（John Whitehead）。溫伯格是幫福特汽車公開上市的幕後推手，懷海德以資深合夥人的身分退休後，到國務院任職，後來擔任紐約聯準會的主席。我也知道高盛有許多令人欽佩的政策，例如，多年來高盛都沒有建議客戶進行惡意收購，因為他們覺得這種生意的本質不好，會大幅減損客戶的信用。

開放會議上的第三類問題，是為了測試我們對目前的管理高層及事業的了解。主持人會問：「交易員如何量化風險？衍生性金融商品的業務員做什麼？負責領導信用衍生性商品交易部門的董事總經理是哪兩位？在那斯達克上造市和在紐約證交所上造市有什麼不同？哪位合夥人負責管理全球的新興市場部門？」

不懂就不懂，瞎掰等於找死……

我們後來漸漸明白，這些會議的目的，是要讓我們知道，將來當難搞的客戶打電話來質問時，我們該如何應對，因為高盛真的有很多非常難搞的客戶。在開放會議上，你可能犯的最大錯誤，就是明明答錯了，還自以為能蒙混過關，這種人的下場往往很慘。

我遇過最嚇人的會議主持人，是位資深副總裁，名叫瓦倫蒂諾．卡洛迪（Valentino Carlotti）。卡洛迪這個人反差很大，在開放會議上非常嚴厲（有些主持人還會開開玩笑，他是從頭到尾板著臉），但私底下其實非常平易近人。他偶爾還會跟實習生一起出去玩，有一晚他還跟我們去了一家夜店。他想讓我明白的是，他之所以擺出那麼強勢的姿態，不是因為他真的很難搞，而是因為高盛的高層認為，對實習生嚴格，才能訓練出更真誠、靈活應變、同心協力的員工，這些都是客戶欣賞的特質，也是他們希望在新人身上看到的特質。尤其「真誠」，更是所有特質中最重要的一項。客戶不喜歡聽你瞎掰，他們想知道的是事實。

因此在公開會議上，卡洛迪最討厭看到有人瞎掰，如果你不知道答案，最好的回應是：「我不知道，但我會去查出來。」這種訓練的目的，是要教我們當客戶氣沖沖地打電話來質問時，我們不是隨口捏造答案，而是讓對方知道我們會設法找出答案，並在五分鐘內回電告知。如果你在開放會議上被考倒，你最好立刻衝出會議室，搭電梯下樓，橫越布羅德街到交易廳，然後在會議結束前找出答案回報。

我們實習期間，會在交易廳的不同交易桌之間輪調。這也是在測試我們培養關係的技巧，在市場上，你需要盟友，一個在緊要關頭可以求援的人——也就是我前面提到的「貴人」。但你不可以看到哪位資深副總裁，就衝過去貿然打擾——假如他對你大吼「滾開啦」，那可能是對你最有禮貌的回應了。

每次公開會議結束後，主持人會評估這次會議開得如何。他是否得到想要的成果？那些去找答案的人，是否都展現了積極主動的態度？那年夏天，有幾次會議的主持人都覺得我們表現很糟，而後果，就像很多人遲到那樣：不是在隔天早上五點再補開一次會議，就是另外找一個晚上補開，就是要給我們一個教訓。

這些會議雖然辛苦，但有幾點我挺喜歡的。我喜歡公司這麼重視企業文化，也喜歡公司如此強調「提供客戶正確資訊」的重要性。開放會議的目的，就是在灌輸我們這些觀念：別瞎掰，別誇大，坦白面對。萬一你不知道答案，沒關係，重要的是你能夠有找出答案的方法，那就夠了。萬一你犯了錯，坦然承認，而且要馬上招認。直到今天，高盛仍然灌輸分析員這樣的觀念：萬一你犯了錯，尤其是在交易時，死不承認是最下下之策。不坦承招認，往往會釀成更大的財務損失，也會損及客戶的信賴。

公開會議的兩天前，所有的實習生都會聚在一起準備。每個人負責不同的市場，接著幫彼此準備應答，想各種可能的問題。如此每週拷問兩次，十週下來，我們變成一個團隊，團隊合作也是高盛相當重視的特質。

我知道公司在對我們洗腦，但我覺得沒關係。早在我踏進這棟大樓以前，我就已經完全認同他們的想法了。我可能穿著打扮還不像他們，但我覺得我跟他人一樣，具備了在高盛工作的條件。

上課前，教室裡傳來 Marvin Gaye 的經典名曲……

回到二〇〇〇年夏天，如果你問我誰是布魯克兄弟（Brooks Brothers，按：美國服裝品牌），我會回答：「以前住在街尾的那兩個臭小子。」

在史丹佛大學讀大三那年的學期末，我去了趟帕羅奧圖市（Palo Alto）的梅西百貨，買了一堆衣服：八件襯衫、三件褲子、一件金鈕釦的藍色西裝。其實，我家裡還有前一年暑假留下來的兩套西裝，是我去券商普惠公司（Paine Webber）的芝加哥分行實習時穿的。其中我最喜歡的一件是《邁阿密風雲》（*Miami Vice*）風格的西裝，材質帶點光澤，類似鯊魚皮。那套西裝在芝加哥穿還行，但我知道，高盛肯定不會接受這種風格，所以特地另外買了一套新西裝。

不過，現在回想起那天買的那些襯衫，我還是會忍不住倒抽一口氣：兩件深棕色、一件黑色、一件墨綠色，幾乎每件都有不同色調的條紋——全不是高盛的風格。

華爾街對我來說，就跟我當初剛來美國的感覺一樣：是個完全陌生的世界。我在伊登維爾（Edenvale，約翰尼斯堡的中產階級郊區）成長，排行老大，下面還有小我一歲半的弟弟馬克，以及小我九歲的妹妹卡麗。母親是家庭主婦，父親為了養育我們，工作時間很長，但手頭始終很緊，尤其我們三個孩子都是讀私立學校——大衛王中學（King David School），那是所學費高昂的猶太學院，很多學生都來自豪門。在學校裡，所有學生都穿制服，男生夏天穿卡其獵裝，冬天穿西裝、打藍色領帶，搭配灰色法蘭絨的褲子。

八年級時，我最要好的朋友萊克斯．貝爾（Lex Bayer）和我約好，要一起去美國念大學。可惜，南非蘭特幣兌美金的匯率是五比一，家裡實在沒有能力送我們到美國深造（貝爾的家境跟我家差不多）。貝爾的姊姊凱莉很優秀，四年前拿到全額獎學金進入史丹佛大學。換言之，如果我們想到美國，也需要拿到獎助學金才行。我們努力朝那目標努力了五年，借用凱莉那本翻到快爛掉的SAT模擬測驗書，一起準備美國的統一入學考及南非的全國聯考。貝爾和我高中畢業時，並列全校第一名。我們都非常幸運，在三千位申請獎學金的國際學生中脫穎而出：入選的三十二人，全部獲得全額獎學金進入史丹佛。

我本來打算念醫學院預科，但是我和很多原本想當醫生的人一樣，其實心裡壓根對醫學沒興趣。倒是我在第一學期修了約翰．泰勒（John Taylor）開的經濟學，教得很棒，也讓我從此愛上了經濟學。

泰勒是位泰斗級人物，他的著作是全美各大院校都愛用的基礎經濟學教科書，而且他還發明了「泰勒法則」，奠定央行如何設定利率的準則。他在史丹佛之所以成為傳奇，是因為每年他都會上一門很特別的課。那門課，講的是「比較優勢」的經濟學概念——例如「為什麼加州比威斯康辛州更適合產酒」。泰勒上課的大教室，可容納約七百人，每年他上那門課時，都會打扮成加州大葡萄。你走進教室，上課之前，會先聽到教室裡傳來黑人歌手馬文．蓋伊（Marvin Gaye）的經典名曲〈我從葡萄藤上聽到〉（I heard it through the grapevine，按：暗喻從小道消息聽來）。

泰勒解釋，競爭優勢指的是：相對於威斯康辛州，加州有比較適合的天候與空間（或許再加上加州人也較喜歡）釀酒。而比較競爭優勢能讓我們明白：當其他所有條件相同，不是每個人做同一件事情都能成功，因為，成功還要看氣候及環境而定。

我很快就愛上這個概念，覺得太有意思了。經濟學不像化學課在講兩個分子的結合，而是在講「通用汽車賣汽車，豐田汽車也賣汽車，為什麼兩者的銷量不同，究竟是誰比較有效率？」之類的問題。

我經濟學的成績很好，一下就弄懂了。那是我進史丹佛的第一學期，經濟學的好成績讓我的信心為之一振。在七百位一起修課的同學中，我的成績排名第五，那感覺很棒，不過那也是我學業成績的顛峰，後來我的排名再也沒那麼前面過。當你修的課越專業時，周圍的同學也越來越聰明，經濟學只是初級課程，也許我能名列前茅也是因為那個原因。總之，我很喜歡經濟學，後來就改念經濟系了。

每天穿著鯊魚皮西裝研究股票的日子

我急著想要運用書中學到的東西，所以大二就到金融業找暑假實習的工作。一般來說，很少有大二同學會這麼做，因為那些大家爭搶的職位，通常會找大三的學生，他們比較成熟，而且搞不好一年後就可以正式上班。但我不管那麼多，還是冒昧打了三、四十通電話給銀行和券商，設法找到了實習工作。

「嗨，我是葛瑞．史密斯，史丹佛大學二年級學生，我想累積一些實務經驗，請問，你們暑假有提供實習機會嗎？」一直到我打電話給普惠公司，告訴他們我願意拿最低工資，這招終於奏效了。

我去實習的是他們的芝加哥分行，在私人財富管理部門裡，為兩位經紀人效勞，他們服務的對象是中西部某大家電公司的高階管理者。我非常佩服這兩個人，他們管理客戶的財富，都是抱長期的（三到五年），做的是緩慢而穩定的生意，不會為了多賺點手續費而不斷用客戶的帳戶買進賣出。他們經常和客戶保持聯繫，提供意見，拜訪客戶，對客戶瞭若指掌，甚至知道客戶的孩子及孫子的名字。更重要的是，他們對自己的生意也很在行，了解股票——也就是很久以前那種「我已經認識你十五年了，你可以相信我」的方式。

這兩位經紀人會指派我做一些研究專案，教我如何衡量股票及判斷某個東西是不是好的投資標的。他們會說：「這裡有二十檔股票，你去做一份簡報，為每檔股票寫一頁評估結果。公司的市值是多少？有什麼消息會刺激股價？你喜歡那家公司的哪些地方？」我很喜歡那份工作，每天穿著那套鯊魚皮西裝坐在那裡研究股票，跟《邁阿密風雲》裡的主角唐・強生（Don Johnson）一樣開心。暑假結束時，兩位經紀人說我做得很好，希望我大三暑假再回去實習，但我決定把眼光放遠一點，邁向更難的目標。

在高盛，任何一項職務的選才過程，都是非常嚴苛的。一般來說，每五十五位申請暑期實習或正職的人裡，只錄取一人，錄取率二・二%。雖然他們會要求職者寄履歷表去，但應徵者實在太多了，所以你的履歷表很容易被埋沒。倒是有個辦法，可以突破這道難關，只是很少人知道。這個方法就是：他們會提供兩個面試機會，給當天「最早上網登記」的人。所以，二〇〇〇年春季的那天，我大半夜就去史丹佛大學的電算中心登入網站，一直重複按「重新載入」鍵，按到網頁秀出「可報名」字樣，我馬上點進去，果然讓我得到面試機會了。

面試是在史丹佛校園的就業輔導中心舉行。進行得很順利，原因有兩個。第一，那位面試我的女士對我不錯，當時我對金融的了解不多，但是她沒為難我，我們聊得很愉快。另一個原因是，我準備得非常充分，我讀了《四百億美元的祕密》（*The Culture of Success*），那是高盛前副總裁莉莎・安德麗琪（Lisa Endlich）撰寫的高盛歷史，我事先也跟上個暑假在高盛實習過的幾位朋友談過。

所以當她問我：「為什麼想到高盛工作？」這個經典考古題時，我當然準備好了答案。我答道：「因為高盛是世界上最卓越、最負盛名的公司，我為自己設了遠大的目標，也很喜歡金融，熱愛市場。」我向她提起，我曾在普惠公司實習過，也說我希望能到華爾街汲取實務經驗。既然要到華爾街，高盛就是首選。我告訴她的每句話都是肺腑之言，即便如此，我自己也不太確定我能否晉級到下一關，因為高盛面試的十五人中，只有少數幾人有晉級的機會。

結果，我成了那幾位幸運兒之一。隔天我收到一則語音留言：「你晉升到下一輪了，接下來是到舊金山參加我們的『超級日』。」

「來，」他說，「推薦我一檔股票。」

所謂的超級日，不是指去舊金山的漁人碼頭連灌六瓶啤酒，而是去高盛的舊金山分公司一整天，連續進行六場面試，一場三十分鐘。「超級日」，是華爾街對這種火焰大考驗的說法。

當時我沒有車，但我是宿舍助理，和另外五位助理一起負責帶六十名大一新生。我們的感情很好，其中一人把他那台車齡十五年的手排紅色馬自達汽車借我開。

那天，開車去舊金山的過程有點小曲折。首先，在那個沒有衛星導航的年代，我是看著地圖開車，窗口吹入的風把地圖吹得亂七八糟（車內沒冷氣）。再加上我開車經驗不多，有一點（好吧，可能不只一點）緊張。我穿著深藍色的西裝，一直冒汗，那天是三月十日，那斯達克指數創下新高，來到五四〇八．六二，正好是科技泡沫的最頂峰。

我雖然緊張得半死，還是準時抵達高盛位於舊金山加州街五五五號的辦公室。那棟大樓是舊金山的第二高樓，共四十五層，外圍全是從天花板延伸到地板的落地窗，可眺望舊金山和灣區美不勝收的景致，十分氣派。

我見到的第一個人是位女士，擔任資深助理，相當和善，一點也不氣勢凌人，讓我印象非常深刻。她也是史丹佛的校友，後來我得知她父親以前是高盛的合夥人，還是史丹佛大學的董事。我們談得滿愉快，她剛去南非度蜜月回來，所以我們也聊了一下南非。那天我見到的每個人都非常真誠和善，這點讓我非常驚訝。我曾到別的銀行面試過，例如德意志銀行（Deutsche Bank）、所羅門美邦（Salomon Smith Barney）等，這幾家銀行的人看起來都很聰明，比較像是想用艱難的金融問題考倒你，而不是認識你。高盛的人，完全不會這樣。

照理說，我應該和面試官在交易廳的交易桌邊見面，但他手邊的交易忙得走不開，所以他說：「你來坐我旁邊的凳子吧。」這有點小尷尬，首先，那小凳子坐上去當場就矮了一截，就像小跟班似的蹲在他旁邊，只差沒請示他：「請問有什麼吩咐嗎？」而且，我希望他可以專心跟我說話，這樣才能真正了解我，但是他的注意力非常分散：一邊吃著三明治，一邊做交易，旁邊的電話還響個不停。

「來，」他說，「推薦我一檔股票。」

幸好，我早就料到會有這題，已經準備好答案了，我開始向他推薦新聞集團（NewsCorp），當時魯柏·梅鐸（Rupert Murdoch）正好有一些新聞（其實梅鐸隨時都有新聞）。

接著那傢伙的電話又響了，他舉起一根手指，比出「等一下」的手勢，接起電話。他跟客戶閒聊了一分鐘（還聊到籃球賽的得分），接著做了一筆交易，最後掛了電話。

「不好意思，」他說，「來，繼續。」

接下來，就在我向他簡報股票時，同樣的情況發生了好幾次，理論上我似乎應該感到慌亂或煩躁，但我一點也沒有那樣的感覺。我知道那位交易員不是在耍我，他的工作本來就是那樣。如果我運氣好的話，有一天我也會像他一樣。

那天除了我以外，還有另外四位史丹佛的學生也通過了「超級日」的考驗，獲得暑期實習的機會。由於史丹佛是學季制，不是學期制，我們都晚一週抵達紐約。那個暑假，多數非史丹佛的實習生是住在紐約大學的宿舍，但我比較晚到，已經無宿舍可租，只好上網向素昧平生的一戶家人租了一個房間（網路上也沒看到照片）。房間是在九十六街某棟赤褐色砂石建築的三樓，介於哥倫布大道和阿姆斯特丹大道之間。租金一個月一千美元，不包伙食。暑期實習的稅後薪水是五千美元，對實習生來說算很好了，但我很快就發現，在紐約市，錢蒸發的速度也很快。每月一千美元的房租有點貴，但是在時間緊迫下，這是我能找到的最佳選擇了。和素昧平生的一家人住在同一屋簷下，一度令我不安，但我後來想想：「還能糟到哪去呢？」

天啊！我成功踏上華爾街了，還有什麼比這更爽！

我從舊金山起飛的航班延誤了很久，本來應該在晚上十點抵達甘迺迪機場，結果一直拖到凌晨一點半才到。實習是當天早上七點準時開始，那天非常悶熱（紐約的夏天確實已經開始了，即使是凌晨，氣溫仍有三十三度），我搭計程車進入曼哈頓市區，到了那棟公寓，按門鈴，沒有回應。我又打了那家人的電話，也沒有回應。接著我又按門鈴，還是沒有回應。我不知該如何是好，在外頭等了半小時。最後，接近清晨三點時，我又按了一次門鈴，男主人才來聽對講機。

他下樓幫我開門時，穿著睡袍，睡眼惺忪，對於我那麼晚才到有點不爽。我們一起走上樓，穿過走道，非常安靜，也很悶熱，他打開一扇門，說道：「這是你的房間。」

那房間很小，幾乎被一張綠色的沙發占滿了。我問：「床在哪？」他說：「沙發可以變成床。」我拉出折疊床墊時，床還沒完全展開，沙發的邊緣就已經抵住後牆了。男主人和我必須把它稍微換個角度，才能把整張床攤開。男主人回房後，我打開冷氣，那冷氣機看起來像老古董，運作起來也像老古董，吵得要命，最後我乾脆關了，直接開窗。

這家人有些奇怪的規矩，例如我必須記下所有的通話時間，他們還要我「打開冰箱後，喝什麼果汁都要寫下來」。我告訴他們：「別擔心，我應該不會拿任何果汁。事實上，這個暑假你們應該不會經常看到我，我會賣命地上班。」

高盛的股票交易廳，是在紐約廣場一號的五十樓。

那是個龐大的開放式空間，有足球場那麼大，可俯瞰曼哈頓下城的全景。透過從天花板延伸到地板的落地窗，可以看到紐約港、自由女神像、世貿雙子星大樓、哈得遜河。但是在這個龐大的空間裡，忙碌的活動聲完全壓過了遠方壯觀的景色，有五、六百位交易員站著叫喊，激動地比手劃腳，忙不迭地接聽電話，或跑或走，嘻笑，皺眉，突然站起來比奇怪的手勢。

這裡交易著各種東西——從剛上市的當紅網路股，到通用汽車及花旗等老字號企業的股票——應有盡有。但這些交易都不是為一般散戶做的，而是幫全球各大資產管理者——退休基金、政府單位、避險基金做的。當時交易廳裡每個人都有三、四個螢幕，外加一台看市場資料的彭博終端機，市場沒什麼動靜時，交易員會目不轉睛地盯著電腦螢幕。

勉強睡了三個小時後，我第一次踏進那個交易廳。我從地鐵站走向曼哈頓南端的紐約廣場一號（就在沃特街和布羅德街的街角，離世貿大樓僅半英里），眼睛乾得就像襯了層砂紙。我手裡握著特大杯的咖啡，抬頭看高盛股票交易總部那棟巍巍大樓，心想：「天啊！我成功踏上華爾街了，還有什麼比這更爽！」

我跟其他晚一週報到的實習生一樣，被帶到一間房間，聽人力資源部簡報。我還記得走進去時，看到一些認識的史丹佛學生。房間裡充滿了活力，我們都是第一次體驗華爾街，大家都很興奮地聊著。人力資源部遞給我們一疊表單填寫，另外還給了我們專屬高盛的電子郵件帳號及實習生名牌。名牌是張塑膠卡，滾著亮橘色的邊，串在亮橘色的掛帶上，上面以黑色大字印著我們的名字和大學名稱。人力資源部特別強調，在公司裡，隨時都要把名牌掛在身上，不然就會有大麻煩——公司必須確定交易廳裡哪些人是實習生。

高盛各部門都有暑期實習生計畫，股票部是其一，固定收益、貨幣及商品部（FICC）也是，還有投資管理部、研究部等等。我通過面試之後，其實有兩個實習機會可選擇，一個是在紐約的股票部，另一個是在芝加哥的投資管理部。由於前一個暑假我已經在普惠公司學過私人財富管理，加上芝加哥那個部門的步調較慢、環境較小，面對的又是散戶；所以我選了股票部，在這裡，面對的是大戶，是機構投資人，而且可以體驗真正的交易廳，在忙亂的環境中站著交易，大聲喊來喊去。

對實習生來說，踏進交易廳的感覺還滿震撼的，也讓人目不暇給。並不是每個人都適合交易廳那種地方，但我第一時間就喜歡上了。我環顧四周，發現自己愛死了這種充滿活力的環境。我愛這種吵雜、混亂、緊繃的狀態，也喜歡這裡有全球最大、最聰明的投資者，經手數十億美元的交易。我迫不及待想了解這裡的一切，想成為其中一分子，一點也不覺得膽怯。照理說，我應該會緊張的，但實際上我反而覺得相當自在。

管你什麼名校高材生，給我乖乖坐到小凳子上……

第一次的開放會議結束後，我們開始在各個交易桌輪調。交易廳裡共有三十幾個交易桌——也就是交易小組，每個小組約有十五人，包括一位合夥人、兩三位董事總經理、六位副總裁、三位助理、三位分析員。七十五位實習生中，每四到五人分成一組，每個小組在實習期間會輪流到各交易桌實習，每個人都要隨身帶著一張黑色小折凳。這就叫貼身見習（shadowing）。我們會在每個交易桌貼身見習兩三天，了解那個交易桌在做什麼，同時在不妨礙他們的情況下幫點忙。

基本上，那個折凳必須隨時帶在身邊，因為交易廳裡沒有多餘的椅子。不過，折凳連同你的橘色名牌、橘色掛帶，也是一種地位的象徵——表示你是菜鳥、新人、小毛頭。折凳打開時只有十八英寸高，所以當你坐在業務員、交易員或業務交易員身旁時，會立刻矮上一截，感覺就像個擦鞋童在一旁看著大人物進行某種偉大任務。

更讓我們困擾的，是折凳永遠不夠用。這究竟是不是管理高層刻意安排的大風吹遊戲，藉此汰弱擇強，我們無從得知。但是每天一早，我們這些實習生都會卯起來搶，最後總是有幾位實習生落空。搶不到凳子的下場可能會很尷尬，尤其當交易員說「來坐我旁邊」時，你只好先請他等一下，然後瘋也似地去跪求別人借你，或乾脆去偷。（交易廳裡有幾個大家會藏凳子的地方，有個儲藏室偶爾還能找到一兩張備用的折凳。）

實習工作相當辛苦，清晨五點四十五分或六點或六點半就要到公司，端看你輪到的那個交易桌要你幾點上班。白天，你會盡量想辦法幫忙。至於你如何運用時間，以及你是否幫得上忙，就要看你的創意了。我們都還沒通過美國證券業執照考試（想在華爾街工作必須通過的考試），所以無法做交易，不能跟客戶對話，也不能接電話。但我們偏偏就在那個人人都忙得半死的大交易廳裡。對暑期實習生來說，你可能變成礙手礙腳的累贅，也可能證明你有些許的價值，兩者之間的分界相當微妙。

一開始，甚至連要搞清楚你應該去哪裡都很困難。交易桌上沒有標示，沒有牌子寫著「新興市場業務桌」或「拉美業務交易桌」或「美股交易桌」。你需要找人問，還要自己畫小地圖，才能在這個叢林裡遊走。

你必須非常主動積極，也要很有創意。想以實習生的身分增添價值，通常是從每天幫交易桌的人買咖啡開始，有時也要幫忙買早餐和中餐。你需要拿出紙筆，逐一詢問交易桌的十或十五人，幫大家點餐。感覺是有點奇怪，不過華爾街認為，從你注意細節的程度，可以看出你將來做事是否細心。如果菜鳥連午餐都會搞錯，以後可能也會在其他地方出錯。

我記得我在高盛工作幾年後，有一位董事總經理非常在意他午餐點的東西有沒有買對。他不吃洋蔥或某些東西，某天他叫一位實習生去買巧達起司三明治，結果實習生買了巧達起司沙拉回來，還自豪地把沙拉遞給他說：「這是你的巧達起司沙拉。」當時我就坐在那位董事總經理的旁邊，所以記得很清楚。他打開包裝，看了沙拉一眼，抬頭看了看那位實習生，封起包裝，把整個袋子丟進垃圾桶。舉動雖然有點過分，但也是機會教育。董事總經理後來偶爾會拿這事與那實習生開玩笑，沒把事情鬧大，畢竟達到教育目的了。

實習生增添價值的方式有很多種，包括正確買餐、幫忙影印等等，不過最重要的是發揮創意，找些實際的工作來做。如果實習生聽到業務員或交易員說：「我的客戶對生技股有興趣。」實習生要是夠積極，就會說：「我去研究一下生技股，看能不能幫點忙？」有些高盛員工很欣賞這種主動積極的態度，對實習生來說這也是好事，因為他可以證明自己能做什麼。如果你整天只和交易桌的人閒聊打屁，很可能被當成小跟班，只是累贅。不過，有些人卻精於此道，像我的朋友馬克·穆爾羅尼就是，高盛之所以錄取他，部分原因就在於他的好人緣。

搭電梯時，閉嘴就對了！

使用可以折疊的凳子，其實是有原因的——在這裡，你隨時都需要拿起凳子，移到其他地方，不會一整天都坐在同一個交易員旁邊。而且，實習生每天都要參加各種簡報和小組討論，今天可能有個人講的是衍生性商品，然後另一個要談的是股市裡的各種角色——例如，業務員和業務交易員之間的差別是什麼、如何扮演好每個角色等等。

演講的目的不外是教育我們，同時幫我們挑選適合自己的領域。不是每個人都適合當交易員，也不是每個人都適合當業務員；有些人比較喜歡股票，有些人喜歡債券。通常，數學高手會選擇當交易員或「計量專家」（quant），又稱為「策略家」（strat或strategist）；運動好手則常會成為積極的交易員或外向的業務員。其他人則是介於中間，必須自己決定。不論如何選擇，每個人都必須喜歡勤奮工作才行。

你在交易桌見習時，免不了會碰到某場演講是你非去不可的。這時，你必須和你貼身見習的對象（董事總經理或副總裁）情商，告訴他：「抱歉，我得去參加那場演講。」當下，你可能正在幫那個人做他急著要的專案（例如做試算表），但又必須抽身去出席演講，因為那些演講會點名，你在會上的問答也會被列入評估。這是你必須自己想辦法解決的難題，沒有標準答案，但大家都在評估你的應變技巧。

除了白天的活動很多之外，下班後我們也常被指派大型專案，例如以二十頁簡報說明葛拉斯—史迪格法案的優缺點*。白天你沒時間做這種專案，你不可能擠得出五個小時，所以你只剩下班（通常是晚上七點以後）及週末時間。上班日做到半夜並不少見，週六或週日進公司加班也很平常。那年夏天我們真的很拚，也玩得很凶。我們利用寶貴的空閒時間探索紐約市，有時是集體行動，有時是小組行動。週末時，我們會一起去夜店；七月四日美國國慶時，我們一大群人走到東河欣賞煙火，也因此湊成了幾對佳偶。有兩對在實習期間認識的男女，幾年後結婚了。

每週，你必須列出五位你要貼身見習的對象，他們會評估你的表現。每週的評估結果都會收集並記錄，實習過一半時，實習活動的負責人會跟你坐下來做績效評估。那年，我的期中評估結果很一般（後來我才知道，一般才是好事），實習經理說我「很聰明，但要更積極爭取工作」之類的，也就是說，我必須更投入，主動向人自我介紹，跟在更多的交易員和業務員的旁邊見習。

太積極、太驕傲（也就是會讓人心想「這傢伙以為他是誰啊」）的實習生，常會引來反感。高盛裡有個很有名的故事，是一位哈佛商學院的暑期實習生去找當時負責公債交易部的合夥人——一位嬌小的華裔女子，卻是交易廳裡最凶狠的交易員。實習生說：「您不介意我跟在您身邊見習吧？」他顯然不知道，眼前的東方女子是個人人害怕的狠角色（從外表完全看不出來），他肯定也不知道，自己挑錯了時間——七月某週五的早上八點半，正好是公布非農就業人口數據的時候。對這位交易員來說，那是當月最重要的數字。她一聽，馬上發飆：「他媽的，你以為你是誰啊？你不知道經濟數據快出來了嗎？給我滾遠一點！」那傢伙後來被訓了一頓，華爾街對這種情況的看法是：「這種人欠缺判斷力，否則早該知道市場數據什麼時候出來。」總之，後來他沒被高盛錄取。

---

*葛拉斯—史迪格法案（Glass-Steagall Act，又稱 G — S 法案），採行「銀證分離」政策，把銀行分成兩類：一類是收受存款的商業銀行，另一類是不收受存款的投資銀行。

我自己學到的經驗是：想在高盛出人頭地，看的是你的判斷能力，而不是知識是否豐富。在這裡，你會看到全世界最聰明的人，他們可能SAT的成績一六〇〇，可能是哈佛第一名畢業的，但是進了高盛，卻做得一塌糊塗，第一年就遭到解雇。這種事經常發生，因為判斷力是沒辦法教的。就像那年夏天，有幾個人在中途就被淘汰了。當實習進入第五、六週時，一個普林斯頓大學的傢伙因為屢次出言諷刺管理者而遭到開除。還有一位哈佛大學的實習生更糟，他缺乏判斷力的程度讓人匪夷所思（他後來成了職業線上撲克牌的玩家）。

事情就發生在七月底的某個週五，當時我們一票人去曼哈頓北方五十英里的熊山州立公園度假。打從一開始實習時，我們每個人都收到一只高盛運動袋，裡面裝了印著高盛標誌的紀念品，有錢包、T恤、防曬霜、太陽眼鏡、夾腳拖等等。那天出遊，正好是把那個袋子拿出來，充分展現高盛風格的時候。

我們六個人一組，分成十幾個小組，接著進行各種比賽，包括划船、兩人三腳、益智遊戲等等。當天最後一個活動，是要我們編一首曲子（聽起來很俗氣，也真的很俗氣），歌詞要反映我們覺得那個暑假學到什麼。總之，這位哈佛學生不知怎的，居然說服他那組編出一首阿姆（Eminem）風格的饒舌歌。

這點子實在太糟了。

那首歌裡，出現了兩段得罪人的歌詞，一段是跟卡洛迪（就是那位召開過幾次開放會議的可怕副總裁）有關，他對我們是否能被錄取握有生殺大權。那段歌詞大致是這樣的：「瘋瘋癲癲卡洛迪，我想用彈射擊你。」大家一聽都嚇呆了。更糟的是，那老兄和他的隊友還以饒舌歌唱道：「他們想睡遍人事部所有女生」，並且在歌中點名了其中兩位大美女。大家一陣錯愕，不懂那傢伙在搞什麼，也不知道他是怎麼說服整組人的。後來，這支哈佛饒舌隊的命運果然急轉直下。

喬許（某位華爾街億萬富豪的兒子）也連續犯了幾個嚴重的錯誤，都是因為判斷力不佳。我們實習生在四十一樓有個專屬的房間，大家暱稱那裡是「沼澤區」。你必須搭電梯到一樓，換另一部電梯才能到那裡，裡面有十排電腦，可用來工作、收發電子郵件或上網亂逛，因為交易廳裡通常沒有桌子讓我們用。某天下午，喬許突發奇想地把三張椅子擺在一起，湊合成一張床躺了上去，然後就睡著了。他運氣又特別不好，某位副總裁就正好在那個時候去了「沼澤區」。

除了上班偷睡，喬許還犯了個錯誤，後來還促成公司訂出一條新規範，直到今天仍會拿來告誡所有的實習生：搭電梯時，千萬要閉嘴，就算是講笑話或聊天氣也不行，閉嘴就對了，因為你永遠不知道跟你一起搭電梯的是誰。事情是這樣的：有一天，他聽說芝加哥分公司的大老闆要來對所有的實習生演講，搭電梯時正好有人提起這件事，他隨口插話：「芝加哥分公司的大老闆？他媽的誰在乎什麼芝加哥分公司的大老闆？」沒錯，那位大老闆，就站在擁擠電梯裡的最前方。

喬許是個好人，每個實習生都很喜歡他，他從來不會因為他老爸是金融界大亨就拿翹，但是高盛沒錄取他，他後來成了位名律師。

那年，我們被告知只有一半的人會獲得全職工作，不過實際的錄取率比較接近四〇%。多數交易桌只錄用一人，只有兩、三個交易桌錄取兩人。這表示：實習結束時，我們七十五人中，約有三十五人會收到錄取通知。管理高層刻意不講確切的數字，只讓我們知道錄取率不到一半。他們想給我們一點壓力，又不想讓我們為此勾心鬥角，他們一再強調：團隊合作很重要。

實習生也很精明，我們都知道不是每個人都能過關，所以你需要自己拿捏分寸：追求團隊合作，但也要顧及自身利益，爭取獲選機會。真人實境秀《我要活下去》（*Survivor*）剛好在那年春季開播，所以我們常說自己是在演真實版的《我要活下去》。

相處久了，你會逐漸知道其他人的興趣在哪裡，想去哪個交易桌，你可以自己評估局勢。比方說，有二十個人對某個交易桌感興趣，但那個交易桌只錄取一人，你被挑中的機率是多少？或是，你應該選比較沒人想去的交易桌，獲選機率比較高？我還記得有位史丹佛的女生落選了，因為她想去的那個交易桌有九個人搶兩個機會。儘管她信心滿滿，但就統計上來說實在不該冒這種險。何況運氣也很重要，搞不好她見到董事總經理那天，對方剛好還沒喝咖啡呢。

不過，有貴人撐腰，倒是可以提高獲選的機率。你要自己去找出喜歡你、看重你、想跟你共事、指導你的人。沒人會主動站出來說他挺你，但是找到肯罩你的貴人正是整個實習活動的目的。一開始你可能搞不清楚狀況，你不太確定自己是在跑馬拉松（畢竟十週很長），還是短跑衝刺。你的長期目標是什麼？獲得錄取。那要怎麼做呢？短期來說，你必須讓人留下深刻的印象，你永遠不知道誰最後會站出來說：「我們需要雇用葛瑞．史密斯。」你需要有人站出來挺你。

不要只顧著研究市場，要懂得找「貴人」相助……

很多實習生誤以為，只要暑期實習的表現好，公司就會錄用你。其實你之所以獲得錄用，是因為你找到想雇用你的人，道理就那麼簡單，也很殘酷。你可能是最傑出的實習生，在開放會議上令每個人刮目相看，你可能完成很多優異的任務，但是到了第十週，如果沒有董事總經理願意說服合夥人雇用你，你也進不了高盛。有些實習生直到實習接近尾聲才了解這點，為時已晚。

公司對我們進行連番考驗的同時，也在籠絡我們，因為二〇〇〇年華爾街是跟矽谷搶人才，高盛需要好好款待這些人選。所以我們每週雖有兩、三晚需要為了開放會議做準備，或是為我們輪到的交易桌做點事情，但在其他夜晚，公司會為我們舉辦社交活動。公司希望實習生都能出席，有些活動是為了幫我們培養人脈，大家聚在一個大房間裡，在隨興的氣氛下，一邊喝著啤酒，一邊和各交易桌的人相識。重點是，你要主動接觸你感興趣的那個領域的人才。

有些活動則是純玩樂，為的是讓實習生留下深刻的印象。我們去看了幾場洋基隊的比賽，也被招待去看百老匯的演出，還看了《大河之舞》（*River Dance*）或《舞王》（*Lord of the Dance*）——確切是哪場秀，我記不得了。喔對了，那年夏天我們吃得也很豐盛。每天開會時，即使是下午三點，房間外頭也擺滿了食物，不是餅乾和茶水而已，還有好幾大盤的三明治，以及飲料和糕點。其實大家才吃過午餐，下午又供應那麼多三明治，大家都覺得太鋪張浪費了。那個夏天，我的體重就暴增了七公斤。

水果也一樣。高盛會擺出好幾大盤的新鮮水果，交易廳裡隨處可見，多到根本吃不完。我記得那時還看到成堆腐爛的水果，一群小蒼蠅在旁邊旋繞。據說高盛每個月買水果的錢就多達數萬美元，後來網路泡沫破滅後，水果是第一個消失的東西。

不過，二〇〇〇年夏天，泡沫尚未破滅，科技股持續走紅，網路股狂飆。一家公司只要在名稱後面加上.com的神奇字尾，或是在字首加上e，價值瞬間飆漲到天際。那年夏天在高盛的交易廳裡，可以看到桌上堆著很多「上市紀念品」（高盛以合成樹脂方塊慶祝科技股上市），還有很多印著科技公司名稱的棒球紀念帽，以及很多人擊掌慶祝。

在這非理性的繁榮中，我找到了穩固的靠山：我的貴人。

那年夏天一開始，我們就經常在會議上及實習生之間談到將來想在公司裡扮演的角色。關於未來，我想了很多，很早就覺得銷售交易部會比資產管理部或投資銀行部更適合我，甚至認為銷售交易部是真正的「資本主義」的最後堡壘。資產管理部門的步調較慢，服務對象是大型機構及富豪；而投資銀行部門，則是幫公司籌資或重整。銷售交易部包含三個角色：業務員、交易員及計量專家（又稱策略家）。對我及多數實習生來說，計量的角色可以馬上剔除，我雖然擅長數學，但還稱不上是數學高手，也沒有博士學位，所以只剩業務員和交易員可選。你必須在實習的第二、三週就做好決定，但答案不會早早就浮現。你走進交易廳時，根本無從分辨誰是誰，就只看到一排又一排的人。最初幾週，我開始了解哪些人選擇當業務員，哪些人選擇做交易員，以及他們選擇的原因。

業務員當然要面對客戶，無論客戶是波士頓的共同基金、紐約的宏觀型避險基金或中東的主權財富基金，管理的都是數千億美元的資產。他們經常跟高盛做交易，每年付給高盛的佣金從幾千美元到幾千萬美元不等。業務員每天都會聯絡客戶端的窗口，提供意見，傾聽他們的問題，幫他們思考投資的點子。跟客戶打好信任關係很重要，因為那是別人衡量你的標準：你的客戶和高盛做多少生意。典型的業務員都很友善、外向，很容易跟人聊開，在緊繃的情境中能維持冷靜，可以同時處理很多事情。業務員必須樂於整天跟人談話。

交易員則內斂許多，他們坐在位子上管理風險，注意市場的漲跌，關心股票買賣，他們是在保護公司的資金，避免不負責任的情況發生，別做錯交易而虧損上千萬美元。交易也是比較偏計量的角色，你必須迅速、果斷、積極。

想清楚：你想當交易員，還是業務員？

我很快就發現，要我整天坐在桌前，不跟客戶對話，我會很悶。相反的，能和全球最精明的投資人來往，卻一直很吸引我。那年夏天我也學到了業務員與交易員之間的緊繃關係，交易員想保護公司的資本，業務員想保護他們和客戶的關係。這兩者是互相牴觸的，幫助客戶不見得對公司有利，事實上，很多時候是對公司有害的。保護客戶通常是指引導客戶遠離風險交易，為了維繫和客戶的長期關係而放棄短期對公司有利的事——這就是高盛領導人溫伯格所提倡的「長線的貪婪」。

至於要當業務員或交易員，實習生的選擇通常是五五各半：最初幾週約有一半的實習生開始鎖定交易桌，另一半則偏向業務桌。

我一開始就和一位以色列籍的實習生成了朋友，他告訴我，新興市場業務部底下有個比較沒人注意的小組，叫「新市場業務組」。新興市場業務部負責的是，把開發中國家的股票（包括拉美、東南亞，以及我感興趣的以色列、南非、俄羅斯、波蘭、土耳其等國）推銷給美國的機構投資人（避險基金、共同基金、退休基金）。新市場業務組聽起來很適合我，我對新興市場很感興趣，又來自南非，還會講流利的希伯來語。

實習進入第五週，我的好運來了，我的小組剛好輪到去新興市場業務部實習三天。精明的實習生（所謂「精明」，是指「打定主意」）會一直回去他們喜歡的領域，所以一有休息空檔，我都會回去新市場業務組看看。我試著幫他們做些工作，以顯示我會做事。我幫他們跑試算表，做股票報告，跟負責交易桌的資深副總裁（她是很酷也很正直的女性），以及她的副手魯迪·葛洛克（Rudy Glocker）見面。

魯迪人高馬大，身高一百九十五公分，在賓州州立大學的傳奇美式足球教練喬・帕特諾（Joe Paterno）的帶領下當過邊鋒和後衛。他的綽號是「野獸」，公司裡一些資深管理者之所以幫他取這個綽號，不只是因為他的體格壯碩，也因為他工作時很拚：早上六點以前，他聯絡的客戶數比全公司的任何人還多。他三十出頭，當助理雖然有點老了，不過他出社會已經有段時間：大學畢業後，他有陣子去前蘇聯賣體育用品、教美式足球，後來才去念哈佛商學院。

魯迪是比較老派的人，我所謂的老派，是指他來自賓州的鄉下，在政治與金融上，他的價值觀都比較保守。他很認真，做事一板一眼，固定每週四晚上打籃球。他喜歡按表操課，也總是以客戶為優先。

不過，魯迪也會惹毛一些人，有時他講話比較尖刻，不管對象是誰。魯迪有個故事很出名，某位研究分析師（合夥人）從波士頓分公司來紐約，魯迪的任務是帶他去拜訪所有的客戶，討論高盛的研究觀點。那位合夥人帶來了一大箱行李，裡頭裝了厚重的書，砰的一聲把行李放到地上說：「魯迪，今天一整天，你不介意幫我提著行李到處跑吧？」魯迪說：「沒問題。」接著又補上一句：「順便把鞋子脫下來，我會幫你擦得閃亮亮的。」當時魯迪的老闆就在現場，他說：「魯迪，來我辦公室一下。」

真想要某份工作，要明確地講出來！

魯迪的主要任務之一，是推銷首次公開上市的股票（ＩＰＯ），亦即私有企業第一次公開發行的股票，這些股票是在紐約證交所之類的交易所掛牌。對高盛之類的銀行來說，ＩＰＯ本身就有一些利益衝突。私有企業公開上市時，銀行會幫忙列出投資人該投資那檔股票的所有原因。問題是，銀行同時站在買賣交易的兩邊，它明知公開上市的那家公司有哪些缺失，卻又向客戶推銷這些即將上市的股票，同時聲稱自己一切客觀。

魯迪會自己分析，然後說：「對，這家公司有三個優點，也有三個缺點，我們應該把優缺點都告訴客戶。」客戶往往會打電話來問：「你覺得這檔股票如何？」魯迪會說：「今天下午我請您喝杯咖啡，再跟您報告。」喝咖啡時，魯迪會說：「坦白跟您說，這檔不是很好，我覺得您不該投資這家公司。」魯迪的坦率讓他備受客戶的歡迎，但最後也成了他黯然離開公司的原因。不只魯迪待不下去，這種誠信的業務員後來在高盛也變成瀕臨絕跡的物種。

實習接近尾聲時，有三、四位實習生鎖定新市場業務組的位子，每個人的素質都很好。我跟著魯迪的小組見習期間及之後，有段奇怪的曖昧期，有點像求偶儀式，那也是實習必經的策略遊戲。你和你感興趣的小組必須對彼此都有意思，但又不能展現出太多的興趣。他們不想告訴你，他們一定會錄取你（因為他們不能那樣做）；你也不想告訴他們，你一定會接受他們的錄取，因為他們一再強調你要有B計畫。偏偏我實在對新市場業務組太有興趣了，根本沒想過要有B計畫。

我們之間的曖昧關係就這樣持續下去。我總是想辦法去那裡逗留，幫魯迪和他的小組做點事。最後，實習進入第八週時，負責新市場交易桌的副總裁告訴魯迪：「帶葛瑞去吃個飯吧。」我覺得那句話聽起來的意思，有點像「對他做最後的審核」，加上「讓他知道我們有興趣錄用他」。

於是，我們之間的關係又更曖昧了，我知道現在是什麼情況，心裡很興奮，那正是我要的。對我的職業生涯來說，南非市場和以色列市場是最好不過的起點。整個小組只有五個人，感覺也很好應付。我知道我會跟他們處得不錯，他們彼此之間也很融洽。而且，魯迪和我一拍即合，我越是了解業務，越覺得業務講究的其實是個性，而魯迪和我的個性真的很合。

有天晚上他帶我去吃晚餐，整個過程隨興得讓我有點訝異，我根本不知道會發生什麼事。首先，我們順道去拿魯迪送去乾洗的衣服，然後拿回他住的無電梯公寓（位於六十二街和萊辛頓大道的交叉口）。接著他說：「我們去吃生魚片吧。」

十二年後的今天，生魚片是我最愛的食物，但是當時，我還沒有勇氣去吃生魚片，所以我有些遲疑。「試試看。」魯迪說，「你會喜歡的。」吃了幾片黃尾魚生魚片後，我開始吃出趣味了。

當時我有點小緊張，不過是出於興奮。魯迪要我談談自己及背景（這部分顯然是審核），不過整個過程很隨興，我們一邊吃著生魚片，一邊喝札幌啤酒，一邊隨意交談著，中間也聊到魯迪小組的其他成員，接著我看得出該我出擊了。這又牽涉到微妙的一點：早在實習一開始，就有人告誡我們：千萬別以為你想加入的部門真的知道你有意願。如果你真的想要某份工作，就要明確地講出來，重點在於抓對**時機**。那一刻，就是最好的時機，所以我決定放手一搏。我告訴他，我真的很想加入新市場小組，魯迪露出微笑。

暑期實習的最後一晚，約十五位實習生（包括幾位女性）一起去了紐約的脫衣舞俱樂部Scores。這家俱樂部因霍華．史登（Howard Stern）在廣播節目上介紹過而相當出名。我們一邊喝酒，一邊欣賞節目，玩得很開心。然後，我看到我認識的一位亞裔實習生強恩從貴賓室對我揮手（強恩非常講究品味，整個暑假都在吹噓他去紐約兩家最高檔的餐廳Le Bernardin和Daniel吃了幾次。他和亞當一樣，後來都到避險基金去管理數十億美元的資金了）。我和一位波斯籍的實習生一起走向擋在貴賓室入口的繩子，強恩示意酒保讓我們兩人進去。裡面很刺激，我們看了金髮辣妹跳了約五分鐘的熱舞後，被告知一個人要付七百五十美元。七百五十美元！我當然沒有那麼多閒錢可以揮霍，這個數目已經占我總財產的好一部分了。酒保板著臉，語帶威脅地把我們兩人從後門送出去，我還記得當時我很慶幸沒在俱樂部後門被打得半死。

不過，那只是小小的不幸插曲，整個暑期實習算是順利結束了。我知道我想到高盛上班，但是高盛會想用我嗎？實習結束後有個協議：公司不會給你任何保證，你要等幾週後才知道自己的命運。我覺得自己的錄取率約有八成五，最後一天上班時，我去跟每個認識的人道謝及道別，也特地去跟負責實習計畫的副總裁麥克說再見——他可能是打電話來通知我是否錄取的人。

「麥克，謝謝您的照顧。」我說。

「葛瑞，你做得很好，我們會再跟你聯絡。」他告訴我。

我轉身，滿懷希望。

「喔，對了，還有一件事。」麥克說。「下次到市區狂歡時，要記得帶夠現金。」他的笑容很詭異。

華爾街的風聲傳得可真快！

｜第2章｜

清晨五點半的影印室

菜鳥應該做的事

在高盛，由不得你喜不喜歡，大家都預期你第一次考美國證券業執照考試（Series 7）就過關。

證券業執照考，是你在華爾街接受的第一個大考驗。你必須先經歷過這個儀式，才能開始拜訪客戶。考試的時間長達六個小時，教材約有兩本百科全書那麼厚，需要熟背的資訊量很多。九月週二的清晨，我從公寓外的錢伯斯街，搭計程車前往曼哈頓上城應考。那天風和日麗，萬里無雲，但周遭的美景和我內心的感受形成了鮮明的對比，我緊張死了，覺得自己還沒準備好。

考場是在曼哈頓中城的一賓廣場（One Penn Plaza），我坐在計程車的後座，胃不斷地翻攪。清晨的陽光太刺眼，像巨型的探照燈照著我們穿過的每個街區，計程車上的廣播說麥可．喬登可能重返籃壇，加入華盛頓巫師隊。我心想：「他到底想幹嘛？趁事業的顛峰從公牛隊引退是最聰明的決定了，再出來，只會走下坡。」

鬧鐘每天早上五點響起，我起得來嗎？

當時，我的職場生涯才剛起步。我結束暑期實習兩週後，在二〇〇〇年八月底接到高盛的來電。那時我趁著大四開學前的空檔，回南非探親兩週。高盛非常大方，幫實習生出返鄉的機票，不管你的家鄉遠在何方，這也是實習的一大福利。由於紐約和約翰尼斯堡之間有六小時的時差，我簡直不分晝夜急切的等著高盛來電。令人沮喪的是，我根本不曉得電話何時會打來。如果我真的沒接到電話，是不是表示我沒被錄取？

週四傍晚約五點，電話響了，傳來了好消息。「我們很高興錄取你加入高盛。」人力資源部的女士親切地說。她先代負責實習計畫的麥克致歉，說麥克因故無法打電話過來，但他也為我感到興奮。他的興奮程度肯定比不上我，這就如同黃金通行證，對任何想在華爾街謀生的人來說，都是夢幻的工作。高盛是菁英中的菁英，有位約翰尼斯堡的朋友說那是「投資銀行界的勞斯萊斯」。聽到的當下我刻意低調帶過，但我知道他所言不虛。我和一些全世界最厲害、最聰明的人，在那個全球最大的舞台上競爭，最後脫穎而出了，我確實感到相當自豪。

「你要在線上接受新市場業務部分析員的工作嗎？」人力資源部的女士問道。華爾街所謂的

「線上」，就是指「馬上」。但我不習慣馬上決定，我向來很謹慎，凡事都會深思熟慮。在學校時，如果我提前二十分鐘寫完考卷，我會把剩下的時間拿來檢查答案。所以現在我決定好好把握公司提供的三、四週考慮期，充分思考以後再做決定，雖然我幾乎已經確定我最後會接受了。我後來才知道，這舉動讓有些主管誤會了我，華爾街喜歡立即的快感與感恩，他們**當下**就想知道答案，希望你對他們感激不盡。

這麼早就知道畢業後要做什麼真的很棒，當時很多同學都還在為出路苦惱。那也是高盛暑期實習的一大優點，它讓你體驗一下你是不是真的喜歡華爾街、喜歡這家公司，也給你機會在十週內展現優點，而不是依賴三十分鐘的面試，說服面試官錄用你。

大學畢業令我亦悲亦喜，我熱愛史丹佛四年的求學生涯，很榮幸能夠拿獎學金完成學業，但也不捨得畢業離開。在史丹佛，我接觸到在約翰尼斯堡永遠想不到的事情，也認識了很多一輩子的好友，畢業後我們將各奔東西。

在校時我雖然很用功，卻也玩得很盡興。大四時，我擔任義大利樓（Casa Italiana）的社交經理。理論上，義大利樓是讓主修或副修義大利文的人沉浸於義大利語及文化的地方，但實際上，由於它的位置就在校園的正中央，因此成了派對的絕佳場所，裡面還有史丹佛校內最棒的廚師。我每季可拿到兩千美元的預算，為全校辦派對，所以我經常主辦派對，例如爵士之夜、清酒之夜、卡拉OK之夜等等。

大四那年，我中午以前沒排半堂課。我常在想：「真有趣，再過幾個月，我的鬧鐘每天早上都會在五點響起，我起得來嗎？」當時我是個夜貓子，有時睡到中午才起床，這種好日子不多了。

畢業典禮那個週末很特別。我母親遠從約翰尼斯堡飛來，我的堂兄弟從芝加哥飛來，姑媽也從佛羅里達州飛來參加。我母親抵達的那天，我們一起參加小型的畢業烤肉會，突然間三台黑色休旅車組成的車隊開了過來，雀兒喜（在大一宿舍裡，我跟她是點頭之交）和剛卸任幾個月的柯林頓及希拉蕊從車子裡出來。大家都和柯林頓一家子閒聊了一下及握手，他們也和許多熱情的家長合照了多張相片，那些家長似乎都忘了，柯林頓夫婦當天也是為子女感到驕傲及歡喜的家長。雀兒喜平易近人和穩重的態度總是令我相當佩服，即使我們大一那年白宮歷經了風風雨雨，她依然表現沉著。

二〇〇一年來為畢業生演講的嘉賓是卡莉．菲奧莉娜（Carly Fiorina），她是史丹佛的校友，當時擔任惠普（ＨＰ）的執行長，也是第一位領導財星前二十大企業的女性，幾年前《財星》雜誌將她評選為「企業界最具影響力的女性」。當天她的演講非常動人，她把自己的人生比喻成小說，逐頁地編輯，直到濃縮成一頁的精華，她建議我們在人生中也投入類似的過程。她的演講對我有很大的影響，多年來我重讀了那份演講稿好幾次。我和幾位朋友搶占了畢業典禮前排的位子，被相機拍了下來，明顯收錄在我們那屆的畢業紀念冊裡。我們五人都把那張照片裱框起來，收藏在我們後來的住處。相片中的我，樂觀地望向遠方，我當時的確有那樣的感受。那時我的人生才翻了幾頁，為了第一章的結束而難過，但也為了下一章的開始感到興奮。想到我即將住在紐約，自力更生，我就非常嚮往。

搞半天，原來河岸邊的大樓都是華爾街的菜鳥宿舍

我從史丹佛畢業時，戶頭裡的錢不到三千美元。

高盛出錢讓新人飛去紐約找房子，甚至還幫我們付了租屋仲介費，所以五月時，我跟朋友亞當及他的一個朋友一起飛到紐約找房子。我努力說服他們一起住在上西城，因為那裡有很棒的猶太地點，我覺得是認識猶太女孩的好地方，外加數十間猶太教堂，當然還有位於阿姆斯特丹大道和八十六街的Barney Greengrass餐廳（俗稱「鱘魚王」），那裡有紐約最棒的燻鮭魚和馬鈴薯煎餅。

但是亞當和他的朋友想住在聯合廣場，因為那裡感覺比較時尚。我們來來回回，一直找不到適合的房子，最後我浪費了高盛贊助的找房之旅，一無所獲地折返帕羅奧圖。亞當後來自己在默里山（Murray Hill）找了一間公寓。六月底我回紐約參加高盛的訓練課程時，一位去年夏天跟我一起實習的孟加拉籍朋友（他後來去了摩根士丹利）好心收留我，讓我在他位於六十二街及第一大道附近的公寓裡睡充氣床墊，直到我找到房子為止。

受訓第一天，我認識了JF。他是法裔加拿大人，以前是蒙特婁的水球國手，非常有女人緣，但他幾乎不會說英語。雖然語言不通，但高盛對他的決心及迅速的學習力印象深刻，最後決定豁出

去錄用他。後來證明高盛押對寶了，他的選股非常精準，才工作沒幾週，有些資深副總裁就開始採用他的想法來說服客戶。JF最喜歡分析資產負債表和損益表，然後為客戶提出最好的建議。多數新人還在拆證照考參考書的包膜時，JF已經在做由下而上的分析，看K線圖，判斷他的選股會不會突破線圖範圍了。他有兩個缺點：沒耐心及脾氣暴躁，有時在工作上難以掌控脾氣。JF有個同樣來自蒙特婁的朋友在安侯建業（KPMG）擔任會計師，我們三人決定一起租房子。

我們可不是隨便找個地方住，租屋仲介推薦我們一棟當時新蓋不久的建築「翠貝卡角」（Tribeca Pointe），是金融區最高的公寓大樓之一，有四十三層，位於錢伯斯街和西城公路的交叉口，就在哈得遜河邊，可眺望美麗的水色和曼哈頓的市景，高樓層的景觀特別出色。仲介說，四十樓有一間兩房公寓，租金是一個月三千七百五十美元。這對兩個剛起步的高盛分析員來說相當昂貴，我們每年的底薪是五萬五千美金（稅後週薪約七百五十美元），但是如果三人分攤的話，也許可行。

問題是那裡只有兩間臥房。

但是我們越想，越覺得住在那棟豪華大樓的四十樓實在太美妙了。一來可以讓親朋好友刮目相看，二來出色的美景或許可以迷倒女孩子。當仲介說只要加付一千美元，他合作的俄籍包商可以在公寓的開放式廚房和客廳之間搭個臨時牆，多隔出一間小臥室時，我們三人就決定租下來了，當場開支票付錢（後來我們得知，華爾街的年輕人在寸土寸金的曼哈頓市找棲身之所時，常住這種隔間）。所以，二〇〇一年八月一日，我們搬進河岸路四十一號四〇〇四室。那個週日，室友和我在四十三樓的屋頂陽台上，欣賞港口及附近世貿雙子星大樓的壯麗全景，一邊喝酒、抽雪茄，自我慶祝一番。我們為此付了很多錢，但感覺每分錢都很值得（而且那裡有很多夥伴，我們很快就發現，河岸邊的大樓幾乎都是華爾街小兵的宿舍大樓）。

在此同時，為了進高盛工作，辛苦的準備才剛開始。

交易廳上，果然什麼東西都能賭……

現在我進入的高盛，和我當初實習的高盛已經截然不同了。水果盤沒了，印著高盛商標的T恤、人字拖、其他的隨身用品也沒了。前一個夏天讓整個交易廳笑呵呵的科技泡沫，在二〇〇一年初就破滅了。原本市值高達數十億美元的公司，現在都成了雞蛋水餃股。經濟進入二十一世紀的第一次衰退，新市場業務組有三人遭到裁員（裁員率是六〇％）。

魯迪的身邊只留下一個人：一位積極的斯洛伐克人，跟我一樣是初級分析員，只是年資多我一年。她的英文能力普通，講得很快又很大聲，也許她以為這樣大家比較聽得懂。她不是魯迪雇用的，但魯迪只能暫時收留她。她已經通過證券業執照考試，某些方面她會試著指導我做一些事，但其他方面她老是想要略勝一籌，例如我五點半來上班，她就五點二十九分到。由於我還不能接聽電話，她根本不需要擔心那麼多。

魯迪需要我立刻上場應戰，但是在合法跟客戶談話以前（執行交易就更不用說了），我必須先通過證券業執照考，還有美國證券代理人證照考（Series 63）。Series 63的應試時間看起來比較短，但實際上比較難。有很多東西要讀，考試全靠死背。

我們那組雖然希望我整天待在座位上，但公司希望我去上課，學習考試會考的市政債券法規，而且公司也預期你一次就考過。考試成績一公布，全公司都會知道你的考試結果。交易廳裡甚至會半開玩笑地開賭盤，賭新人考得如何。考試沒過非常丟臉，這對華爾街的新人來說是極大的壓力。

證券業執照考的準備課程為期一週，非常扎實，從早上九點到下午五點都在會議室裡上課，內容非常枯燥，例如，要向退休基金推銷公司債，有哪些相關法規？為共同基金開設新的交易戶有哪些規定？什麼是「一九四〇年投資公司法」？證管會何時成立？有些內容跟實務會扯上點關係，例如計算避險成本的方法，但是華爾街常戲稱，考完後，你這輩子大概不會再用到或想到那些資訊。你必須通過考試，才能勾選「你已經研讀過法規」那個欄位。準備考試非常辛苦，你需要喝大量咖啡才能保持清醒。十二年後的今天，我在寫這段文字時，幾乎已經忘光考試涵蓋的內容了。

下班及週末，我會拿著我的Sony CD隨身聽到公寓四十三樓陽台，或是坐在小房間的桌前五、六個小時，一邊讀證券法規，一邊聽《辛納屈再現》（*Sinatra Reprise: The Very Good Years*）。我會重複播放CD來聽，我一直覺得這是營造學習節奏的有效技巧。〈夏日微風〉（Summer Wind）和

〈美好的一年〉（It Was a Very Good Year）兩首歌我肯定聽了不下千遍，到現在還是很愛，總是讓我聯想起證券業執照考以及我在紐約的早年生涯。

準備考試的過程很辛苦，偶爾我會做一些模擬考題，但考得不太好，搞得我心神不寧。考試時，你會希望成績盡可能低空飛過（比七十分稍高一些），那跟自尊有關。如果你的成績太高，那表示你讀得太認真了，七十出頭剛剛好。但是，萬一你考個六十九分，差一分過關，那就會非常尷尬。

整個七月和八月，交易廳的同事開始下注。

交易廳有愛賭的文化，交易員什麼東西都能拿來賭，例如溫布敦網球公開賽、美國名人賽、菜鳥分析員可以吃下幾個白堡漢堡（White Castle burger）等等。即使網路泡沫破滅了，賭風依舊不減。我記得有位很瘦的交易員，名叫湯米，大家都喜歡開他玩笑。有一次，交易員打賭湯米可以做幾次平板臥推，後來大家越玩越凶，還用擴音器宣布賭注（擴音器通常是用來對整個交易廳做業務報告的）。每個人都各有看法，一般的看法是湯米雖然看起來瘦如竹竿（約一百七十八公分，頂多六十五公斤），但他臥推的次數可能比大家想的還多。當然，也有很多人抱持相反的看法。結果變成大家都想賭一把，你一言我一語地熱鬧討論，也許是想彌補現實市場的平淡吧。某天，接近中午時，交易清淡，一位董事總經理說：「好，我們現在就開盤吧，湯米現在就去健身房。」接著大家開始爭論應該有多少人去見證，最後我們決定派三個見證人過去。當然，湯米臥推的次數比任何人想的都多出許多。當天有很多賭金易手，幾年後，湯米也升任董事總經理了。

二〇〇一年夏天，交易廳的賭局主要是在賭菜鳥分析員的證券業執照考成績。投注的運作就像交易一樣，在交易清淡時（通常是上午十一點到十一點半），有人從交易桌站起來，對著別排的某人大喊：「考試快到了，你怎麼看？你對執照考的市場有什麼看法？」聲音大到所有人都聽得見。「你覺得葛瑞會考怎樣？穆爾羅尼呢？JF呢？」

接著，就像交易一樣，另一個人回應：「我看葛瑞的市場是七七和七二。」這裡的「市場」是指他看的買賣價差，意指他出價七二買入（他覺得我的成績會高於七二），七七賣出（他覺得我的成績不到七七）。

跟他對賭的人可以買或賣他的市場，假設跟他對賭的人覺得我的成績會低於七二，他會說：「我以你的買價七二賣給你。」所以七二變成賭價，如果我的成績高於七二，買的人就贏了；如果我的成績低於七二，賣的人就贏了。

輸贏是多少？通常大家最少賭一百美元（華爾街的術語是hundo），但是賭金不是重點，重點是要威嚇及刺激應考的菜鳥，給他們壓力，告訴他們：「別考砸了。」

九一一恐怖攻擊那一刻，我正在……考執照！

我感覺自己好像真的會考砸。考試前一晚，我去紐約大學的波布斯特圖書館K書（拿以前史丹佛的學生證可以進入），休息時，我打了一通電話給另一位也是分析員的瑞典朋友，他叫克里斯·艾克倫（Kris Ekelund）：「嘿，我做模考都只拿七十或七十二分，這下怎麼辦？」那種成績實在讓我很難放心。

「別擔心。」克里斯說，「我們會過的，那樣就能低空飛過了。」

計程車抵達一賓廣場時，我看到所有的分析員都站在大樓外面，緊張地走來走去，有些人坐在水泥椅上做最後的惡補。我去星巴克買了一瓶水，已經緊張到不能再喝咖啡了，我心想：「不能失敗，不能考砸……」

這時再臨時抱佛腳已經無濟於事，所以我就站在那裡和認識的人聊天，希望能放輕鬆一點，我覺得胃不太舒服。最後，我們開始三三兩兩地進場，前往十七樓。

時間是七點四十五分，考場等候區的窗外，從三十四街延伸到曼哈頓下城的辦公大樓在晨曦下閃閃發光。監考官對身分的審核相當嚴格，你必須攜帶雙證件（我帶了南非護照和加州駕照），還要簽宣誓書，發誓你是本人應考。簽名後，他們會發給你號碼鎖和鑰匙。你必須清空口袋，把所有的東西都放進他們分配給你的櫃子裡。你不能戴錶進入測驗室，甚至不能帶筆，這些檢查搞得我更緊張了。

接著，考場隨護人員會帶每位考生走進無窗的測驗室，來到一台電腦前。證券業執照考長達六個小時，共有兩百五十道選擇題，分兩段考，一段三個小時，中間有短暫的午餐時間。考試是在電腦上進行，不是寫考卷。這種考試的優缺點是，你幾乎考完馬上就知道成績了（電腦會花五秒鐘計算成績，那五秒鐘感覺異常漫長）。主辦單位會發放耳塞（我不需要）、兩支2B鉛筆、計算紙，要求我們不可以跟任何人交談。如果要上洗手間，離開前必須簽名，回來後還要再簽一次。

接著，點幾下滑鼠，證券業執照考就開始了。

約一個小時後，我們已經做了好幾道選擇題，這時我們聽到測驗室的廣播傳來一個男聲，以平靜的口吻宣布：「請各位待在原位，我們不撤離這棟建築。」

這是怎麼回事？防火演習嗎？但是之後就沒聲音了，我心想：「真奇怪。」繼續考試。

接著十分鐘後，那人再次廣播，這次宣布的內容稍微詳細一些：「請不要離開建築，我們正在等候市長指示。」我再次懷疑是不是有什麼演習正在進行，但是廣播又沒有聲音了。

十分鐘後，同一個聲音廣播：「我們在等候紐約市警局和市長辦公室的指示，請保持冷靜。」大家面面相覷，百思不解。接著，一個女人驚慌地衝進來，大喊：「大家快點出去，出去，出去！現在就出去！」

她是坐在外面讓我們簽名去洗手間的監考員，大家聽了都大吃一驚，沒人知道發生了什麼事，每個人掛心的都是這場六小時的考試，心想：「考試怎麼辦？他們會停止計時嗎？」除了困惑不解，我當下的另一個感覺是稍稍鬆了一口氣，因為我覺得自己考得很爛。

我們全都走到十七樓的等候區，監考人員揮手示意大家搭電梯離開。我心想：「這到底是怎麼回事？」接著我看到大家聚在落地窗前，指著外頭喃喃低語，我走過去一探究竟。

在南方遠處清朗的晨空下，世貿中心的右棟大樓（北塔）冒著濃煙，沒人知道怎麼回事，眼前狀況撲朔迷離。

公司訂下紐約市的旅館，可以供你住宿

我們一群人擠進電梯下樓。

走到三十三街上，外頭感覺很溫暖，陽光依舊燦爛，交通仍川流不息，整個城市似乎還在運作，但感覺出事了，路人三三兩兩地停在人行道上交頭接耳。有一群人站在停下來的車子旁邊，車窗打開著，廣播聲大響。播音員提到一架飛機撞上世貿中心，似乎沒人知道是怎麼回事，大家議論紛紛，究竟是意外，還是恐怖分子搞的？

我唯一知道的是，我可能不該回公寓，因為那裡離雙子星大樓才兩三個街區。艾克倫和我，以及另兩位高盛的分析員，四個人一起站在人行道上。我們覺得，如果那真的是恐怖襲擊，不去市中心的高樓大廈區可能比較安全，往艾克倫住的格林威治村走會比較好。

我們在第七大道右轉，開始往南走。這時當然招不到計程車，我們在二十三街往東走向第六大道，接著右轉朝格林威治村走。第六大道可以一直線看到曼哈頓下城，所以我們現在清楚看到南北

雙塔都冒著濃煙。沿途的每個街區，都有人聚在一起，凝視下城那令人難以想像的狀況。我們持續走向格林威治村的低矮建築。如今回想起來，其實我們應該往北走，而不是往南走，但是當時實在很難理解出了什麼事。我們走了好幾個街區，不時臆測發生了什麼事，出神地凝視著燃燒的高塔。

接近十點時，我們四人看到不可思議的景象就發生在我們的眼前：南塔緩慢地崩垮，轟隆隆地變成灰燼。

時間似乎凍結了幾秒鐘，接著大家開始尖叫奔跑，沒人見過那情景，沒人知道該如何反應，不知所措的我在原地愣了半晌，試圖冷靜下來。那超乎現實的幾分鐘從此清楚地烙印在我腦海中。我們身邊站了兩位高大的非裔美國人，他們凝視著崩落的高塔，臉上流著淚水，我的朋友艾克倫也哭了。我從來沒看過那麼多成年男性、那麼多人同時一起哭泣。我不知道該說什麼或做什麼，整個人覺得非常不舒服。那時我腦中飛閃過許多想法：好幾千人喪生了；我很憤怒美國受到這樣的攻擊，但也很慶幸自己能活下來……

「我們盡快到我家吧。」艾克倫說，「雖然有點擠，但你們要待多久都可以。」紐約市的每個人都一起經歷了這場浩劫。

我試著打電話給家人，讓他們知道我沒事。他們在百萬哩外的南非，我也不清楚他們知道了多少，我希望他們沒即時看到這起災難。但是手機線路斷了，而且一斷就是好幾個小時。我們一到艾克倫的住處時，我就用固網打電話給約翰尼斯堡的母親，但是她不在家，她也沒有手機。我第一個聯絡到的人是我弟弟馬克，當時他在開普敦大學就讀。那一刻我記得非常清楚，我弟弟不是很情緒化的人，但是他一聽到我的聲音就哭了，我也跟著哭了。他後來告訴我，他本來以為我是在世貿大樓裡上班。

在南非入夜以後，我終於聯絡上了我母親，她到那天傍晚才得知恐怖攻擊事件，所以她接到我弟弟確認我很安全的消息以前，並沒有擔心很久。她後來告訴我，她始終很感恩那天她不用擔心一整天。

入夜後，我們幾個人坐在艾克倫的家裡，看著CNN的艾倫．布朗（Aaron Brown）和寶拉．贊恩（Paula Zahn）的報導。後來我終於體力不支，在沙發上睡著了。隔天早上，我走到位於第二大道和第十街的第二大道熟食店（那是我在紐約最愛的猶太熟食店），發現那家店竟然還照常營業，我點了醃牛肉三明治。我等候拿餐時，一位非裔美國人和一位年長的猶太人大聲地爭論為什麼美國會發生這種事。更不可思議的是東村的街頭景象：感覺空無一人，就像科幻電影裡世界末日後的場景。紐約感覺像座空城，完全失去了生息。

那天早上，我意外地接到了高盛倫敦分公司的人事部來電，那通電話有如及時雨。他說：「我們知道你的公寓離世貿大樓只有幾個街區，我們有全套的系統可以幫你安頓下來。第一，我們將提供你兩千美元，讓你置裝及採購必需品。第二，公司已經訂下紐約市各地的旅館，可以供你住宿，不過我們還需要兩天的準備時間。第三，我們會隨時跟你保持聯絡，讓你知道市場何時開盤。」

那通電話讓我大大鬆了一口氣，因為我回不了公寓，現金所剩無幾，更不知道能去哪裡找上班穿的衣服。我沒帶半件衣服或內衣褲出來，甚至連牙刷都沒有，現在我又開始感覺像個人了，總算有一樁好事。

我掛電話時搖搖頭，既驚訝又感激。恐怖攻擊發生才幾個小時，倫敦辦公室已經完全接手，找出我的住處，找到我的下落，並伸出援手。這就是高盛神通廣大的地方，我記得當時心想，說到效率、執行、井然有序，高盛可說是最佳典範，它有最精明及機智的人才，華爾街上沒有一家銀行比得上。

當大家只關心生死時，很難想到市場重新開盤這種機械化的事，但是那很重要，紐約市長朱利安尼（Rudy Giuliani）也意識到這一點。賓拉登攻擊美國的金融中心，那裡離全球最大的資本主義象徵「紐約證交所」僅幾個街區。迅速、有效率、有秩序地重新開盤，就是一種強而有力的反擊方式，讓紐約和美國重新站穩腳步，展現我們集體的挫折復原力。

我記得當時我跟朋友艾克倫說：「世界已經永遠變了，多希望時間可以回到昨天早上以前。」那感覺就像我們原本做著美夢，卻在驚醒後再也回不去了。我記得當時心想：「我希望時間就這樣過去，世界要到何時才能恢復正常？」

結果，大家都花了一段很長的時間療傷。

二〇〇一年九月十七日星期一，是我重返工作崗位的第一天。由於我還是進不了我的公寓，所以在艾克倫的住處待了兩天，轉往高盛提供的旅館住了一晚（位於第一大道和四十九街的比克曼旅館），接著搬進另一位朋友的住處（在哈德遜河對岸的紐澤西市）。我其實可以在比克曼旅館待久一點，但是如果我不住旅館，高盛會提供額外的現金津貼代替旅館補助，當時我的戶頭只剩不到七千五百美元，我知道未來的日子會很辛苦，所以決定拿額外的現金津貼。

那天早上，不到五點半我就從紐澤西市搭上PATH列車。我動用了高盛的補助金，去香蕉共和國（Banana Republic）買了幾套衣服，但是我那天鬍子沒刮，感覺昏昏沉沉的。經歷了那麼多事以後，再回去上班的感覺很奇怪。我一走進辦公大樓，就打電話給穆爾羅尼，問他能不能幫我拿我抽屜裡的電動刮鬍刀，到另一個樓層跟我碰面（當時我比較喜歡使用電動刮鬍刀，不是一般刀片）。我希望第一天回去上班時，能看起來清爽體面一點。

九月十七日，市場經歷了有史以來最糟的一天。S&P五百指數下跌五%，道瓊指數下跌七%。但奇怪的是，這天感覺並不驚慌，也不像崩盤，投資人其實還很滿意市場井然有序的狀況。紐約證交所和那斯達克都有效率地開盤了，債券市場也正常運作，芝加哥和紐約商品交易所依舊交易著大宗物資。這是個不錯的一天，大家原本預期市場會更混亂、更驚慌，但美國展現出她已經可以正常運作，我為此感到驕傲。

高盛夜以繼日地努力，以確保我們的科技和作業部門正常地運作，讓客戶能順利交易，對此我也感到與有榮焉。高盛在確保紐約證交所迅速恢復運作方面也有很大的貢獻，美國本土經歷最嚴重的恐怖攻擊不到一週，紐約證交所即已恢復營運。

清晨五點半，一堆人搶著用影印機

我和室友在恐怖攻擊發生兩週後終於搬回公寓。世貿中心離我們的公寓只有四個街區，我們搬回去時，世貿的殘跡仍在冒煙，空氣中瀰漫著揮之不去的焦味，那是我從未聞過的氣味——結合了燃燒的鋼鐵、燃燒的塑膠、燃燒的屍體，感覺很恐怖。起重機和推土機大隊日以繼夜地清理現場，把殘骸運到停靠在附近哈德遜河上的駁船（幾乎就在我們公寓大樓的旁邊）。他們工作了好幾個月，不分晝夜，噪音從未停過。

住在那裡很難捱，我們考慮搬家，我現在還是不懂當初我們怎麼沒有立刻搬出去。但那時我們整個世界都被徹底顛覆了，我們才剛在華爾街起步，只想竭盡所能地往前邁進。

重訪工作崗位的最初幾週，有幾個方面感覺特別艱辛。首先，大家顯然都還在震驚中，還沒恢復過來。第二，九一一之前科技泡沫的破滅已經讓經濟惡化，九一一之後經濟更糟了。市場開始大跌，客戶憂心忡忡，我所屬的新興市場動盪不安，市場正在懲罰我們，大家都擔心我們的市場會進入蕭條。

除此之外，我們這些新人也必須在一個月後，重考一次證券業執照考。

九一一讓我們清楚看到，什麼重要，什麼不重要。我雖然覺得證照考「只是愚蠢的考試」，但實際上，通過考試對我事業的起步相當重要。總之，你要通過考試才能開啟華爾街的生涯，你總不能老是幫大家買咖啡和影印。然而，經歷過那一切後，要再重拾書本更加困難。恐怖攻擊後，整個紐約市或公司都有嚴重的被害妄想症，大家不免懷疑還有沒有未爆彈。我們都禱告別再發生了。一位同事在九一一之後，再也沒回來上班，她甚至沒踏進辦公室一步，因為我們太靠近燃燒的殘骸和創傷，對她來說太難承受了。

同事們都嚇壞了，但我看到每個人都力圖振作、相互支持，也支持客戶，讓人相當感動。這時所要傳達出的訊息是：「現在是我們脫穎而出的時候，這是高盛之所以為高盛的原因。我們應該對客戶更加關注，幫他們重新站穩陣腳，即使對我們沒有立即的助益也要給予協助，因為那才是客戶永遠銘記在心的事。」

這個訊息充分展現了典型的高盛風格，而我們之所以能夠強而有力地表達那樣的立場，是因為當時捍衛傳統的老將仍在，很多高盛上市以前的合夥人都還在公司裡。當時漢克．保爾森（Hank Paulson）剛逼走強．寇辛（Jon Corzine），成為唯一的執行長（寇辛當初積極推動高盛上市，後來成為紐澤西州的州長、美國參議員，接著擔任期貨經紀商明富環球〔MF Global〕的執行長，明富環球用客戶資金去填補交易損失後破產）。九一一過後不久，保爾森在二〇〇一年年報的致股東信中，再次強調高盛誠信、始終為客戶著想的核心價值。公司也為受到恐怖攻擊影響的人和組織設立救濟基金，高盛的員工捐了五百五十萬美元，公司也跟進捐出等額的救助金。

以上是大環境的狀況，至於在第一線的工作崗位上，我試著在那個瘋狂的時期學習如何做好工作。每天早上五點半，我們這些新來的分析員會擠進影印室，那是我們每天的第一次互動，大家搶著用影印機。其他資深同事會在六點上班，我們要在他們上班前影印好大量文件，分送給他們。除了影印高盛各類股分析師的研究報告，還要摘要整理《華爾街日報》和彭博系統上跟今天交易有關的消息。把這些彙整及精選的資料濃縮成摘要，是為了讓資深同事輕鬆點，不必花太多時間親自瀏覽大量資訊。

菜鳥第一次上陣——幫土耳其大老闆提行李

我當菜鳥分析員時，有件事讓我出了名。我進公司不久就注意到一件事，每次有企業公布獲利時，交易桌的人都希望馬上拿到數字，看看這季的獲利數字好不好。所以我想到了一個點子，在獲利公布前就先寫一封只有五行的電子郵件，發給四十九樓的所有業務交易員和交易員。內容如下：「今天早上，蘋果會公布盈餘，我們預期的數字是……，上一季的數字是……，iMac以前的銷售量是……，我們預期這次公布的銷售量是……」那封信就像小抄一樣，所有的交易員都可以事先拿出來，放在眼前。

這就是菜鳥分析員在通過證照考以前能做的事，也許看起來有點蠢或微不足道，但是大家看你那麼做時，心裡會想：「這傢伙挺機伶的，他在想辦法幫我們。」

其他時候，我則是學習如何給客戶留下好的語音留言。我先觀察同事怎麼做，從旁見習，學他們如何談論股票。每天我都會把留言練得更加精簡，語音留言不能超過九十秒，必須涵蓋當天的四、五個重點。市場有哪些動態？客戶需要知道什麼？高盛的看法如何？我的學習方法是：聽這方面的大師魯迪怎麼講。大家之所以稱他為野獸，是因為他可以比任何人聯絡更多客戶，而且總是充滿熱情和淵博的市場知識。

野獸使用語音留言傳遞訊息而不用電子郵件，是有原因的。他覺得他的語調可以適時強調重點所在。坦白講，我做久了以後，開始覺得語音留言很笨。如果客戶每天早上都收到上百通留言，他會聽你留言的機率是多少？反之，一旦你開始跟客戶混熟且關係不錯時，他們看到你的號碼出現在來電顯示時，自然會接你的電話。

九一一以後，拿我們這些菜鳥的證照考成績來打賭的行徑收斂了許多，大家沒什麼心情下注，我自己也沒有。既然上次已經稍微知道考試的難度了，這次我更努力在家裡埋首苦讀，後來模考都能考個八十二或八十三分。不過，那段期間，實在找不出能激勵我苦讀的動機。

發生恐怖攻擊一個月後，證券業執照考的應試者又回到一賓廣場，搭同樣的電梯到十七樓同樣的等候室，同樣的監考人員，同樣那片眺望北塔著火的落地窗，感覺恍如隔世。但這次我的準備遠比上次充分。就某方面來說，當時的我和現在的我都覺得，高盛要我們一個月後再去考一次，似乎缺乏同理心，但實際上，那也是逼不得已，通過考試是實務所需。

我檢查最後一個答案後，按下了完成鍵，等候考試成績出現。電腦顯示了好消息：八十六分。我已經準備好當業務交易員了。

現在的我只缺東風：客戶。

魯迪對我越來越信任以後，逐漸把一些客戶交給我負責，華爾街稱這類客人為「練習型客戶」。高盛跟他們互動既沒多大的好處，也沒多大的壞處。最理想的情況是雙方都是比較資淺的人，都想從互動中學習門道。

在此同時，同組的斯洛伐克同事似乎一心想把我比下去。每次電話一響，她總是搶著接聽（接聽電話通常是菜鳥分析員的任務）。如果我留十通語音留言給客戶，她就留十二通。我一直覺得她的舉動很奇怪：我們兩個的工作相同，但是對她來說，我在各方面根本稱不上威脅。

又或者，我確實是個威脅。

那年夏天，高盛協助一家土耳其的電信業者上市，魯迪需要人帶這位執行長去拜訪我們的客戶（一些大型的避險基金和共同基金）。他上下打量我，接著說：「跳羚，這由你負責。」有個綽號在高盛裡很重要，野獸幫我取了一個好綽號：跳羚是動作迅速的瞪羚，是南非的吉祥物，也是南非橄欖球隊的象徵。

所以公司把那家市值數十億的企業交給我這個剛畢業的毛頭小子，我帶著那家公司的執行長，就我們兩人造訪加州和德州，由我幫他提行李。那位執行長梳著油頭，穿著體面，看得出來在土耳其應該是個大人物。他大可因為公司安排菜鳥接待他而大發脾氣，但我想，他這趟來美國，應該有點忐忑不安。首先，他幾乎不會說英文（而我的土耳其語比他的英語還爛），從沒去過我們行程上的三個城市（舊金山、聖地牙哥、聖安東尼奧）。怪的是，我自己也才來美國四年，對美國的了解卻比他多出許多。

一開始，我不確定我在會見客戶的場合該說多少話，我該保持安靜嗎？我該在每次見面時，先大略介紹一下這家土耳其公司嗎？但我很快就發現，這位土耳其的執行長很感激我提供的一切協助，而我每天也都學到很多東西。

那次行程也讓我在母校小小的露了臉。在舊金山拜會客戶一天後，我有個機會回史丹佛探望老友——不只是以校友的身分回去，而是以高盛員工的身分回去。我很高興可以告訴大家，我是來出差的。那個週末碰巧舉辦「大賽」（Big Game）*，史丹佛的美式足球隊連續七次打敗勁敵加州大學柏克萊分校，比數是三十五比二十八（這種連贏多次的成績，在後來幾年遭到可怕的逆轉）。魯

---

*舊金山灣區兩家知名大學史丹佛大學及加州大學柏克萊分校每年舉辦的足球賽，是年度大事。

迪知道他派我出差是幫我一個忙，我感激在心。

那年秋天我又出差了兩次。魯迪以前會開玩笑說，他之所以派我去聖安東尼奧和達拉斯之類的城市，是因為那些地方比較無聊，他自己不想去。但我其實很喜歡這些出差機會，當他說：「跳羚，你這次去俄亥俄州的哥倫布市。」一時，我不會翻白眼，因為每一次出差，都讓我更進一步了解美國（你知道溫蒂漢堡和維多利亞的祕密都把總部設在哥倫布市嗎？我記得去造訪第一家溫蒂漢堡時有多麼興奮）。出差期間，晚上我會花幾小時找間好餐廳，稍微體驗一下當地的文化，即使隔天會比較累，我也樂此不疲。後來我轉調到倫敦分公司，去杜拜、法蘭克福和巴黎出差時，還是會那麼做。

我喜歡代表高盛出差，那也是加入那個小組的一大優點。我的法裔加拿大籍室友是在加拿大股票業務組，他們有十五個人，因此不像我進公司不久就能出差。我覺得很幸運，累積的里程數讓我在菜鳥時期就能超前學習，也讓我接觸到許多客戶，這些額外的經驗讓我離重要的里程碑更近。

他沒剪掉我的領帶，但剪了我的……釦子

在華爾街，你做的第一筆交易很重要。我的第一筆交易只幫高盛淨賺了六百美元，可能只夠高盛買一天用量的洗手乳補充包，但我還是覺得很自豪。我天天打電話給某位共同基金的客戶，約六

週以後，他終於決定獎勵我，買五百小股（little shares）的南非啤酒集團（ＳＡＢ）。當你在股數旁邊加上「小」（little）這個字眼時，表示你是真的只買五百股（500），而不是五十萬股（500,000）。要是你不講清楚，交易員可能會以為是五十萬股。

魯迪知道這一刻很重要，他決定把這個好消息大肆渲染。他這個人很重視文化傳承，覺得第一筆交易有很大的象徵意義，所以想用華爾街典型的方式來紀念：把交易員的領帶剪成兩段，再把剪斷的領帶掛在天花板上。

問題是：我那天沒繫領帶。

我先講一下當時的背景：在一九九〇年代末期以前，高盛的業務員和交易員都是穿西裝打領帶。但在科技狂潮期間，高盛開始和矽谷競爭最優秀的人才，所以傳統華爾街也開始養成新經濟的一些習慣（高盛比其他的華爾街公司更早順應潮流，像雷曼兄弟之類的銀行維持西裝領帶的規定較久）。

我到高盛當實習生時，高盛已經把服裝規定從正式服裝改成商務輕便裝，一些過於心急的實習生甚至穿得有點誇張，例如在交易廳裡，女性穿短裙，男性穿黑色的花襯衫。後來人力資源部實在看不下去，只好發電子郵件給所有的實習生，信裡寫道：「這裡是高盛銀行，不是高盛俱樂部。」

隔年夏天，我全職進入高盛工作時，一位進公司兩年的分析員，為我們幾位新來的菜鳥做新人簡報。「我給你們一個實用的小建議。」他說，「認明這個商標就對了：布魯克兄弟，那是華爾街的制服。」所以我們都乖乖去置裝了，只加入些許的個人差異。比如說，你去買了五條布魯克兄弟的卡其西裝褲，如果你比較大膽，可能會買一兩條香蕉共和國的，或是可能買一兩條棕色的褲子，搭配十件色調些微不同的藍襯衫。直到今天，這樣的組合仍是華爾街交易廳裡九成男士的標準穿著。

不過，合夥人和董事總經理都穿昂貴但低調的西裝，不是義大利頂級西裝品牌Brioni，就是在倫敦薩佛街（Savile Row）或香港量身訂製的。至於領帶、絲巾、配件方面，Hermès或Ferragamo是標準選擇。另外，高盛合夥人和董事總經理在穿著上有個不成文的規矩：風格低調，中性色調，別太花俏，但要能一眼看出價格不菲。

那樣的西裝，一套可能比我三個月的房租還貴，所以我一直穿我剛進公司時買的那兩套鬆垮的布魯克兄弟西裝。每次我去見客戶時（通常一週一次），就穿那兩套之一。

我做成第一筆交易那天，原本應該把我的領帶剪斷，象徵性的把它掛在天花板上，偏偏，那天我穿的是商務休閒裝。

魯迪是個優秀的管理者，懂得變通。他的座位在我旁邊，是我們這排業務員的第一個，他站起身，向旁觀的幾個人宣布：「為了紀念這一刻，我現在要剪掉你的鈕釦。」他示意我：「過來。」然後從衣領拉起我的襯衫（那件正好是我為暑期實習買的深藍色襯衫），剪掉第一顆釦子，並在大家的掌聲下，把那顆釦子放在我的電腦螢幕上面。我扎實地跟他握了手。

魯迪接著做了一件出乎我意料的事，他主動發了一封電郵給國際股票交易廳的人，約有二十五位，包括最資深的管理者。信上寫道：「今天是個大日子，也是跳羚職業生涯的一個重要里程碑。

他做成了第一筆交易，買了南非啤酒股票，為公司帶進六百美元的獲利。請跟我一起恭喜他，祝他在華爾街做得長長久久，開創成功的職業生涯。為了紀念這特別的一天，我剪了他襯衫的鈕釦而不是領帶。」電郵發出不久，陸續有人走到我的座位，認真地跟我握手，其中包括一些董事總經理。這意味著他們歡迎我加入，那是個令人驕傲又開心的時刻。

不過，魯迪一向很嚴格。我加入交易桌的最初幾週，他給了我一本克里斯．馬休斯（Chris Matthews）的《硬球》（*Hardball*），書中主要是教人如何在殘酷無情的政治環境中勝出。魯迪很重視原則，講究準時和完美。他討厭粗話，桌上還放了一個「髒話桶」，每次你罵髒話，就要投二十五美分的硬幣進去。他最討厭遲到，我剛加入小組時，有幾次帶高盛的研究分析師去見客戶，由於客戶提了較多的問題，導致會議超時，耽誤到我們後面的行程。魯迪非常生氣，他可以不帶髒字地明顯表達憤怒，經過幾次震撼教育後，我就學會準時掌握行程了。

所以他那封祝賀的電郵讓我相當意外，也別具意義。他大可剪了我的鈕釦，放在螢幕上，說句「幹得好」就夠了，不需要對整個交易廳宣布我的小小成就。但他內心那個堅守傳統的自我喜歡這種儀式。對他來說，能夠讓未經考驗的菜鳥感覺良好，也是他的樂趣之一。

| 第3章 |

透明玻璃牆裡的恐懼

戰戰兢兢，迎接新任務

二〇〇二年初的某天上午，魯迪對我說：「今天會很可怕，有些人會收到出發令（按：即資遣通知）。」

二〇〇二年對高盛來說是艱辛的一年，九一一之後市場大幅萎縮，公司開始裁員。此外，也有人擔心高盛的規模不夠大，無法和摩根大通、花旗、美國銀行之類的大銀行競爭，這些大銀行有龐大的資產負債表，可以對企業大量放款以爭取生意。辦公室士氣低迷，氣氛緊繃。你看得出來各部門的老闆也都在擔心自己的飯碗不保，很多恐懼都有充分的理由。

我心想：「出發令，這說法還真妙。」我從沒聽過這種說法，但我一聽就知道那是什麼意思。

「但別擔心。」魯迪說。「一切都會沒事的。」我把他的話解讀成我們這個三人小組很安全。接著，我看到一些人逐一被叫進合夥人的辦公室。

帶著勞力士金錶的人被炒魷魚，要怎麼同情他？

四十九樓的辦公室和會議室都是玻璃牆隔出來的，無論景氣好壞，你都可以清楚看到裡面的動靜。事實上，這是高盛一貫的政策，全球各地的高盛交易廳都是採用透明的玻璃隔牆。

所以，我可以清楚看到負責管理四十九樓的合夥人，面對著即將遭到資遣的人。合夥人必須自己做這個吃力不討好的工作，他必須正眼看著那個人說：「抱歉，我們必須請你離開。」幸好，我從來沒聽過那句話，但是九一一之後的那兩年，那是每個人最怕聽到的。

即便是合夥人也無法倖免，高盛就是在這個時點開始淘汰一些傳統的守門人（高盛上市前的合夥人，有些人已經加入高盛數十年了），以騰出空間容納新血。新的合夥人和董事總經理似乎風格比較招搖、高調、浮誇，感覺比較像閃亮亮的勞力士金錶，而不是低調的卡西歐電子錶。這些身價動輒數千萬美元的人遭到資遣很難令人同情，但我內心比較傳統的部分覺得，失去這些熟悉高盛悠久歷史的人很可惜。另外，我也注意到，二〇〇二年初高盛從別家公司挖角一位非常資深的人來帶領業務部。在高盛還沒上市以前（一九九九年以前），大家認為由空降部隊遞補高層糟糕至極，高層應該是由內部培養拔擢的。

熊市期間，有個資遣的案例我記得特別清楚。那個人剛從商學院畢業，一般認為他是上進的後起之秀，公司才剛交派給他一群新的客戶。每個人對於他遭到資遣都很訝異，但是他在那個交易桌是最低階的，可以先犧牲（華爾街通常是採用「後進先出」的原則，高盛也不例外）。我清楚記得他離開時，先是漲紅著臉衝出去，後來卻停在一位董事總經理的桌邊，對他比了一個奇怪的反手拍擊手勢（從額頭彈指），我從來沒看過那種手勢，但我知道絕對不是友善的道別方式。

我逐漸熟悉業務後，開始負責自己的客戶。我很幸運，其中一位叫普拉凱許（Prakash）的印度人剛好是我史丹佛的同學，也是我的好友。這世界真小，普拉凱許在一家大型共同基金公司的波士頓總部上班，他們旗下管理好幾千億美元的資金。普拉凱許是科技類股的研究分析師，他的工作就是告訴公司他對科技類股的看法，讓公司根據他的看法規畫客觀的投資計畫，意味著不受華爾街——指那些來自高盛、摩根士丹利等金融業者——的意見所影響。

像普拉凱許的公司這樣的客戶，喜歡自己研究分析股票，因為投資銀行內先天就有利益衝突，二〇〇三年十家最大的銀行和美國政府還因此達成十四億美元的和解金。當時擔任紐約總檢察長的艾略特・思必策（Eliot Spitzer）一舉揭開這個利益衝突，試圖在投資研究和投資銀行間設置嚴格的區隔。分析師在推薦投資標的給客戶時，理當維持客觀，但是投資銀行為了從網路公司獲得高獲利的投資銀行生意，讓分析師在報告中給那些無明顯獲利的網路公司很高的評價。結果呢？龐大的網路泡沫最後破滅了。

普拉凱許先向幾位基金經理人報告，再由經理人根據他的研究與意見，判斷要不要買他研究的那幾檔科技股。

當時，有幾家前瞻性的熱門科技公司位於以色列，而以色列則是我們這組負責的領域之一。我的任務就是為普拉凱許提供那些以色列科技股的意見，我幾乎天天打電話給他。以前念大學時，我們常一起喝酒，看史丹佛深紅籃球隊比賽，現在我卻和他在電話上討論檢查站軟體公司（Check Point Software）、康維斯科技（Comverse Technology）之類的熱門科技股，感覺很不真實。

普拉凱許很難推銷，那時以色列的科技泡沫仍在擴張，但是他對很多投資人願意高價買進的股票都抱持高度懷疑。那樣的獨到見解讓他在當時表現得特別出色，現在也是。

思必策不是唯一懷疑投資銀行的人。以前普拉凱許就常拿高盛在網路泡沫中扮演的角色來質疑我（網路泡沫是在二〇〇一年破滅的，那時我們還在念大四，還沒開始金融業的生涯）。我已經很習慣普拉凱許那種有時帶著挖苦意味的質問觀點，他不止質疑市場，也會質疑泰隆·威林漢（Tyrone Willingham）是否能勝任史丹佛足球隊的教練。普拉凱許幾乎算是個「死空頭」（華爾街術語，形容永遠看空市場的人），不過他有些觀點確實促使我停下來思考。

當我們為Webvan和eToys等公司做承銷時，是否意味著我們已經審核過了，可以告訴投資大眾這些公司沒問題？我們的研究分析師真的認為這些公司有數十億美元的價值，即便他們上市時仍在虧損也無所謂嗎？高盛是否不負責任地助長了泡沫擴大：引誘投資人投資這些體質欠佳的公司，以便收取七％的投資銀行費用，並在這些公司上市時大賺一票？普拉凱許本身是研究分析師，他喜歡的是一絲不苟的客觀性。他覺得高盛不客觀，對投資大眾不公平。

我曾經看過魯迪向客戶推銷股票以前，會先質問我們的研究分析師一些難題，但是會那樣做的人並不多。我心想：「即使普拉凱許的說法有理，難道投資人盲目追漲都沒錯嗎？」況且，美林、所羅門美邦、瑞士信貸在做這種利益衝突的推薦時，比我們還誇張。「這裡是高盛，我們可能有些失誤，但我們自我要求的標準比其他人更高。」我是這樣想的。

普拉凱許的公司是全球規模數一數二的資產管理者，是整個華爾街都追捧的大客戶。憑其龐大的規模、市場影響力，以及每年支付數百萬美元佣金的實力，可說是全球最大、最重要的業者之一。也因此我在那家公司有個聯絡的對口，又碰巧是我的好友，實在很幸運，也很寶貴（他常和我分享他的公司是看多或看空某些股票）。魯迪當然很重視這個關係，有一次他和我一起飛到波士頓，去跟普拉凱許的同事們打籃球。那是高盛和客戶對打的友誼賽，不過夾在一百九十五公分高的魯迪和一百八十八公分高的普拉凱許之間，我感覺一點都不像在打籃球。每次普拉凱許來紐約，魯迪都會鼓勵我請他去高檔餐廳吃飯，當然是高盛買單。普拉凱許通常會客隨主便，讓我挑餐廳，我們常去的是西村的SushiSamba。

某天，魯迪碰巧提起高盛波士頓分公司的業務員泰德．辛普森（Ted Simpson）每年都會為客戶舉辦桌球比賽，已經辦好幾年了。「喔，」我說，「我以前有段時間打得很勤。」

「多勤？」魯迪認真地問。

「我曾代表南非去參加馬加比運動會（Maccabiah Games）。」我說，「我們拿到銅牌。」

魯迪一聽，眼睛為之一亮。

我知道曾經是桌球國手，也許不像在ＰＧＡ少年巡迴賽中擊敗老虎．伍茲，或在溫布敦少年公開賽中打贏羅傑．費德勒（Roger Federer），但是我那番話似乎讓魯迪對我刮目相看了。我十歲開始和父親在約翰尼斯堡打桌球，我們的車庫裡擺了一張折疊式的球桌。一開始我們只是偶爾打打，但不久就變成他每天下班都會跟我打球。我父親覺得他自己打得很好，但是三個月後，我就開始經常贏他了。

我很喜歡桌球，進步得很快，以前有段時間我也常打網球，那對我的球技也有幫助。我喜歡大力擊球，個性比較冷靜。我加入學校的桌球隊，五年級時在校內決賽中打敗七年級的學生（在激烈的三局兩勝制中勝出），從五個賽點開始反敗為勝，有五十幾位學生和老師在一旁觀賽、加油。後來老師送我去打桌球聯賽，我開始接受訓練，十三歲時在全國錦標賽中獲選為國手，一九九三年我十四歲時去參加馬加比運動會。

馬加比運動會（有點類似猶太人的奧運會）是全球五大體育盛事之一，每四年舉辦一次，來自世界五十多國的五千多位猶太選手齊聚在以色列。南非因種族隔離政策而受到國際體育聯盟的抵制，直到一九九三年才首次獲准參賽。那年我們派出一支多達兩百多名選手的大代表團到特拉維夫，對我來說，那是一生難忘的經驗，我才剛滿成年禮的年齡，之前從未出過國。

我是單打冠軍，另外我也是三人組的一員，參加少年組比賽，我們那隊贏了阿根廷、巴西、加拿大、丹麥、德國、英國、墨西哥、美國等代表隊。以色列隊技壓全場，拿了金牌，澳洲拿了銀牌。我最要好的朋友萊克斯也參加了馬加比運動會，他是足球隊的守門員，我們回大衛王中學時，都獲贈一套藍色鑲金邊的特製西裝。

魯迪聽完我過去的戰績，馬上發了封電郵給辛普森：「跳羚將代表紐約交易桌參加桌球比賽。」

辛普森回信問道：「誰是跳羚？」

魯迪寄了一張貨真價實的跳羚照片給他，非常搞笑。

因為這事，高盛出錢讓我飛了一趟波士頓，去見辛普森（那次出差用的理由是，我去波士頓拜訪普拉凱許，談以色列的科技股）。

打假球，天經地義……

辛普森是年約三十五歲的業務副總裁，長得很像魯迪，不僅身材像，禿頭也像，不過他沒魯迪那麼高。他和魯迪一樣是勤奮型，思慮周詳，只做對客戶正確的事。他在波士頓的投資圈培養了非常深厚的客戶關係，那裡最大的客戶包括富達（Fidelity）、百能投資（Putnam Investments）、威靈頓管理公司（Wellington Management）、道富銀行（State Street）、波士頓資產管理公司（The Boston Company）。這些共同基金界的巨擘，掌管了許多勞工的退休金。波士頓的文化比較偏向長期導向的共同基金（他們是管理散戶的基金），而不是野心勃勃的避險基金。辛普森的隨和個性及冷面笑匠的風格，剛好很適合波士頓的環境及他負責的客戶類型。

辛普森告訴我，關於高盛年度桌球賽的歷史淵源。他說，百能投資的某位印裔基金經理人已經連續五年贏得冠軍了，奪冠是那傢伙每年最風光的時候。比賽地點是在吉利安（Jillian's）娛樂場，裡面有免費暢飲的酒類、香辣雞翅、保齡球道、電漿電視，還有幾十桌的手足球（Foosball）、撞球桌、桌球桌。我一走進賽場，看到那位正在練習的對手時，當場就知道他贏不了我。

這不是自誇。專業的桌球比賽就像任何體育賽事，都是有分等級的。任何登上國際排名的選手都能打敗我，但是一句話，百能投資的那位基金經理人跟我不是一個等級的。我有信心他打不到我的發球，如果是連續來回對打，他也接不了我的旋球。我看得出來他算是不錯的初級選手，但頂多就那樣，我閉著眼睛都能贏他。

比賽抽籤的結果公布了，共有三十二人參賽，那位基金經理人是一號種子球員。主辦人知道我很會打，所以我是二號種子。比賽開始了。

我的球技已經有點生疏，自從加入高盛後，一直在加班，幾乎沒時間重拾球拍，但我很快就恢復以前的球感。沒有人是我的對手，我和那位經理人一路輕騎過關，朝著決賽逼近。我看了幾場他的比賽，他的對手都很弱，清一色是穿牛仔褲和馬球衫的業餘玩家。而他看起來很專業，穿著特殊球鞋、運動短褲、T恤、運動頭帶，逐一痛宰對手。當然他自己帶了球拍，專業的選手一定會自帶球拍，我也帶了我那支可靠的Donic Appelgren刀拍，上面有Vario膠皮，一面是紅的，另一面是黑的。

那位基金經理人痛宰對手時，辛普森和我在一旁觀看。「我們現在打算怎麼做？」我問辛普森：「我會在決賽中跟他對打，如果我好好打，可以二十一比二勝出，你覺得怎樣做比較好？」

辛普森陷入長考，一會兒後他說：「嗯，這個傢伙是我們最大的客戶之一，他很在意這場比賽。」此時，那位經理人用力地正手擊球，球剛好擦到桌子的邊緣跳開，他舉起雙手慶祝勝利。「我們需要讓它變成一場勢均力敵的比賽。」辛普森說，「製造一些看似可逆轉的機會。」

我告訴辛普森我也是這麼想的。我應該打敗他，因為他顯然不是我的對手，但我應該把比數拉近，別讓他太丟臉。我說，我知道該怎麼做，只要偶爾製造幾次失誤就好了。

「呃……」辛普森說。

「你有不同的想法嗎？」我問。

「他是我們最大的客戶之一。」他又重申一次，意有所指地看著我。

「你的意思是……？」

「也許……」他說，「你注意看我的信號。」

我看了他一眼，他露出微笑，我從盒子裡取出我的球拍。

比賽開始，一群人圍過來看我們比賽，大家都很開心，除了我的對手以外，他對這場比賽相當重視。我一開始贏得幾分時，看得出來他越來越不爽。

於是我開始放水，我大可趁機痛宰他，把球殺到他耳邊，但我沒那麼做。我的計畫是讓比賽繼續進行，讓觀眾看得開心。他把球殺過來時，我沒斜切回去，而是把球挑高，讓他可以再殺過來。他殺，我挑，他再殺，我再挑。觀眾看得驚呼連連，我們這樣來回三、四次以後，我會故意把球打到網子上，或是給他機會名正言順地得分。我讓他可以在其他同事面前賣弄一下，他也樂得開心。

他以二十一比十七贏得第一局。

比賽是三局兩勝制，我的計畫是第二局險勝，然後第三局贏稍多一點。但是，第二局我打到十五比十二領先時，我瞥見辛普森，他對我稍稍搖頭，接著以左手當掩護，迅速以右手比了拇指向下的手勢。我相信除了辛普森和我以外，沒人知道發生了什麼事。我點頭，畢竟懷海德的十四條商業原則中，第一條不就是客戶至上嗎？

百能投資的基金經理人贏得光彩，我也輸得坦蕩。

想在高盛存活，就要找到救生圈

那場桌球賽是低迷夏天裡的亮點，全球經濟持續惡化，新興市場開始崩盤。那年夏天，那位愛耍心機的斯洛伐克分析員被調到倫敦分公司，變成歐洲股票的業務交易員，所以我們這個小組就只剩魯迪和我兩人，管理高層的裁員電鋸似乎朝著我們而來，新興市場業務部看來凶多吉少。我知道我需要找個救生圈（新職位），才能在高盛裡生存下去。

魯迪顯然對自己的命運也有同感，夏天快結束時，他突然一反常態，變得非常神祕，經常離開位子去開「私人的內部」會議，講電話時也特別小聲。雖然我們是同進退的夥伴，坐在彼此的旁邊，但他後來的表現不再像夥伴了。我有明顯的預感即將發生什麼事，某天魯迪轉過來對我說了一些話，證實了我的預感。他說：「跳羚，我週一要轉到五十樓的美國股票業務部了，我知道這聽起來很可怕，不過你會沒事的，我會盡量幫你。」

當天，同樓層的一位同事把我拉到一旁，主動給我一些建議，我一直銘記在心。他說：「改變很可怕，但是改變往往是好事，可以促成有趣的新經驗，讓你持續保持警覺，維持開放的心態。」

如今回想起來，我知道魯迪當時是做什麼打算：聯絡他在美國股票業務部的朋友，看有沒有機會轉過去，那個部門比新興市場業務部穩定，波動較小，主要是向美國投資人推銷規模較大、流動性較高的美國股票。但是那裡的規模也較大，有數十位業務人員，從此魯迪就變成大池裡的小魚了。

但是，穩定正是他想追求的。他一直在面試新的職位，卻沒告訴我。我內心有部分覺得，他應該試著一起拯救我們兩個才對，跟美國股票業務部談「套裝協定」，副總裁帶著「信任的分析員」（副手）一起轉換部門並不罕見。也許我預期他那樣做並不公平，可能他曾試過那樣交涉也說不定，我不確定。在裁員不斷、景氣惡化下，他先談定自己的工作並不意外。

二〇〇二年九月，魯迪搬到五十樓，國際部大幅萎縮。多年來，國際部原本占滿整個四十九樓，現在剩下的人已經不需要那麼大的空間。不久，我們全部都調到五十樓，高盛的股票交易部門全都合併在一起。我是我們小組中最後留下的人，我自己獨自撐著整個小組，提供市場訊息給客戶，安排會議，但是裁員的電鋸仍不斷逼近。

我也忍不住一直想，我兩年的合約很快就會到期，七月我做滿一年，我知道高盛只會拔擢一半的分析員到第三年。以當時的市況來看，能升上去的人可能又更少了。

不過，怪的是，當時我一直樂觀地認為，我可以在有限的時間內找到新職位。高盛每年都會做三百六十度的評鑑，由你挑十位同仁（包括上司和下屬）為你的各方面打分數（一到五分），例如技巧、團隊合作、商務、法規遵循、人才招募等方面。接著，由人力資源部統計得分，主管會告訴你分數和你的四分位排名，外加一些意見。我得到的意見和分數都很好，在分析員中的排名是前二五％（最高等級）。

我覺得自己有機會留下來，感覺就像我大二那時一樣，雖然要在金融業找到暑期實習的機率很低，但我知道，只要我主動去敲門，敲得門夠多，總有人給我應門。

我主動聯絡了很多人脈，但很多人都愛莫能助，當時景氣真的很差，大家都停止招募了。後來，人力資源部的女同事寄了封電郵給我，信中寫道：「柯瑞・史蒂文斯（Corey Stevens）正在為期貨交易桌找分析員，你應該去找他面試。」

我在大學修過一點期貨，但是我對期貨的實務知識趨近於零。

對衍生性商品了解不多？恭喜你，通過複試了……

約莫這個時候，我決定申請羅德獎學金*。你可能會覺得這個決定很奇怪，尤其對一個決心進入投資銀行業的人來說，更何況我已經踏入這個行業了。當時我對高盛還是有信心，甚至相信我可以在高盛內部找到新工作，但我擔心的是市場。景氣再繼續惡化下去，裁員的層級會往上走，沒人能夠倖免。

不過，更重要的是，我當時才二十三歲，眼前仍有大好人生，可有多種選擇。我覺得羅德獎學金是很大的成就，也是很棒的經驗，還可以去牛津大學進修兩年，再回高盛當助理（研究生層級的職位）。幾年前我讀過大衛・馬拉尼斯（David Maraniss）寫的柯林頓傳記，對於柯林頓應付羅德獎學金面試的過程相當佩服，他在牛津大學的經歷也深深吸引著我，他在那裡結識了史特羅布・塔伯特（Strobe Talbott）和經濟學家羅伯・萊許（Robert Reich）。塔伯特後來去《時代》雜誌，專門報導美蘇關係，接著當上柯林頓任內的副國務卿，萊許後來成為柯林頓任內的勞工部長。

在此同時，我也去找了柯瑞・史蒂文斯。

---

*羅德獎學金（Rhodes Scholarship），每年選取八十名全球剛畢業的本科生，全額補助攻讀牛津大學碩士或博士學位。

史蒂文斯是助理，不過他的言行舉止看起來比助理還要資深，我的意思是指他很有大將之風，但有點神祕，帶點距離。他非常注重隱私，隨時隨地都打扮得清爽體面。他偏好量身訂做的西裝和襯衫，對商務休閒服毫無興趣。

他屬於高盛衍生性商品業務部的期貨交易桌，正在找副手，有七個人應徵那個職位。當時我完全沒料到，柯瑞在面試前一晚，先徵詢了一位特別的顧問，那個人非常有名，是美式足球聯盟（NFL）的巨星，正好也是柯瑞同父異母的哥哥及最親密的知己。

柯瑞後來才告訴我，他哥哥對我的履歷表特別有好感，從七名應徵者中挑了我，他對於我會講祖魯語也很感興趣。

我確實會講一點，我在履歷表的「語言」部分寫了：「英語、南非的荷蘭語、希伯來語、祖魯語（三年）。」這些都是真的，我在高中修了三年的祖魯語，我會講「你好」、「你好嗎？」、「長頸鹿跑很快」之類的。

「你對衍生性金融商品有什麼了解？」柯瑞面試時，劈頭就問。

衍生性金融商品是從標的資產衍生價值的證券，可以很複雜，有悠久的歷史，過去曾造成嚴重的破壞，引發爭議。但是了解夠正確，衍生性商品其實可以幫投資人規避特定的風險或是做投機交易。「衍生性金融商品」一詞可以泛指選擇權、交換、期貨等商品。你可以取得各種資產類別的衍生性商品，包括股票、外匯、大宗物資、固定收益等等。高盛的衍生性金融商品部門是按資產類別分組，柯瑞的期貨交易桌就是衍生性金融商品業務部下面的小組。

我深呼了一口氣，坦白告訴柯瑞：「我在大學修過一點期貨。」我在史丹佛修過一門課叫經濟學一四〇，裡面教了選擇權、期貨、其他衍生性金融商品的基礎知識。暑期實習結束後，我又去商學院修了一門衍生性金融商品的課程，但那些都是理論。我全職進入高盛後，摸都沒摸過衍生性金融商品。我依稀記得當初學的理論，但實際交易可能全然不同，我也坦白這樣告訴柯瑞。

他微微一笑。柯瑞的身材屬於矮壯型，看起來很有架勢。他的頭髮和山羊鬍都修剪得很整齊，面試那天，他在漿挺的衣領下打了一條看起來像愛馬仕的領帶。他說：「我剛加入這個交易桌時，對衍生性商品也不是很了解。但只要你夠聰明，就能學會。」

那天的面試很簡短，但感覺很有希望。隔天早上，人力資源部發電郵給我：「有三人通過初試，你是其中一個。柯瑞想再跟你談談，並讓你見見他們交易桌的幾個人。」

那天，我去柯瑞的辦公桌，他幫我安排了一連串的面試，見了六位衍生性商品的業務——大都是副總裁和助理，不是非常資深的大人物。當時距離我為了暑期實習去舊金山面試還不到兩年，對我來說，那次面試感覺又像一次大陣仗。幸好，我表現得不錯，我坦白告知我對衍生性金融商品的了解有限，但也表達出我有強烈興趣及學習欲望。我喜歡衍生性商品的業務員，他們沒有拷問我，面試主要是看彼比的個性合不合，而我們感覺挺合得來的。

後來，人力資源部又發了封電郵給我：「你通過複試了，還有最後一關：柯瑞的老闆。」

第4章

三線電話在響，交易廳裡還有人大聲喊我

走進成人的世界

柯瑞的老闆是麥克・達菲（Michael Daffey）。

達菲約莫三十五歲，是高盛迅速竄升的紅人。他來自澳洲，是從其他銀行挖角過來的，一九九〇年代末期開始在高盛的亞洲分公司工作。二〇〇〇年我來高盛暑期實習時，他已經調到紐約總部，擔任副總裁，當年年底升任董事總經理，二〇〇二年升任合夥人，這種兩年內迅速竄升的速度，幾乎前所未聞。

達菲約一百八十八公分，頭頂微禿，有運動員的體格，看起來友善開明。我有個朋友稱他為「隱巨人」，因為他坐著時習慣縮著身子，等他站起身才會意外發現他有多高。他可能是整個交易廳裡人緣最好的人，大家都很喜歡他，也尊敬他。

達菲有個故事。在蓋瑞・寇恩（Gary Cohn）當證券部的全球共同領導人時（他後來升任為高盛總裁），某天走進交易廳，當時達菲坐在位子上，

正和天才計量專家范奇（Venky）熱烈討論。范奇二十五歲，畢業自知名的印度理工學院。他們兩個正在討論范奇製作的瘋狂試算表：可以即時追蹤當年名人高爾夫球賽中每位球員的各種可能統計數字。達菲本身就愛賭名人高爾夫球賽，他樂昏了，對寇恩大喊：「寇恩，你來一下。」

整個交易廳突然靜了下來，像西部電影裡有人在酒吧掏槍一樣，很少人敢這樣呼叫寇恩，不過寇恩還是走了過去。

達菲說：「寇恩，這是范奇。范奇，這是寇恩。」達菲聳立在矮小的計量專家旁邊，寇恩跟范奇握手。「范奇的腦袋比你我加起來還要聰明。」達菲告訴寇恩。

范奇整個人亮了起來，達菲剛剛給了他最大的肯定。接著，范奇開始為寇恩示範那份試算表如何運作，寇恩一聽也相當佩服，他說：「寄給我一份。」（幾年後，范奇重新改造了芝加哥期權交易所的ＶＩＸ波動率指數，ＶＩＸ是大家普遍關注及交易的市場恐懼指標，也稱恐懼指數。）

聲望夠，一句話客戶就買單了

達菲的超人氣，主要是來自管理高層對他經營的客群充滿敬畏，那些都是全球最大、最聰明的宏觀型避險基金。避險基金是可以採用多種投資策略的投資基金，可做多（買進資產，預期未來價值看漲）與賣空（賣出實際上未持有的資產，預期未來價值下滑）。這些基金不受嚴格管制，他們只接受大型投資者，例如退休基金、大學校務基金及大富豪等等。

宏觀型避險基金主要是賭大方向的事件，例如利率與匯率的走向，而不是看個股，這類避險基金特別受到重視。達菲的客戶群幾乎都是像美式足球的達拉斯牛仔隊、舊金山四九人隊、新英格蘭愛國者隊及美國職棒的舊金山巨人隊那樣的重量級要角，他認識所有的業界巨擘：

・**都鐸投資公司（Tudor Investment Corporation）**：由南部的投資傳奇保羅・都鐸・瓊斯（Paul Tudor Jones）創立的對沖基金公司，掌管上百億美元的資金。都鐸・瓊斯本身就是億萬富豪，身價排名一向都在全球前百大名單上，最早是憑大宗物資的交易實力闖出名號，後來年年都為投資人創造驚人的獲利。他創立的羅賓漢基金會是紐約市原創型慈善濟貧組織之一，過去二十年捐出十億美元以上，每年星光熠熠的募款餐會都能籌集到數百萬美元。

・**摩爾資本管理公司（Moore Capital）**：由億萬富豪路易斯・貝肯（Louis Bacon）所創立，積極贊助環保運動，管理數百億美元的資金。貝肯是靠一九八七年崩盤時押對寶以及後續的股市復甦起家。該公司在世界各地都有分部，包括紐約、倫敦、日內瓦、香港等地。

・**杜肯資本管理公司（Duquesne Capital）**：由匹茲堡的史坦利・朱肯米勒（Stanley Druckenmiller）所創立。朱肯米勒曾是索羅斯（George Soros）量子基金的首席經理人，兩人在一九九二年靠著做空英鎊，大賺十億美元，一戰成名。朱肯米勒後來自己創立杜肯資本公司，成為有史以來最成功的避險基金經理人之一，年報酬率高達三〇%，在二〇一〇年主動關閉基金以前，沒有一年虧損過。他曾經想買下美式足球的匹茲堡鋼人隊，他也是慈善家，每年捐數億美元給基金會，贊助醫療研究、教育及扶貧濟弱。非營利組織哈林兒童區（Harlem Children's Zone）、紐約大學醫學院等都是他的捐款對象。

・**峰堡投資集團（Fortress Investment Group）**：一家混合型的投資管理公司，結合私募基金和避險基金的業務。達菲在峰堡的聯絡人是邁克・諾沃葛拉茲（Michael Novogratz，暱稱「諾沃」），以前是普林斯頓大學的摔跤手，當過美軍的直升機駕駛，也曾是高盛上市前的合夥人。二○○七年峰堡投資集團上市，當時他們旗下管理的資金有三百億美元。

達菲和這四家客戶培養了深厚的關係，不僅跟他們稱兄道弟（一起賭夢幻足球聯賽，賭金很高，全數捐贈慈善機構），實際上也變成這些競爭者之間的橋梁。

這些客戶都知道，達菲非常聰明，也知道他是這群權貴之間的資訊交流中心。他想說服他們做他喜歡的交易並不難，而且單子都很大。有時甚至不需要兩分鐘就成交了，他已經把業務變成一門藝術。

達菲：「老兄，隱含相關性太高了*，市場正在恢復常態，你需要看空相關性。」

達菲已經頗受信賴，他推銷時只需要講這些就夠了。這筆交易的本質是：由於全球普遍存在恐懼，股價一致變動。然而達菲認為這種相關性會下降，個股變化會開始分散。要賭這個走勢，你可以用衍生性金融商品做複雜的交易，但達菲根本不需要深入解釋，客戶就買單了。

客戶（帶著濃濃的南部腔）：「達菲，你真的這樣看嗎？」

達菲：「對啊，大家都在做這類交易，那是我們現在最確定的看法。」

客戶：「那好吧，我做五億美元。」

就這樣成交了。我看過類似的例子無數次，包括各種交易。你和掌管數百億美元避險基金的億萬富豪談生意時，他很快就能做成決定。達菲不需要一一說服五層的基金經理人，他都是直接找最大的經理人，這種優勢讓他備受洛伊德．貝蘭克梵（Lloyd Blankfein，當時迅速竄紅，後來升任高盛執行長）和寇恩的青睞。

客戶和同仁都很尊敬達菲，因為他是面面俱到的罕見人才：人緣好，善體人意，也是交易廳裡最聰明的人。高盛的員工通常分兩種：一種是聰明但不善社交，一種是長袖善舞，手腕過人。達菲把這些特質完美融於一身，所以才會竄紅得那麼快。我進他的部門以後，更了解他的傳奇細節。當時我跟他面試時，只知道他是澳洲人，二〇〇二年剛升合夥人，領導美國衍生性金融商品的業務部。

我第一次與達菲碰面時，原本預期他會隨口問我幾個刁鑽的問題，一邊瞄著手錶，因為高盛裡

＊「隱含相關性」是一種衡量個股與股指表現相關性的指標，數值越高代表個股走勢跟股指越相近；數值越低代表兩者走勢關聯性低，個股表現走向分化。

非常資深的人都是這樣的。好一點的，會專心聽你講幾句，但專注的時間很短；糟一點的，是心不在焉地聽你說話。但是達菲面試我時，好像可以把所有時間都放在我身上似的。他跟我談話的方式，就像面對的是多年好友，完全不理會其他的事物，不看黑莓機，也從來沒分心過。我後來發現他有獨到的社交天分，他面對任何人都是那麼輕鬆自在。他通過一項我數年後才知道的考驗：高盛有一門領導課程叫「松街」（Pine Street），裡面有個「台上／台下真實性」測試，衡量一個人在面對企業執行長，以及面對郵務員或警衛時，應對進退及語言上的差異程度。「台上／台下真實性」是真正令人景仰的領導者所展現的特質，我的位階比達菲低了十級，但他看起來並不在意我們之間的差距。

他問我，史丹佛大學籃球隊表現如何，有幾次還開玩笑說澳洲在橄欖球和板球方面比南非好（以前澳洲和南非在這兩種運動上是勁敵）。我跟他聊開了以後，也反過來開了點玩笑，我說：「你們是運氣好，才贏得上次的板球世界盃。」

他說：「不是運氣好，而是技巧取勝。」接著又問：「為什麼你會想做這份工作？說來聽聽。」我覺得沒必要硬掰理由，我說：「這工作看起來很刺激，我也喜歡衍生性商品的概念，我想找更多計量性、步調更快的事來做。」新興市場的業務雖然有趣，但我們常在一段時間內老談同樣的股票，衍生性商品則是瞬息萬變。

「那你來對地方了。」達菲笑著說。

短短一層樓，彷彿從小聯盟跳升到大聯盟

我後來拿到了那份工作，擔任柯瑞的副手，讓我鬆了一口氣。但是羅德獎學金的申請結果卻還沒下來。

我在九月送出書面申請，就在我和柯瑞及達菲面試前不久。後來發現我晉級到申請的第二輪，亦即所謂的國家審核階段。這需要我在十一月飛回約翰尼斯堡做為期兩天的評估，順便回家探親（我已經來美國很久了，幾乎快忘了十一月的南非正逢春天）。羅德獎學金的面試是在橢圓形桌邊進行，我坐一邊，另一邊坐了八位評審，過程就像審訊一般，但我相當平靜，事後我接獲通知，知道自己是三名晉級決選的約翰尼斯堡申請人之一。

二〇〇二年十二月初，我自費飛往開普敦參加決選，面試的評審都是南非的名人，包括最高法院的院長，以及南非幾家大企業的執行長。一開始，我似乎講什麼都不對，可以明顯感覺到他們對我不太認同，主要是不滿我和美國的關係。

當時美國正要入侵伊拉克，我一眼就可以看出所有評審的不滿，美國對九一一恐怖攻擊的反應讓他們非常感冒，尤其是那位院長。他們都覺得美國喜歡訴諸武力恫嚇，更糟的是，美國不只恫嚇，更打算付諸行動。評審中甚至有人告訴我，美國是類似古羅馬的帝國主義強權，一心想要採取殖民的外交政策。

我強烈表達我不認同那樣的看法，我告訴評審我自己親身經歷過九一一恐怖攻擊，深切感受到當時的恐怖及悲傷。美國必須追捕肇事者，懲罰他們。評審們怎麼會從對正義的那種渴望而推論出帝國主義的心態？我說我熱愛美國，美國確實不完美，但她和世界上的多數地方不一樣，那是樂觀、充滿可能性的地方。我的學業和事業都在那裡蓬勃發展，為此我滿懷感恩。

評審轉頭望著彼此，瞇起眼睛。最後，我從高中校長的口中輾轉得知，我那番話惹毛了太多人。十位南非的申請者中有四位獲選為羅德學者，我不在其中。

我很失望，但是在此同時，也許是我的猶太成長背景使然，我總覺得凡事會發生必有其因。有個重要的新工作等著我，而我已經準備好了。二〇〇二年十二月十六日，就在我過完二十四歲生日後五天，我到紐約廣場一號的五十樓為柯瑞效勞。

從四十九樓移上五十樓，有點像從小聯盟晉升大聯盟的味道。如果四十九樓像是去優勝美地（Yosemite）露營，五十樓則像沒帶求生指南就被扔到亞馬遜叢林一樣。在四十九樓的新興市場業務部裡，我每天主要是打電話給機構投資人談股票——那裡行動穩定，但步調緩慢，因為工作性質不是特別偏向交易。在新興市場業務部，我有兩個電腦螢幕。在期貨交易桌，我是坐在柯瑞旁邊，桌上有四個螢幕。我本來就希望接觸步調快的東西，這下如願以償了。

除了好幾個電腦螢幕之外，五十樓也不是你在好萊塢電影裡看到的那種光鮮亮麗的交易廳。事實上，高盛的交易廳在二〇〇〇年代初期算是業界比較破舊的，大家的桌上堆著皺巴巴的紙張、餐盒、空飲料瓶，破舊的灰色地毯上有污漬，一點也不光鮮亮麗。交易廳裡的五、六百人擠得像沙丁魚一樣，摩肩擦踵，桌並著桌。你會和別人的全家福照片、體育紀念品、私人電話、午餐氣味混和在一起，毫無隱私可言，所以你最好喜歡坐在你旁邊的人。

期貨交易桌，位置就在二十八個衍生性金融商品業務員所組成的直線陣列中間。柯瑞和我並肩而坐，我們的位置在其中一列的尾端，位於陣列的中央，方便周遭的業務員對我們喊出交易，讓我們來執行。我們的前方有兩列業務員，一列七人，縱向延伸。我們的後方也有兩列業務員，橫向延伸，所以他們直接看到我們的後腦勺。這裡的座位編排雖然混亂，但有個好處，我的位置離男洗手間僅十步，我喜歡這種方便性。

每一列都是不同的衍生性商品業務小組，每個小組是按他們負責的客戶來分類，例如宏觀型避險基金、多／空避險基金、資產經理者、共同基金、退休基金、保險公司、加拿大客戶等等。每個小組各有不同的複雜度與特質，柯瑞和我一起處理他們所有的期貨交易。

長官主動幫你取綽號，是個好指標

我加入期貨部門的第一天是週二，當天柯瑞做的第一件事，是打電話到芝加哥商品交易所給高盛的員工派翠克．漢尼根（Patrick Hannigan）和鮑勃．強森（Bob Johnson），告訴他們：「我想跟你們介紹葛瑞・史密斯，他是我的副手，在他學習期間，請多多關照。」

芝加哥這個城市在高盛的傳說中有相當突出的地位，高盛裡一些最有成就的領導人都是來自芝加哥分公司，比例異常得高，其中包括漢克・保爾森、鮑勃・史蒂爾（Bob Steel）、拜倫・特洛特（Byron Trott）、約翰・賽恩（John Thain）、強・寇辛。保爾森是高盛的前執行長，後來轉任美國財政部長；史蒂爾是高盛的前副董事長，後來成為美聯銀行（Wachovia Corporation）的執行長；特洛特後來以「巴菲特最鍾意的投資銀行家」著稱。賽恩在芝加哥附近出生，寇辛曾在芝加哥求學。關於賽恩和寇辛，大家只要上網搜尋$68,000 antique credenza（$68,000的古董書櫃）和MF Global debacle（明富環球崩解）就知道這兩位是何方神聖了。至於我和芝加哥的關聯？現在我的家人大都住在那裡，而我覺得芝加哥是很棒的城市。

在二〇〇〇年代初期，期貨的電子交易尚未成為主流，客戶的期貨交易大都是在芝加哥商品交易所（簡稱Merc）執行，所以我們需要依賴派翠克和鮑勃的準確性、對市場的了解以及迅速順暢的執行能力，這些特質讓我們站在客戶面前特別有面子，他們兩位是業界最令人信賴的好手。

柯瑞告訴我，派翠克和鮑勃是高盛的戰將，我後來把他們視為衍生性商品交易桌的精神支柱。他們都很親切、幽默、可靠，都是顧家的好男人。派翠克當時約四十五歲，理著光頭，聰明古怪，博學多聞。鮑勃在交易桌享有領導地位，所以人稱「隊長」，年紀稍大一些，灰髮，充滿魅力，非常講究誠實及精確。

不久，我去了一趟芝加哥商品交易所（把菜鳥分析員送去那裡，看金融圈古老交易模式的最後遺跡，這是業界的傳統），那裡仍以古老的交易場運作，採公開喊價的方式。交易員透過目光接觸、比畫手勢、公開喊價來交易，不是使用電腦鍵盤和螢幕。

那是完全透明的交易。派翠克和鮑勃身為交易的促成者，也是完全透明的，他們只追求客戶滿意。他們的運作方式完全不靠詭計，名聲全建立在這樣簡單的聲明：沒人比高盛更善於處理客戶單子，更有本事在交易場內代表客戶交易。派翠克和鮑勃會努力為你爭取最好的價格，自豪地代表客戶，善盡義務。

同樣重要的是，一旦派翠克和鮑勃喜歡你，肯罩你，他們會想辦法幫你，讓你看起來更體面。他們也喜歡幫紐約衍生性商品的所有業務員取綽號，我本來的綽號是跳羚，但是他們考驗過我以後，跳羚就功成身退了，他們叫我「葛雷格．麥格雷戈」*，而且還故意帶著蘇格蘭口音。為什麼？除了拿我的名字開玩笑外，他們可能只是喜歡那樣的發音吧。

他們也以類似的邏輯為其他人取綽號。一位印度籍的業務員名叫尼廷（Nitin），身高一百八

---

*葛雷格．麥格雷戈（Gregor MacGregor），出生於一七八六年的一個蘇格蘭冒險家，也是欺詐罪犯，自稱是一個虛構國家的主人，騙取了不少投資資金。

十八公分，看起來有點強悍，非常有女人緣，他的綽號是「小貓尼廷」（Nitin the Kitten）。還有一個身高一百九十公分的紅髮男，派翠克和鮑勃不知為何幫他取了個「可可」的綽號，難道是因為他做了一些可可的期貨交易嗎？總之，那傢伙很討厭別人叫他可可。另一個也很高的助理，身高一百九十五公分，他的綽號是「烏魚頭」，因為他留著一大把長髮。

坐我附近有個傢伙名叫鮑比．施瓦茲（Bobby Schwartz），他們稱他為「猶太裔約翰．甘迺迪」，暗指小甘迺迪。施瓦茲比我大一歲，有點笨拙，偶爾會犯交易錯誤，但他是那種很會讀書的書呆子，有過目不忘的好記憶力。施瓦茲有非常神奇（也很氣人）的把妹功力，女孩子會不請自來，直接走到他面前自我介紹，我沒親眼見過以前，本來也不信。

不過，沒綽號比有綽號更糟。如果芝加哥商品交易所的人連綽號都不願幫你取，那可不妙。通常，沒綽號的人都是派翠克和鮑勃很早就看出應該撐不久的菜鳥，他們動不動就犯下數百萬美元的災難性錯誤。我很快就發現，衍生性金融商品是高槓桿的產品，你是借錢來押注，所以報酬或虧損都是好幾倍。萬一你錯把「賣出」講成「買進」，或是把交易量說錯了，就可能造成龐大的損失。第一年及第二年的分析員，常會一個不小心就犯下這種錯誤。所以芝加哥商品交易所的人跟你開玩笑或幫你取綽號以前，你必須先證明你做事精確，精確才能存活下來。

交易廳的目光交會及手勢

我的新教育就此展開，在此同時，我也在準備衍生性金融商品的考試（Series 3），那是在正式交易衍生性商品之前必須先通過的資格考。柯瑞一開始的教導就遠遠超出我的理解程度，他以為我了解交易的術語，我告訴他：「請你假設我一無所知，從最簡單的開始。」

所以，早上七點（交易開始前）或晚上六點（交易結束後），柯瑞會花幾個小時為我鉅細靡遺地講解。他告訴我，第一要務是使用正確術語，不可隨便亂講，不說只有八〇%正確的事，永遠都要求說出口一定要百分百正確。「不可模稜兩可，不能有錯。」是他老掛在嘴邊的警語，他一再強調：「這些東西你必須滾瓜爛熟。」

最初我學習的方式，是旁聽柯瑞和客戶講電話。

這是學徒常用的見習方式。交易桌的每個人都有一台交易通話機，那是大型的長方體電話機，上面有好幾排按鈕和一個小螢幕，你可以用它來撥接及排列客戶及交易所的電話。有些按鈕可以直撥普信（T. Rowe Price）、富達、威靈頓之類的大客戶，有些是業務員的私人專線，有些是連到芝加哥商品交易所的場內交易員，例如派翠克和鮑勃（他們的電話是特別熱門的旁聽線路，不僅可以聽到正在進行的大筆交易，也可以聽到最新的八卦消息，例如誰在節慶派對中最瘋狂、管理高層將有哪些異動、今年年終獎金的行情等等，這類消息似乎都會經過芝加哥那些人的口中）。

每位業務員都有兩支電話：一支是手持型，一支是耳麥。柯瑞隨時都在跟客戶講電話，他會指向我，我接到指示，就按下我電話上的「靜音」鍵，拿起話筒旁聽他和客戶的對話。當天結束時，我會問他我不懂的問題。有些華爾街的行話並不是靠直覺就能懂，例如：Hit your bid（以你開的買價賣給你），Lift your offer（以你開的賣價向你買）。我請柯瑞幫我開一堂入門課。

他提醒我，買價（bid）是某人願意為某物支付的價格，賣價（offer）則是某人願意出售某物的價格。市場上各種證券都有買價和賣價，假設我願意以每股五十美元買入某檔股票，以每股五十五美元賣出，當客戶問：「你的市場如何？」正確的回應是：「我的市場買價是五十，賣價是五十五。」或簡稱「50 at 55」。客戶會思考一下，假設他想賣出，他會說：「我接受你的買價。」（I hit your bid）那表示他以五十美元賣給我。假設他決定買進，他會說：「我接受你的賣價。」（I lift your offer），那表示他會以五十五美元向我買。

接著是手勢。

雖然我加入高盛的交易廳時，這裡已經全面電腦化了，但高盛（以及華爾街整體而言）的業務員和交易員，還是習慣像芝加哥商品交易所的交易員那樣使用手勢來表示「我接受你的買價」（買家張開手往自己的方向比，最後握拳），或「我接受你的賣價」（賣家張開手往外比，最後握拳）。你第一次置身於芝加哥商品交易所的交易廳時，看起來好像很亂，但實際上卻井然有序。大家都是以目光交會及手勢來買賣期貨合約。

我在高盛最初的一年半，接觸的都是簡單的股票，所以柯瑞需要幫我惡補很多東西，我才能跟上這個新工作需要的步調。他為我解釋期貨的來龍去脈，他說期貨是衍生性商品的原始形態，可以遠溯至幾百年前農民為了避免作物受到乾旱、暴雨、需求不確定的影響而發明的。農民為了避險，和買家達成協議，他們不希望未來出售作物時，每英斗只值一百美元（按：英斗為容量單位，又譯為蒲式耳），或漲至兩百美元或跌至二十美元，所以他們直接把未來交貨的價格鎖定為一百二十美元。他們押注的價格可能比未來低，但也避免了未來作物賣不出去的風險。

所以期貨合約一開始的標的物是各種商品，你需要把實際的商品拿去交貨，例如小麥、牛奶、柳橙汁、豬腩、金、銀、鐵礦等等。後來大家開始想：「這套交易也可以套用在任何東西上，我們把它套用在股票上吧！」所以就出現了股價指數期貨，你可以套上你對S&P五百、德國DAX指數、英國FTSE指數（發音是footsie）、法國CAC指數的未來看法，另外還有利率期貨和外匯期貨。期貨套用到其他資產類別後，促成了更多的投機，但也提供投資人更多的避險管道。

在任何衍生性商品的市場中，投資人都分成兩種（其實幾乎任何市場都是如此）：一種是避險者（真的需要那商品的人，或想要自保的人），另一種是投機者（賭個人觀點的人，想靠賭對看法來獲利）。柯瑞問道：「如果投機者不存在，誰來當避險者的交易對手？」就因為避險者和投機者同時存在，市場才有流動性，才能平順、有效率地運作，撮合買家和賣家。

柯瑞解釋，我們交易桌的半數交易都和股票指數期貨有關，例如S&P五百或那斯達克的期貨合約。另一半的交易中，有些是大宗物資的期貨，例如穀物、柳橙汁、豬腩等等，其他的是貨幣和利率期貨，例如賭公債或美元、日圓、歐元的未來價格。

剛開始受訓時，柯瑞要我發電子郵件給衍生性商品交易桌的其他人，報告我們在市場上看到的交易量（客戶每天的買賣量）和趨勢。那是很好的訓練方式，因為這會逼我從我們執行的交易中抓出主題，也讓我在有資格交易以前，先觀察部門裡其他人的動態。有時僅僅是把簡單可靠的訊息傳給大家，就能發揮作用。如果我們看到大量的科技股買單、原油賣單、德國指數期貨的買賣單，那天電子郵件的寫法會大致如下：

> 今天的科技股很熱絡，很多買單（2：1）做那斯達克指數的三月期貨（代碼：NQH3）；在大宗物資方面，很多賣單（5：1）做三月的原油期貨。在歐洲，我們看到三月DAX指數有大量的買賣單。交易主要是來自快錢〔意指避險基金〕和資產管理者〔意指機構投資人〕。如有任何疑問，請聯絡交易桌。

剛開始，我發出的電子郵件柯瑞會先看過才放行，但他後來開始信任我對細節的重視。接著，我開始學習自己執行交易。

很愛演，喊得比誰都大聲……

二〇〇三年一月中的某天，上午六點半，電話已經響個不停。歐洲市場已經開盤好幾個小時，亞洲已經收盤，我開始和客戶通電話、寫單子，執行客戶的交易。一開始，柯瑞會站在我旁邊，看我及聽我在交易系統Spider上執行交易，他檢查我的單子，確定我寫的都正確。

單子是三聯式，約星巴克的紙巾大小，每張之間夾著碳紙。第一聯是白色，中間的副本是粉紅色，第三聯是藍色。每張單子的中央有一條分隔線，左邊寫「買」，右邊寫「賣」。每次客戶打電話進來，你要馬上抽一張單子，等著下單。客戶下單後，你把期貨或選擇權的名稱寫在單子的左邊或右邊（看是買單或賣單），還有交易的大小。接著，你迅速把單子放進時間戳記機裡，那個機器看起來像工廠使用的打卡鐘。

單子立即蓋上時間戳記很重要，你必須確切記下接單時間；交易執行完後，還要再蓋一次時間戳記。那樣一來，萬一市場波動很大（無論波動對客戶有利或不利），你都有證據顯示你如實下單，盡可能做了最好的執行。如果客戶是下午三點十五分下單給你，你到三點四十五分才執行，這三十分鐘內市場已經變動一百檔（一檔〔tick〕是期貨合約的最小變動單位），你可能造成很大的錯誤。

盤中，單子會不斷累積。每天收盤時，所有的單子都已經蓋了時間戳記（你確定交易價格時，也會把價格寫在單子上），你把每張單子的第二聯抽出來留作紀錄，把第一聯和第三聯送到法規遵循部門，他們會放進保險庫裡保存五年，萬一有客戶爭議或監管單位來調查都可以調閱。

隔天一早，另一個交易日又開始了，整個情況很混亂，但都在掌控之中。客戶的來電響個不停，衍生性商品的業務員會站起來對柯瑞和我大喊單子，反射式地使用「買」或「賣」的手勢。不僅交易員如此，達菲也很喜歡跟著屬下一起進場的實戰感（菜鳥員工看到老闆肯下場自己做，而且真的知道怎麼做時，通常會對他更敬佩），他也會大喊：「葛瑞．史密斯，幫我買兩千口六月的S&P期貨！」兩千口交易聽起來似乎不是特別大，卻是代表約五億美元的股市曝險，由此可見期貨交易的風險和槓桿有多大。大家都知道，如果是達菲自己做交易，肯定是幫都鐸．瓊斯、朱肯米勒（Stanley Druckenmiller）、索羅斯、諾沃葛拉茲、摩爾．貝肯（Louis Moore Bacon）等大佬或其他避險基金界的大咖做的，達菲很喜歡表演，所以喊得比其他人都大聲。

有單子來時，我會拿起電話，聯絡芝加哥交易所的派翠克或鮑勃，請客戶先在線上等，我會說：「六月S&P期貨的價格是多少？總數兩千口，買進，但我需要特別小心。」接著我必須依賴派翠克或鮑勃告知交易場上的情況，市場是不是很熱絡？我們應該放慢或加速？我會根據他們的描述下單：「先幫我買一百口，然後再買一百口，最高九五〇，接著觀望。」你不會想要一次就買兩千口，太快交易會讓市場知道你的意圖，那麼大的交易量可能嚇到市場，造成驚慌，或引起場內其他交易員開始跟你對做。在此同時，還有兩支電話一直響著……

如果你和一個客戶在講電話，在另一線上有一個更重要的客戶打來，我們習慣的做法是對接起那線電話的人打手勢。假設富達來電，你希望他們先在線上等，讓你迅速結束手上的電話，這時你該比的正確手勢是：舉起食指，像告訴別人「等一下」那樣。如果你無法馬上結束手上的電話，希望等一下再回電給富達，你該比的手勢是以手指畫圈。某天我同時講兩線電話，已經有點分身乏術，這時第三通電話又進來了，我比出回電的手勢，只不過我是整隻手臂畫圈，無法用一根手指畫圈。一些資深的同事看了我的模樣，覺得很好笑，尤其是綽號「烏魚頭」的同事，後來大家把我的誇張手勢稱為「直升機」。

一根胖手指，就可能害你被掃地出門

某天早上，我下單出錯了。

那是早上六點半，我忙著喝咖啡，但腦袋還是昏昏沉沉。這時一位退休基金的客戶打電話進來，下了一筆小單子，客戶說：「請幫我買七口即月的ＤＡＸ期貨。」但是我誤弄成賣七口期貨。那是很容易犯的錯誤，就是把「買進」的按鈕按成「賣出」的按鈕。我當場就發現按錯了，迅速反應過來。公司一再告誡菜鳥：害慘自己的最快方法，就是不知道何時該求救。你必須馬上放下自尊說：「我麻煩大了，需要立即協助。」

所以我馬上轉向柯瑞，他正在我旁邊講電話，我冷靜但堅定地對他打信號，表示我需要他立即協助。他掛了電話，我說：「我該買進，但做成賣出。現在該怎麼辦？」

柯瑞的反應跟平常一樣冷靜。我和柯瑞對彼此的第一個了解是，儘管我們的背景大不相同，但我們在高壓的情境中都很擅長保持冷靜。他離開位子，站在我身後，把手放在我肩上，接著他指著螢幕，很冷靜地說：「好，我們來處理，先把這些買回。」我們一起完成，反覆檢查了三次，把錯誤更正，扭轉剛剛的錯誤交易，再完成正確的交易。整個過程中（感覺像經歷了十分鐘，但實際上可能只有一分鐘），市場只移動了一檔。

那筆錯誤讓高盛賠了八十美元。

要是那段期間市場變動一％，可能會賠上八千美元。如果是變動好幾個百分比，那就是賠八萬美元了。不過，錯誤不分大小，錯就是錯了，我馬上道歉，我希望柯瑞能為我感到驕傲，我的道歉很真誠。他的反應很和善，但態度堅定，他說：「沒關係，沒事了，我們已經記取教訓，現在你需要寫錯誤備忘錄。」

「我需要告訴達菲嗎？」我問。

柯瑞點頭：「去他的位子告訴他吧。」

我走過去報告，達菲仔細聽我的敘述，我帶著歉意，認真地描述虧損八十美元的事。「謝謝你告訴我。」他最後說：「別再犯就好了。」

我跟他道謝時，我看到他差點笑出來，他說：「別擔心。」

但我笑不出來，我下定決心絕不再犯同樣的錯誤。

有些菜鳥去向達菲報告錯誤時就沒那麼好過了，我記得有個案例是虧損一百萬美元，比我虧損的八十美元悽慘很多。

那種錯誤是衍生性金融商品業務員最糟的夢魘：隔天才發現你犯錯了。假設某位客戶（例如堪薩斯州的退休基金經理人）告訴你：「晚上法國開盤時，幫我買十口CAC期貨。」你執行了交易，隔天進來上班才發現你不是買十口，而是買了一千口。華爾街稱這種錯誤為「胖指」（fat finger），你不止按一次零，而是按了三次。

那個菜鳥多買了一百倍以後，隔天來上班發現歐洲央行升息，市場變動五%，客戶的投資部位虧損了一百萬美元。但客戶肯定不會接受，所以高盛必須賠客戶一百萬美元，因為那不是客戶的錯，是高盛做錯的。

後來那個菜鳥並未因此遭到開除，事實上，新人剛上場的幾個月，幾乎都犯過大錯，但如果他日後又犯錯兩三次，情況就不同了。

我那八十美元的錯誤，是我職業生涯中最後一次的交易錯誤。

我對細節向來非常龜毛，柯瑞教我一定要隨時戰戰兢兢的。「寧可多花十秒把事情做對，也不要貪快。」他告訴我，「如果客戶因為你花太多時間而不耐煩，只要告訴他們，你是在確定一切正確無誤就好了。一定要再三檢查，反覆確認。」

柯瑞教我思考和行動都要像個交易員，動作要快，但要小心。例如，了解用來計算期貨合約名目值（總金融曝險）的乘數很重要。柯瑞灌輸我一個觀念：一定要和客戶再三確認乘數。他們知不知道想買進或賣出的東西價值十億美元？還是他們乘錯合約了？這種情況都發生過。

柯瑞介紹我認識高盛在不同交易中所合作的場內經紀人，除了芝加哥商品交易所以外，還有芝加哥期貨交易所（Chicago Board of Trade）、芝加哥選擇權交易所（Chicago Board Options Exchange）、美國證券交易所（AMEX）、西岸的太平洋證交所（Pacific Exchange），還有我在衍生性商品交易桌以及紐約廣場一號的整個交易廳裡會有互動的許多人。我需要學的東西很多。

加入新部門幾週後，我其中一台電腦的螢幕周邊幾乎貼滿了綠色的便利貼，列出我該記住的所有事項和名字，例如歐洲和亞洲每個市場的收盤時間、每種期貨和選擇權合約的乘數、高盛在外匯交易場內的經紀人電話等等。細節非常重要，我需要隨時掌握這些細節，工作才能順利進行。

不久，我的螢幕已經貼滿了便利貼，幾乎快看不到螢幕了：我告訴自己，我必須想辦法設計一套模式，幫我記住這些細節。但是最後我想不出任何系統，我是邊聽邊看邊記，這樣日復一日，才逐一撕下每張便利貼。

第一次站上火線就上手

心裡隨時謹記那八十美元的錯誤以後，我開始為自己的可靠及精確度感到自豪。柯瑞向來以不犯錯著稱，他開始稱我是「球隊精選」（franchise pick）——這是美式足球的用語，一開始我也聽不懂，後來知道這是讚美。我們兩人逐漸在交易廳裡培養出高壓下也不會搞砸的名聲，如果比賽到了最後關頭，需要把球交給某個人，我們是大家都能信賴的對象。

這裡用體育用語來形容非常貼切，柯瑞在大學籃球隊裡是控球後衛，我們兩個需要處理的交易量實在太多了，感覺隨時都有一百顆球需要我們應付，你必須不斷判斷事情的輕重緩急。什麼是最重要的？是執行這筆交易？跟客戶報價？還是回覆作業部門的下單郵件？電話老是響個不停，我們就只有兩個人，整天都在幫單子蓋時間戳記。每天結束時，單子堆起來有一呎高。

期貨和選擇權的交易單看起來落伍得可笑，感覺像一次大戰前的華爾街景象，但是股票業要求必須那樣做才符合法規。我們後來變成處理這些單子的專家，有些人撕第二聯時笨手笨腳，我們不用動腦就可以撕得整整齊齊。有些人把三聯單塞進機器細縫蓋時間戳記時會弄得一團糟，而柯瑞和我有時在交易量較少時，會比賽蓋時間戳記，目標是一個動作一氣呵成，咻一聲，迅速插入單子後馬上拉出，中間毫無停頓。

不過，總是有人會來掃興。二〇〇三年初，貝蘭克梵仍是帶領ＦＩＣＣ（固定收益、貨幣及商品）與股票部的副董事長，他以前喜歡來衍生性金融商品業務部跟達菲打招呼，打探達菲那群大佬友人的最新消息（例如瓊斯、貝肯、朱肯米勒），他想知道「那些操盤達人的狀況如何？」

某天他停在我桌邊，揚眉問道：「你們用這些單子做什麼？我們ＦＩＣＣ早就不用單子了。」的確，貝蘭克梵的世界在幾年前已經全面電子化了。柯瑞和我告訴他，那只是股票界的傳統運作模式罷了。

加入新工作約一個半月後，某天柯瑞正眼看著我說：「你做得很好，該是把你丟到火場測試的時候了。」

他的意思是說，他決定休假一天，讓我獨自應付整個交易桌。他已經教了我很多東西，但他知道讓我獨自面對混亂是最快的學習方法。即便我那時仍有可能出現嚴重的錯誤，但他覺得我已經通過門檻，準備好了。獨自應付交易可以測試我的耐力和專注力，如果我能安全過關，對我來說也是一大肯定。

這個機會讓我既緊張又興奮，柯瑞和我每天約做一百五十筆交易，他休假一天，交易量並不會因此減少，不過我內心那個不服輸的個性已經準備好接受挑戰了。

我真的不知道我會遇到什麼情況。

那天早上我五點半就進辦公室，比平常早一個小時，處理亞洲分公司來的單子，這時亞洲正好收盤。我的電子信箱裡至少有二十封來自東京、香港、雪梨等地的同事發來的信件，信裡的資訊大都類似下面這樣：「幫雪梨教師退休基金以收盤價買進二五〇口那斯達克期貨。」

我看了不禁搖頭，什麼的收盤價？美國的收盤？還是亞洲？是期貨市場？還是現貨市場？柯瑞和我一直在訓練這些人講清楚他們想要的是什麼，但他們還是不按規矩來。柯瑞教我，他們可能會把錯誤怪到你頭上，因為他們想把風險都轉嫁給你。必要時，我會把這些傢伙從半夜叫醒，確認他們的指示。寧可確定細節無誤，也不要事後再來後悔。

早上七點，我們這個交易區開電話會議，討論當天的業務。今天有什麼消息？我們該注意哪些事情？我們聯絡客戶時該談什麼？大家迅速輪流發言，表達各自的想法。

接著，上午八點二十分，債券市場開盤，大家各就各位，只不過我是一人獨扛大局。

幾秒內，三線電話同時響起，之後就沒停過。二〇〇三年一月底的那天，從上午八點二十分到下午四點半，我完全沒吃沒喝，也沒時間去洗手間。

我自己幾乎都沒注意到這點，整個人陷入高速運作狀態，五感完全投入，全神貫注，我猜想，所謂禪修的終極狀態大概就是這種感覺吧。三線電話同時在響，交易廳裡有人對我大喊：「我需要買兩億美元的國庫券期貨！」另一位客戶在等我報價，派翠克打電話報價……

我一再告訴自己：「別犯錯，別犯錯，別搞砸了。」

我必須保持專注，確定我寫下一切東西，沒忘記任何事。最糟的就是忘了執行交易，那可能跟按錯鍵一樣，一賠就是一百萬美元。

我必須專注聆聽，因為每個人都很匆忙。柯瑞灌輸我一個觀念，那就是：當大家都很匆忙時，你需要讓他們放慢下來，因為一旦他們在匆忙中下錯指令，會把錯誤怪到你頭上。如果有人說：「幫我買一千口微軟六月三十的買權。」我會說：「好，你想買一千口微軟六月三十的買權，對嗎？」他們必須回答我：「對，沒錯。」等他們確定後，我才會執行交易。

從上午八點二十分到下午四點半，時間就這樣飛快流逝了，我這輩子從來沒那樣挑戰過自己的極限。

當天結束時，我沒犯下任何錯誤，我興奮極了，就像衝過馬拉松的終點線一樣。

你要開老舊的豐田，還是全新的凌志？

二〇〇三年八月十四日星期四，那天紐約市出奇的熱，快接近下午四點十分時，高盛交易廳的天花板掛燈閃了一下，一會兒又閃了一下，那是我們看到美國東北部發生大停電的唯一證據。我們的電腦都沒斷電，高盛的備援發電機無縫銜接，馬上啟動。一兩分鐘後，我們在CNBC及彭博系統上看到發生了什麼事（交易廳裡到處都有螢幕全天候播放財經新聞台CNBC，我們的電腦也全都安裝了彭博系統）。這兩個新聞頻道馬上停下股價跑馬燈，插播紅色大字的頭條新聞：「東北部許多地區停電……等候緊急災難管理署的報告……」

那時的感覺很詭異。當天距離二〇〇一年九月十一日還不滿兩年，美國那年的春季剛進軍伊拉克，我們的辦公室又位在曼哈頓市中心數一數二的高樓裡。那時正好也是暑期實習的尾聲，我負責帶領幾位到我們交易桌見習的實習生。我叫他們離開大樓，大家都搶搭電梯，有些人後來決定走樓梯，因為他們擔心事情不單純。

那個時機點發生大停電，可說是再奇怪不過了。首先，鮮少休假的柯瑞剛好那天休假，我在六百人的交易廳裡獨自擔負期貨的交易。第二，那時期貨市場正要暫時收盤，每天下午四點十五分到四點半之間都是如此，目的是讓商品交易所過帳。一般人想在市場上迅速反應時，不是交易個股或債券，而是買賣期貨合約，因為期貨合約的流動性最高，是最透明的交易。在四點十五分到四點半之間，投資人必須暫停交易，讓市場關閉。

這時候，大家開始迅速反應。就在四點十分到四點十五分之間，我可以看到螢幕上的期貨開始下跌，投資人紛紛拋售。在華爾街上，交易員想評估大家對任何大事件的看法，都是看期貨市場的走勢。如果期貨市場下跌，表示市場嚇到了。這時市場確實是嚇到了，電話開始大響，客戶打電話進來問：「四點半市場重新開啟時，萬一我們想做什麼交易，你們會在嗎？我們真的需要你們有人留下來接應。」

這時廣播系統開始不斷重複發送消息：「請大家有秩序地疏散，離開大樓……」這時幾乎每個人都離開了。這是緊急狀況，應該要有人留下來。四點半時，達菲和我是少數仍留在五十樓的人，交易廳幾乎已經變成空城。

在期貨市場關閉期間，我跟幾位客戶聯絡，他們打算在市場重新開啟時做大筆的交易，金額很大。大家都在拋售，放空市場，賭大停電是某種恐怖攻擊造成的。尤其是某家客戶（避險基金）想做一筆非常大的交易：二十億美元的S＆P期貨。但是他想透過一種流動性不太好的產品來做——他想用所謂的「大期貨合約」（big futures contract），而不是「E-mini」。大合約的規模是E-mini的五倍，大合約每口是二十五萬美元，E-mini每口是五萬美元，大合約的流通性也比較差。E-mini的目的是讓投資人可以更靈活運作，交易金額較小，全天候都可用電子交易。這個客戶的做法像是決定開車逃難，他可以選擇開破爛老舊的豐田汽車或全新的凌志，但他說：「我想開豐田，因為比較習慣。」但是我們身為這方面的專家，知道他其實開凌志比較好，可以在車陣中靈活穿梭，更快抵達目的地，凌志的安全機制也比較優異。差別就在這裡，客戶想用他習慣的產品交易，但是那其實不太實用，而且他的交易也會對市場帶來很大的衝擊，最後也對他自己不利。我需要找公司的合夥人介入這件事。

於是我去找達菲，他的座位大概離我有二十碼，我說：「市場就快重新開始了，這個客戶想賣二十億美元的S＆P期貨，但他選錯合約，我一直勸他那樣做對他不利，以大合約來做交易對市場的影響比用E-mini大很多。」

達菲完全同意我的看法，他說：「我們打電話給客戶吧。」

達菲不認識對方，所以我們一起打那通電話，達菲告訴客戶：「我是麥克．達菲，是高盛負責衍生性金融商品部的合夥人，交易大期貨合約對您不利，那會衝擊到整個市場，建議您還是交易E-mini吧。」

對方很緊張，但是他聽到有權威人士這麼說，也就不再反抗了，他說：「好吧。」

但是達菲要對方正式確定那筆交易。「您是否了解您是以E-mini合約賣出二十億美元的期貨？」

「我確定。」客戶說。

達菲和我大可跟著其他人一起在四點半離開大樓，我們也可以任由客戶依他想要的方式做成那筆交易。身為期貨交易員，我們只是代理客戶下單（只收佣金），而不是當事人（以公司的資金跟客戶交易），所以無論選擇哪種交易，我們收到的佣金其實差不多。我們之所以留下來，是因為我們想向客戶證明，他們需要我們的時候，我們會支援他們，我們覺得那樣做才是正確的。我們說服客戶改變交易的合約，是因為那樣做對他比較有利，而不是對我們有利。

四點半時，市場重新開啟，比之前關閉時下滑了二%。我執行那筆交易，沒對市場造成太大的衝擊，客戶覺得他做對了，我們也覺得我們做對了。

接下來的半小時，我坐了約十筆交易，都是慌張的客戶想要放空市場，金額沒剛剛那筆那麼大，但數字還是不小，名目值都在五千萬美元到五億美元之間。五點左右，電話終於不再響了，達菲來到我桌邊。「我要走了。」他說，「你也應該走了。」這時還沒人知道大停電是什麼原因，不過五十樓的空調都已經關了，整個樓層開始熱了起來。

我的身體告訴我趕快離開，但我的大腦告訴我留下來。柯瑞灌輸過我一個觀念，不管有多累（你永遠都很累），我們每天做的那一百五十筆交易，都必須在當天結束時，花一小時逐筆再三檢查，以確保隔天不會碰到你沒發現的問題。最糟的情況是，隔天來上班才發現你少個零，或是放了太多零，而必須解決一百萬美金的問題。

我在五點半檢查完畢。離開以前，我打電話給最大的兩、三位客戶，告訴他們：「我要下班了，你們還需要什麼嗎？」他們說：「沒有，我們也要下班了。」我是五十樓最後離開的人，這時已經變得非常悶熱，我心想：「我也該離開這裡了。」

我發了一封電郵給達菲，確認四點半以後我做的一切。「客戶賣了二十億美元的期貨，交易順利執行了，以下是其他的交易……」我摘要列出其他交易，「我現在要離開了。」

他回我郵件：「做得好！謝謝你加倍用心。」他說，「晚上你要是沒地方去，有些人要來我翠貝卡的住家。」

那時的我已經完全不想和同事交際應酬了，我只想離開辦公室，趕快回家。

電梯已經停止運轉，所以我走了五十層樓梯。樓梯間非常悶熱，緊急照明燈都亮著。我走到一樓時，汗水濕透了整件卡其褲和藍色的布魯克兄弟襯衫。

街上都是疲憊的人，有些人坐在大樓外面的階梯上，我馬上認出其中兩位是來我們交易桌見習的暑期實習生。我突然想到明天是他們十週實習的最後一天。他們都很緊張，等著知道自己是否獲得錄取。

他們一臉期待地看著我，其中一人問道：「你知道怎麼回事了嗎？」我不知道他是在講大停電，還是公司錄取他們的決定。

我只能搖頭回應：「哇，各位，以這種方式結束暑期實習還真瘋狂。」

我走向曼哈頓下城的柏油路時，突然覺得自己的暑期實習好像還是五分鐘前的事，但其實已經三年過去了。我剛在大停電中執行了二十幾億美元的期貨交易，感覺像是進入了成年人的世界。

第5章

歡迎來到賭城

一個紙醉金迷的世界

我正和三位高盛的副總裁、一位董事總經理、一位高盛上市前的合夥人，還有一名上空女郎，一起坐在拉斯維加斯的熱水浴缸裡。

這不是開玩笑，而是真的發生了。這女人不是普通的放得開，浴缸裡的氛圍也異常興奮。其中一個副總裁，就是我的新老闆提姆．康納斯（Tim Connors），以前的綽號是「烏魚頭」，我們都是專程飛來賭城參加他的告別單身派對。他戴著棒球帽，上面印了趨勢觀察公司（TrendWatch）的商標，這是家預測股市走向的股票繪圖軟體公司。不過在當時，其實所謂的趨勢觀察任務很簡單，因為，市場走勢只有一個方向：繼續漲！

歡迎來到華爾街的漲潮期。

這是二〇〇六年四月，九一一之後衝擊股市的嚴重蕭條早已消失（景氣一定會循環），取而代之的是新的泡沫，這一切都拜便宜的房貸及聯準會持續把便宜的資金挹注到金融系統所賜。聯準會挹注資金的方式，跟賭城對著渾然不知的賭徒持續灌氧氣的效果差不多。

泡沫的唯一麻煩在於，你通常要等泡沫破滅以後，才會發現自己身處在泡沫中。幾年前的科技泡沫似乎已是遙遠的記憶，華爾街的銀行家互相恭維彼此的智慧，就像買房者看著房價持續高漲那樣得意。市場上漲，讓每個人都覺得自己很聰明。

我這時也開始有點志得意滿，我熬過了二〇〇二到二〇〇四年的高盛裁員潮，也從分析員升任助理。這升等對外界來說沒什麼意義，但在高盛，只有約四〇%的分析員能獲得升等。這對我而言很重要，因為升為助理後，我就是公司的全職員工，不再是簽兩、三年約後，再看公司續不續約的分析員。助理再上一級就是副總裁，一般來說當助理四年後會升副總裁，而且業務與交易部的人通常都會升到那個職等。副總裁再高升上去，就是董事總經理，最頂層是合夥人，很少人能達到那一層。在高盛聲望最高的，是上市以前的合夥人，一九九九年高盛上市時，據說很多合夥人都賺了好幾億美元。

恭喜我吧，我又換工作了……

如果你剛進公司，看不出來誰是合夥人、誰不是，有幾個簡單的判斷技巧。其一是聽所謂的

「合夥人笑聲」，通常交易廳很安靜時，你會突然聽到某個狗腿的副總裁在聽到桌邊有人跟他說笑話時，突然拍著大腿迸出一陣笑聲。從他笑聲的長度和音調高度，就可以判斷他桌邊站的那個人是合夥人。另外，還有一個常用來分辨合夥人的方法則是：看膚色——他們的皮膚永遠是古銅色，即使冬天也如此。

那，我怎麼會坐在拉斯維加斯的熱水浴缸裡呢？

因為市場才剛開始起漲時，我的工作內容又換了。柯瑞和我後來變成默契良好的夥伴，執行數十億美元的各種期貨交易（包括股票、大宗物資、固定收益、貨幣等等）。我們還把產品類別擴充了，納入選擇權（另一類衍生性商品，提供選擇權買家在未來以特定價格買進或賣出標的資產的權利，但沒有買或賣的義務）。我們交易任何東西，都是以代理人的身分進行（代替客戶交易），當客戶決定找我們下單時，我們會收取佣金。我們的客戶包括全球各大共同基金、避險基金、退休基金的交易桌，他們後來都很信任我們的穩健交易。

二○○四年的年中，由於股市上演大多頭行情，我們的生意好極了，部分原因在於我們一開始的生意規模本來就不大，另一原因是期貨是宏觀工具，市場不好時，投資人會依賴期貨避險。我們在一年半內，佣金收入就增加一倍，成長非常快速，所以後來我們可以再招募一位新的人手加入。

不過，這時柯瑞就像以前的魯迪一樣，也覺得自己該換工作了。達菲希望他幫忙處理宏觀型避險基金，所以柯瑞變成純粹的衍生性商品業務員，他會花較多的時間跟客戶討論選擇權、期貨、交換之類的投資點子，比較少時間執行交易。他需要執行交易時，就打電話找我。他的離開對我來說亦悲亦喜，那段並肩工作的日子，他一直很大方，對我很好，為我設立了誠信的榜樣。我知道換工作對他來說是好事，我也覺得他會持續照顧我。

在那之前，我一直是他的副手。他離開以後，我變成主要的期貨交易員，這也幫我在五十樓培養了名聲。任何人需要交易期貨時（上至合夥人，下至分析員），都會來找我和我的助理。看清楚整個流程還有一個好處：讓我對市場未來動態的看法更加敏銳，更有自信。

柯瑞離開後，我獲得更多資源，我們可以招募兩位新人，由我來訓練他們。不過，高盛內部及整個華爾街的感覺還是不太穩，裁員持續進行，交易桌縮編整併。股票部開始和ＦＩＣＣ合併，最後變成一個無所不包（有時也無所不知）的龐大證券部。我的迷你股票期貨交易桌也跟著併入ＦＩＣＣ的期貨交易桌。

二〇〇五年一月的某天，達菲寄了封電子郵件給我：「我有個想法，過來我辦公室一下。」於是我到四十九樓找他。

我一踏進他的辦公室，他就說：「我需要你的幫忙。」

他開始談起蘿拉．梅塔（Laura Mehta），那是他最近從摩根士丹利挖角過來的人，現在是衍生性金融商品業務部的董事總經理，算是他的副手。一些客戶推薦達菲雇用她，她是優秀的普林斯頓大學畢業生，一些最大的主權財富基金、避險基金、華爾街上的資產管理者對她都有高度的評價。

我一開始就覺得她能力出眾，散發出一種交易廳裡罕見的特質：非常親切，平易近人。她加入高盛時，達菲希望有人可以搭配她，所以指派康納斯當她的副手。

我從二〇〇〇年夏天就認識康納斯了（達菲也是那時認識他的，沒人直呼他提姆），那時我們都是實習生，我是大學實習生，他是MBA實習生。他以前是大學的體育校隊，身高一百九十五公分，留著茂密的長髮，所以才會有「烏魚頭」的綽號（不過實際上，他的髮型一點都不像烏魚頭）。必要時，他相當有個人魅力，可以通宵狂飲，隔天照常上班。

早期我在期貨交易桌時，我也注意到他受挫時會變得急躁、易怒、尖刻。不過，後來他學到更多，更熟悉自己的角色以後，個性也比較成熟了。久而久之，我們培養出很好的默契，我們有類似的冷面笑匠性格。

康納斯在高盛的發展一開始不太順遂，最初跟的老闆都很嚴苛，跟他處得不太好。他們對他的魅力完全無感，會注意到他偶爾因為疏於細節而犯的錯誤，例如搞錯乘數，把賣出誤為買進等。大家對康納斯的評價是，他是優秀的業務員，但不是很懂衍生性商品的理論（這種情況比你預期的還要普遍，即便是在金融圈的高層也很常見，衍生性商品本來就複雜難懂）。

今天，我們去找一些「大象交易」，ABC，GTB！

二〇〇二年十二月，康納斯發生了一件事，我記得非常清楚，那時我剛加入柯瑞的團隊不久。康納斯幫客戶交易時，犯了數量上的錯誤，買錯或賣錯期貨的口數。錯誤很大，金額是好幾十萬美元，但他隔了好幾小時才告訴達菲，使問題變得更加嚴重。達菲不是很容易發火的人，但那次達菲很生氣，他轉過頭來大喊：「康納斯，給我接起一線電話！」

這下子每個人都可以迅速按一線，再按靜音偷聽。柯瑞馬上要我也一起聽，他已經知道那個錯誤的來龍去脈，覺得是很好的教學機會。不過，當時其實不太需要用電話偷聽了，因為達菲氣到破口大罵，大家都聽得見，他罵康納斯的語氣就像在教訓菜鳥分析員一樣。但是康納斯不是菜鳥，他比其他人晚進這一行，當時他是助理，已經三十幾歲。

「你在搞什麼！」達菲大喊，「你年紀不小了，應該要知道犯這種錯誤必須立即承認！我們的工作牽涉到很大的風險，要是這種事情再發生，麻煩就大了！」

當時看樣子康納斯應該待不久，不過他熬過來了。達菲看出他的天分，現在梅塔加入高盛後，達菲又給他一次機會。達菲那天在辦公室告訴我，梅塔來以前，「康納斯始終散散的。」達菲說，梅塔給了康納斯一些目標和架構，但是注意細節和組織技巧方面，依舊不是他的強項。不過，說句公道話，華爾街裡有很多人都很擅長大方向，但不是很注意細節。這方面是我可以幫上忙的地方，梅塔太資深了，不適合處理這些雜務，她經常需要開管理會議。達菲需要有人在康納斯旁邊幫忙打理業務，他問我願不願意幫忙。

我一聽就很興奮，心想：「衍生性金融商品業務部的老闆提供你這樣的機會，當然要馬上接受！」我當場就欣然答應了。這個新工作可以學到更多的衍生性商品，也讓我的客群拓展到主權財富基金、量化避險基金、政府退休基金等等。此外，我也覺得新工作會很有趣。

後來證明，這工作很適合我，二〇〇五年市場開始好轉，我們這個衍生性商品業務小組（包括梅塔、康納斯和我三人）開始猛烈出擊。柯瑞教我關注的財務細節，幫我們這一組強化了獲利。康納斯和我是最佳拍檔，我負責繁重的細節，偶爾耍耍嘴皮子；他負責策略，經常大耍嘴皮子。

後來達菲自己請調到其他部門。

那是二〇〇五年春天，也是華爾街的轉捩點，不景氣結束了，房市開始走熱，金融市場開始升溫。在高盛的交易廳裡，達菲的老闆麥特．里奇（Matt Ricci）開始帶領大家衝刺。里奇以前是耶魯大學的籃球隊員，是非常賣力工作的合夥人。每週五早上，他習慣站在交易廳邊緣的講台上，對著全體工作人員加油打氣，有時內容振奮人心，有時有點老生常談。講台上有個麥克風，可以透過播音系統播放，所以如果你的位置在龐大交易廳的角落，看不到里奇的人影，還是可以聽到他的聲音。

他很喜歡講一些琅琅上口的縮語，最常掛在嘴邊的是ＡＢＣ，這是借自劇作家大衛．馬密（David Mamet）的《大亨遊戲》（*Glengarry Glen Ross*），亦即Always Be Closing（一定要成交）的縮寫（我猜他應該不知道，馬密那齣戲是在嘲諷不道德的商業行為）。他也喜歡講ＧＴＢ，亦即Get the Business（拿到生意）。他也喜歡拿運動用語來打比方，例如「我們要全場緊迫盯人！」「讓我們達陣得分！」「讓我們打到最後一節！」「讓我們堅持到底！」

他也會自己發明一些詞彙，後來變成公司裡的慣用語，例如「大象交易」（elephant trade），亦即幫公司賺進一百萬美元以上的交易。里奇人高馬大，永遠穿著西裝，即便是週五的便裝日也不例外。他以前喜歡站在講台上說：「今天我們就出去找一些大象交易吧！把最大的交易做進來！」大家對他的看法分歧，有些人覺得他的話激勵人心，有些人覺得他講的沒什麼大不了。

你是否有「拒絕爛生意」的遠見？

里奇也是在高盛裡提倡「總業績」（gross credit，簡稱ＧＣ）概念的人。多年來，高盛的管理者以幾種指標來衡量員工的績效，有的指標客觀，有的主觀。最重要的是：他是否重視盈利，有帶生意進來嗎？這點占了約五〇％的評分，對任何盈利組織來說顯然都很重要。另五〇％的評分比較客觀，也是長久以來讓高盛有別於其他銀行的地方：他是個能為年輕員工樹立榜樣的領導者嗎？他是個文化傳承者，能提升團隊合作及公司的價值觀？他是否把公司的長期利益謹記在心？他是否有遠見能夠拒絕不好的生意，知道長期而言會有損公司的名聲？

里奇打造的文化讓員工評鑑變得更科學、更具體：「他帶進多少生意？」你年度累積的GC就是你當年的「貢獻度」。這些年來，GC和貢獻度變成大家擔心、談論及爭搶的重點，變得比股市和客戶還要重要。這是人性，如果有人拿數字來衡量你，你就會想盡辦法把你的數字做大。這種改變最後證明對高盛的文化和士氣造成很大的傷害，即便是十年後遺毒還在。

達菲向來是交易廳裡提升士氣的主力，但里奇決定把他轉調到倫敦。交易廳每個人都對這個決定感到失望，但是轉調不是毫無邏輯的。投資銀行業裡有個不言而喻的道理，離公司總部越遠，企業文化越淡薄。此外，高盛的倫敦分公司要和歐洲的各大銀行競爭，需要一劑強心針。管理高層的想法是，把充分展現企業文化的大將調到那裡，也許可以幫忙改善倫敦分公司。高盛裡的紅人常因為類似的原因，而突然被調到東京或香港。

里奇把股票衍生性商品業務部的所有人都集合到一個房間裡，他說：「我知道你們之中有很多人不高興，如果你們想知道氣應該出在誰身上，那決定是我做的。」接著他輪流看著每個人。那一刻的感覺很怪，但我對於他毫不瞎扯的態度感到佩服，不過當下的氣氛也確實讓人難過，因為像達菲那樣人人都愛的老闆非常少見。

六月，衍生性金融商品部門（包括業務部和交易部）在肉市區（Meatpacking）的Soho House飯店幫達菲辦了一個惜別派對。怪的是，我們訂的會場叫「圖書室」，裡面有個巨大的立體聲音響，卻沒有音樂可以播放。我是現場唯一帶iPod的人，所以我臨時變成了當晚的業餘DJ。我接受一些合夥人的點歌，但是那晚我播放的歌曲大都是我喜歡的音樂。饒舌歌手尼力（Nelly）的〈Ride Wit' Me〉、聯合公園與傑斯（Linkin Park and Jay-Z）的〈Numb/Encore〉、U2樂團的〈Beautiful Day〉等等，是那晚大家喜歡的一些歌曲。

有很多的資深高層也到場，每個人都喝了很多酒，我也不例外。這裡應該來講一下高盛對毒品、抽菸、飲酒的態度。在我的職業生涯中，我從來沒看過任何同事在上班或社交場合嗑過任何毒品，高盛非常排斥毒品，甚至對毒品抱有某種恐懼。吸毒被認為是輕率魯莽的舉動，那種人很難在高盛存活下去，這裡只有嚴守紀律的人才能生存。要是吸毒被逮到，公司可以馬上開除你。

紐約總部有一群癮君子，他們每兩、三個小時就會到大樓外抽菸，那群人通常是歐洲來的外派人員或計量分析員，或是兩種身分兼具。倫敦辦公室的癮君子，則是全倫敦辦公室都是。

喝酒是高盛的一大文化，也是華爾街普遍的文化。陪客戶應酬喝醉是常態，關鍵在於喝到什麼程度。在達菲的派對上，有位助理醉到昏了頭，一直告訴大家他覺得新來的女分析員有多辣，那位女分析員就站在幾呎外。我當時雖然也喝得很茫，但我仍記得當時心裡想著：「天啊，這傢伙的臉丟大了，他完蛋了吧。」

如果是跟同事喝酒，分寸很難拿捏，但對資深高層來說似乎有一套完全不同的標準。如果你的資歷尚淺，不想讓人覺得你太保守，你需要展現一下收放自如的能力；但是在此同時，也要懂得如何拿捏，這很重要。資深的人享有較多放縱的自由，我看過一些非常資深的人醉到七葷八素，口齒不清，隔天卻一副若無其事的模樣。他們可以那樣放肆，畢竟他們是老闆。

達菲就像多數的澳洲人一樣，酒精凸顯了他豪邁的天性，讓他看起來更有魅力。在他的惜別派對上，他逐一招呼每個人過去聊天，讓我們都有點時間跟他道別。輪到我時，他又像往常一樣開南非橄欖球隊的玩笑，接著態度轉趨嚴肅，對我說：「堅持下去，我覺得你在高盛可以勝任任何工作，你做交易或業務都很適合。」之後他隨口聊聊作結，又找來另一個人談話。隔天早上他找我過去，謝謝我那晚當了臨時ＤＪ。

然後，他就調到倫敦了。

一場告別單身趴，要花我近十萬台幣……

康納斯剛進高盛時雖然不太順遂，熬過那段日子後，可以明顯看出他有一些過人之處。他很了解客戶，對客戶非常用心，了解他們的問題，願意幫他們想辦法解決。客戶都很喜歡他，有時他想出的解決方案也為公司帶進不少獲利，但是他必須非常賣力工作，不斷加班，才能看到那些交易入帳，爭取那些生意不是容易的事。避險基金也許會針對你提的投資建議馬上做交易，但是一般的客戶，例如退休基金（企業及政府的退休基金）、主權財富基金（例如阿布達比、中國、香港、挪威、卡達、沙烏地阿拉伯、新加坡之類的政府）、保險公司、共同基金（例如富達、威靈頓、普信、先鋒）等機構投資人需要較長的時間說服，才會真的做你推薦的方案或投資點子。原因有時是他們考慮得較周延，投資是放眼長期，有時則是因為組織比較官僚、龐大。最糟的情況是，有些投資者對市場的了解不是那麼深入。

高盛裡有很多人認為，某些投資單位沒什麼生意可做，尤其美國各地有很多沉寂乏味的政府退休基金，沒人覺得他們跟華爾街之間會扯上關係。但是康納斯服務那些客戶時，都收到不錯的成果。這些基金的經理人都很欣賞康納斯的耐心，感謝康納斯對他們的關注。

康納斯擅長看大局，但工作習慣有點古怪。大家都知道他在比較空閒時會突然不見人影，所以我必須隨時備援，應付那些臨時想找他的人，以免開天窗。我從來沒有過問他去哪裡，在高盛，不過問比你資深的人去哪裡是禮貌。如果同事或客戶問起他的去向，我只會回答：「康納斯不在座位上，我能幫什麼忙嗎？」即使是週五下午四點半，他顯然早就去度週末了，我也不會透露。

我雖然不是很確定，但我猜康納斯之所以晚進辦公室，可能是有時他喜歡睡晚一點，或是他想利用早上時間去運動。不過，說句公道話，他通常下班的時間也比其他人晚，有時會為了客戶的專案加班到晚上十一點。他動作較慢，但似乎都能達到最終目標。部門有營收進來時，大家都能接受這種慢工出細活的方式。其實在市場上漲時，很多事情大家都不會過問。

那時市場漲得很快，二〇〇六年第一季是我們這個小組業績最好的一季，我們帶進了好幾百萬美元的營收，幾乎是去年一整年的兩倍。

康納斯就是在這個旺季邀我去拉斯維加斯，參加他的告別單身派對。

這是他的一番好意，事實上，也有點像在獎勵我工作上的努力，或許也是默認我做得比我分內的工作還多。話雖如此，他的熱心邀請還是讓我遲疑了一下。首先，去賭城歡度週末不是我負擔得起的玩樂，高盛大咖去賭城玩的價位，絕對和你跟大學朋友去玩是截然不同的。

機票、住宿、賭博和雜費加一加，我估計這場告別單身派對可能要花我兩三千美元。那些錢對副總裁或董事總經理來說可能只是九牛一毛，對我來說都是辛苦掙來的血汗錢，真的值得去一趟嗎？

當時我只是助理，雖然是資深助理，二〇〇五年的年薪含紅利超過二十萬美元，但付完稅、寄錢回南非老家、每月支付兩千五百美元的房租（二〇〇四年我已經搬離河岸路四十一號，自己在上西城租公寓）、還有扣掉可觀的計程車費和紐約市的餐飲費以後，我覺得一個週末花掉三千美元，實在說不過去。

我也有點擔心，一開始我就知道，我會是其中資歷最淺的。我真的想看我的老闆和其他高層在賭城狂歡失態嗎？達菲惜別派對上的情景一直在我腦中盤旋，我已經很清楚在飲酒作樂方面，管理高層和員工之間有雙重標準。難道我在跟他們一起時，還要隨時壓抑自己嗎？跟好友多喝幾杯是一回事，你醉到吐在老闆的高級訂製鞋上又是另一回事。

或許是我想太多了，但我希望我是以工作能力取勝。我這麼說或許會讓人覺得有點假正經，但我不希望老闆是因為我多會喝龍舌蘭而對我刮目相看。我週末一向不太跟同事交際應酬，也不會為了跟資深高層混在一起而去迎合他們。我不喜歡把私人生活和工作攪在一起，而這個派對看起來很可能會公私不分。但是在此同時，我個人又很喜歡康納斯，希望能到場為他慶祝。如果我能放輕鬆點，派對可能很有趣。

於是，我去問了菲爾（Phil）的意見。菲爾比我大兩歲，父親是美籍白人，母親是智利人，他一直是我重要的人生導師。我加入高盛的第一天就認識他了，我們很快就成了好友。二〇〇三年高盛決定收掉新興市場業務以前，他是在新興市場業務部的拉丁美洲組工作（後來他去了一家頂級的私人合夥事業擔任傑出的財富管理者，面對的是超高淨值的拉丁美洲客戶，那工作非常適合他）。

菲爾出身豪門，非常博學，因為母親的關係，會說流利的西班牙語。他是在公園大道長大，去南安普敦郡（Southampton）的老家度夏天時，喬治・索羅斯是他的網球雙打搭檔，菲爾叫索羅斯「大喬治」。他們全家都是辛納科克山（Shinnecock Hills）高球俱樂部的會員，這個俱樂部非常頂級，頂級到連達菲和里奇之類的高盛合夥人光聽到名字都垂涎不已（我去辛納科克山打過一次球。衍生性商品團隊集體去漢普頓出遊時〔這是市場大漲時才會辦的活動〕，所有合夥人一聽到我提起辛納科克山都張大了嘴巴）。菲爾在高盛工作時，雖然資歷很淺，但是很多的資深高層都會刻意拉攏他，也許是希望能獲邀去辛納科克山，或是想沾點他的風格吧。

以那樣的背景，菲爾其實可以輕易地平步青雲，但他相當認真，毫無架子，思慮周到，幽默風趣，也很用心。他似乎很了解這個世界的真實面，不會高估大事或低估小事，所以我在工作及私人方面有任何大小問題都會問問他的意見。比如說，以前住河岸路四十一號時，我和室友在頂樓辦派對，該邀請哪些高盛的董事總經理？去中央公園參加正式的訂婚派對該穿什麼？頂級襯衫品牌Turnbull & Asser有特賣活動時，該找哪位售貨員？

我們剛進高盛時，菲爾把我和幾位菜鳥拉到一旁，給我們一些建議，至今我還沒忘記。「這裡的每個人都是業務。」他說，「不管他們是交易員、計量分析員、業務員，每個人都是在推銷東西。」他的意思是：千萬別以為每個人做事都是毫無動機的。他讓我因此對凡事都抱持一點懷疑（不是憤世嫉俗），更仔細地（但不見得嚴苛）觀察任何要求與讚美背後是否別有動機。他建議我對想要博取我青睞的人保持機靈，即便是比我資深的人亦然。菲爾說，你永遠不確定別人有何居心。

我問菲爾，我應不應該接受康納斯的邀請。我出神地盯著他沉思的臉，沒多久他告訴我：「我覺得，你應該去。」

「你真的這麼認為？」

他點頭。「你需要讓那些人知道，你也懂得玩樂，你是團隊的一分子。」他說，「你要讓他們知道，即使你是裡面最年輕的，跟他們混在一起也不會太緊張。」

玩一個五百美元的籌碼，是什麼感覺？

就這樣，我去了賭城。

康納斯一共邀請了十五個人，其中九人來自高盛。在賭城，我不像康納斯和其他比較資深的人那麼放鬆，我資歷太淺了，沒辦法跟他們一樣放縱（康納斯週三下班就離開了，直到隔週二才回來上班）。我是在週五晚上飛過去的，快半夜才抵達拉斯維加斯，把行李放在剛開幕的永利飯店（Wynn Hotel）房內，然後依照指示，去賭場外圍的誘惑超級交誼廳（Lure Ultra-Lounge）和康納斯等人會合，他們已經來賭城連喝兩天了。

紫色的燈光，砰然作響的音樂，康納斯在座位上搖擺著身子。他開口問我的第一件事（他得扯著喉嚨說話，我才聽得見），是當天稍早我們和某大退休基金做的總收益交換（total return swap）交易。我告訴他，那筆交易很順利，他露出迷離的微笑。

現場大概有九或十人，有六人來自高盛（包括人稱「猶太裔約翰．甘迺迪」的施瓦茲），其他是康納斯大學、研究所及其他地方的好友。我們圍著桌子坐著，說笑聲跟音樂聲一樣大。大家拍著準新郎官的肩膀，他是當天的主角，也是大家來這裡的原因。女服務生令人驚豔，不斷地送酒進來。一位從區域分公司飛過來的董事總經理（大家都叫他「比爾喬」）是現場最資深的高盛人，今天由他買單，整晚大家只喝伏特加蘇打酒。我喝了兩杯，覺得微醺的感覺很不錯。接著我又喝了第三杯、第四杯。離開交誼廳時，大約凌晨兩點，我走起路來小心翼翼，彷彿走在帆船的潮濕甲板上，帆船在大浪中搖晃。我拍了比爾喬的背部（要不是我喝了伏特加，根本不敢做出那樣親近的舉動），謝謝他請我喝酒。

「我告訴你一件事。」他一本正經地說，雖然他也喝了不少杯。「我跟後輩一起出去時，從來不讓任何人付錢。那是以前別人教我的原則，我向來奉為圭臬。」從此以後我也謹記了這點。

我們一起走出超級交誼廳，經過玩興正濃的廿一點賭桌。有位打著繩狀領帶的大賭客，一次就押下五百美元的籌碼，看得我目瞪口呆。

「不知道一次賭那麼多錢是什麼感覺。」我隨口說道。

比爾喬一臉不解地用力看著我，他比我多喝了兩三杯酒，「跟我來。」他說，「我讓你看看那是什麼感覺。」

我們走向一張有空位的賭桌，他從口袋裡掏出五百美元的籌碼，放在桌上，莊家開始發牌。比爾喬讓我看他的底牌：方塊十一。莊家發給他一張黑桃四。

「再來一張。」比爾喬說。

他抽到梅花七，莊家在比爾喬的五百美元籌碼上再放一片籌碼，推回去給他。比爾喬收起兩片籌碼，放進我手中。「就是這種感覺。」他說。「週末愉快！」

和長官一起泡在浴缸裡，對我在高盛的前途會有什麼影響？

時間快轉到隔天下午。我們七個高盛人帶著嚴重的宿醉，跟著前面提到的那位上空女郎，一起坐在曼德雷灣（Mandalay Bay）飯店的冒泡熱水浴裡，頭頂上是拉斯維加斯的豔陽。

啜飲著冰涼的Red Stripe啤酒，感覺舒服多了，但我整個頭還是昏沉沉的，滿腦子夾雜著交際與道德上的不適感。這與上空女郎無關（其實這部分我還滿喜歡的），真正令我感到不適的，是我和掌控我命運的人一起處在這種情況下的尷尬。我的老闆康納斯，戴著他那頂破爛的「趨勢觀察」鴨舌帽，另外（讓人吃驚的是）高盛上市以前的合夥人大衛·海勒（Dave Heller）也在這裡，他是主掌交易部的老闆之一，高比爾喬兩級，比康納斯和另兩位也在浴缸裡的副總裁高三級，至於他和我之間的級數，則有如天壤之別。

海勒是高盛的大紅人，很受交易員的敬重，因為他非常厲害。大家都說，即使他在全球掌管數千人，坐上任何交易員的位子，都能馬上算出每個交易員的風險，做起交易來可能也比任何交易員厲害，那種能力非比尋常。

海勒很清楚自己的地位，但是舉手投足間充滿低調的自信和幽默感，從來不擺架子。一九九〇年代初期，他在東京當衍生性商品交易員時，做了一件事，成了高盛裡的都會傳奇：惡棍交易員尼克·里森拖垮霸菱銀行的交易*，讓海勒海撈了一大票。別忘了，每筆交易有輸家，另一頭必定存在著贏家。沒人跟我確認過這個傳奇的真偽，但是據說海勒的聰明才智為高盛賺進數百萬美元，高盛為了感謝及肯定他優異的能力，在他二十八歲時就升他為合夥人，是高盛有史以來最年輕的合夥人之一。

在那晚之前，我碰過海勒幾次。二〇〇三年我還在期貨業務部當交易員時，他有時會過來我們桌邊，或（比較常）打電話給柯瑞和我，叫我們幫他的自營帳戶執行交易，或是幫高盛避險。我注意到他每次都看得很準，如果他賣期貨，隔天市場就下跌；如果他買期貨，市場就上漲。不過，我最近一次和海勒碰面的場景和生意無關，而且有點尷尬：達菲惜別派對的隔天，我在五十樓的男洗手間上廁所，海勒站在我旁邊，瞄了我一眼，說了一句：「昨晚很開心。」

當時海勒只是隨口聊聊，但現在，不到一年後，他又在這個告別單身派對碰到我這個菜鳥。海勒之所以會飛過來，是因為他喜歡拉斯維加斯，也因為康納斯很酷，跟他交朋友很好玩。但最直接的原因是，康納斯二十六歲的未婚妻和海勒的嬌妻是朋友。他們的友誼可能是自然而然培養出來的，不過即使是刻意的，康納斯在高盛的前途也不會因為在這場派對中失態而受到影響。

---

*尼克．里森（Nick Leeson）是前霸菱駐新加坡的期貨交易員，因為操作衍生性商品不利而導致這家兩百年歷史的銀行前後損失了十四億美元，最後宣布破產。

但我只是海勒隨口打招呼的對象，職位低他好幾個層級，永遠會記得他和上空女郎一起坐在拉斯維加斯的浴缸裡，這對我在高盛的前途會有什麼影響呢？

讓我更擔心的是，前一晚醉醺醺的比爾喬塞了一千美元的籌碼給我。我應該馬上還給他，告訴他「我真的不能收下」嗎？或許。但我並沒有那麼做，我現在應該跟他說點什麼嗎？

我沒說。同事們正在跟那位波霸美女聊天，我安靜地啜飲著啤酒，心想（同時懷疑其他人是否也在想）：「在賭城發生的事，真的就留在賭城嗎？」*

週一我回辦公室時，打電話給菲爾，詢問他比爾喬那個情況怎麼處理，問他會不會覺得我沒馬上還籌碼，或至少試著償還籌碼很不道德？亡羊補牢會不會太遲了？或者我應該假設那一千美元對董事總經理來說只是零頭，根本無所謂？還是（疑神疑鬼地）覺得這是某種陷阱？如果我什麼話都沒說，比爾喬會不會對我產生成見？

菲爾說，我應該稍後找機會隨口提起那一千美元的事，也許送比爾喬一打高爾夫球或其他東西，但目前只要說「謝謝你請客」就好。我照做了，他似乎對我講的事情只有依稀的記憶。

喔對了，我回來上班一兩天後，又在洗手間碰到海勒，他臉上閃過一抹神祕的微笑，對我說：「上週末很開心。」

真是輕描淡寫的高手。

在華爾街，權力屬於帶進最多獲利的人

二〇〇六年對高盛來說是豐收的一年，市場持續上漲，衍生性金融商品業務部的營收持續攀高。客戶充滿信心，我也幫他們執行得不錯，這也促成了更多生意，因為他們知道我會幫他們好好打理。我的客戶包括一些全球最大的資產管理者、計量避險基金、主權財富基金。佣金事業（代理客戶交易期貨、ETF、選擇權等標的，賺取透明的固定費用）蓬勃發展，獲利節節高升。

不過，情勢可能逆轉的氣氛仍在。五月底，執行長保爾森獲任為美國財政部長，貝蘭克梵升任高盛的執行長兼董事長。很多人看到保爾森在市場正好時離開，都很震驚。別忘了，這時景氣正好，他大可待在高盛裡，多領幾年數百萬美元的年薪，他又備受銀行家和交易員的喜愛與敬重，不過他接受了小布希的徵召，循著長久以來前高盛領導人的傳統，在事業顛峰期轉戰公職，我對他的決定感到佩服。

如今回想起來，那轉變對保爾森來說也算是一個空前絕後的交易。為了避免擔任公職的利益衝突，他正好在崩盤前的市場高點，完全出脫高盛的股票（總價值五億美元）。再加上賦稅漏洞，他

＊英文俚語 What happens in Vegas stays in Vegas，比喻事情過去就過去了，無須再掛念。

接下公職也免繳資本利得稅。

不過，我這樣說或許大家很難相信，我覺得對美國人來說，當時保爾森轉戰財政部，其實是更難能可貴的交易。但高盛裡有些人認為，保爾森之所以離開，是因為他在高盛已經看到來日不多了。

保爾森是銀行家，貝蘭克梵是交易員，貝蘭克梵的交易部門（FICC和股票部）為公司帶進大量的營收，是其他部門的兩至三倍，有時甚至占公司總營收的一半以上。從一九九〇年代末期和二〇〇〇年代初期開始，高盛開始出現大轉變，以前投資銀行部（他們做併購及企業融資）一直是高盛較大的獲利引擎。在華爾街上，權力往往是屬於帶進最多獲利的人。

後來貝蘭克梵成為高盛的金童，他在高盛把自己塑造成有先見之明、絕對不會錯的天才。大家都很崇拜他、畏懼他、尊敬他。但他也懂得自嘲，所以讓人覺得他很有幽默感，平易近人。你跟他在一起，很容易對他產生好感。

相反的，保爾森是比較老派的銀行家，有點高傲、直接、保守，有時甚至讓人覺得無理（魯迪有一次在高盛派對的搞笑影片中扮演保爾森，他們兩人的身高和外型很像，諷刺的是，個性也很相似）。你不可能在公司的派對裡看到保爾森喝到玩興大開，他滴酒不沾，此外他也是野鳥觀察家、環保主義者及運動狂熱者。在公司的健身房裡，我曾看到他在坐姿推胸機上推舉相當大的重量。（我在健身房遇到高盛執行長的另一次經驗，是看到貝蘭克梵在那裡「晾乾」，亦即淋浴完後在更衣室裡光溜溜地走來走去。不過，這樣的舉動對年紀比我大點的人來說很稀鬆平常，我不覺得那是在炫耀權力。）

二〇〇三年高盛面臨困境時，保爾森受到不少抨擊。在所羅門美邦的投資者會議上，他提出所謂的「80—20原則」，亦即在任何事業裡，都是由二〇%的人創造八〇%的獲利。大家覺得他的說法一反高盛團隊合作的公司文化，立刻引起了很大的反彈。不過，後來他在大家的電話裡留了一則留言表達歉意，沒提出任何藉口，他表示：「那個說法思慮欠週，毫無必要，我為此致歉。」大家也就原諒他了。

但是現在風水輪流轉，在銀行業裡，變成「交易」出頭，那是貝蘭克梵的世界。高盛正逐步合併FICC和股票部，股票部現在是歸寇恩領導（他也是高盛上市前的合夥人），寇恩和貝蘭克梵是同一掛的交易員。這樣的轉變對高盛及整個金融圈都有很大的影響。

貝蘭克梵和寇恩都是老高盛人，他們一九九〇年認識，那時寇恩離開紐約商品交易所（他在場內交易金屬），加入高盛體系下的大宗商品交易部J. Aron。貝蘭克梵在公司裡迅速竄紅，他是黃金業務員，而每位優秀的業務員都需要一個信賴的交易員，所以寇恩成了貝蘭克梵的搭檔。

寇恩是出色的交易員，據說他曾憑一人之力壟斷鋁市。他的成長背景相當有意思：從小有嚴重的閱讀困難症，小時候大家一再告訴他，有些事他無法做到，但這反而迫使他非做到不可。他身高一八三公分，體重一百公斤，看起來意志堅決、很有架勢。在美國大學就讀時，他發現他對金融市場的喜愛遠勝過讀書，他曾跟著一位商品交易員一起搭計程車到機場，一路上一直說服對方雇用他，就這樣靠著三寸不爛之舌獲得了第一份工作。他過人的機靈、直覺和ＥＱ在那裡大放異彩。交易是一種人性事業，你在交易場內，可以看到別人眼中的恐懼（寇恩開始買進鋁礦時，就是看到大家的恐懼）。能在高盛裡爬到頂層的人，不僅有聰明才智，也有激勵他人的天賦，寇恩在這方面更是天賦異稟。

寇恩是減薪進高盛的，但是憑其聰明才智，以及對大宗商品的過人直覺，他在高盛裡迅速升遷，幾乎跟貝蘭克梵一樣快，但總是比貝蘭克梵低一兩小階。貝蘭克梵很照顧寇恩，他們變成很好的朋友，兩家人常一起出遊。

寇恩過人的交易技巧，也讓他成為優秀的管理者。當貝蘭克梵（比寇恩大五、六歲）升到僅次於保爾森的第二高位時，他指派寇恩擔任證券部的共同領導者，主要是負責帶股票部門。很多人覺得這個決策很奇怪，因為寇恩擅長的是大宗商品，但貝蘭克梵說：「他能搞懂鋁礦，就能搞懂股票。」高盛有很多這樣的例子，優秀的管理者和天才交易員都非常能隨機應變，他們可以把技巧套用在任何領域、資產類別或部門上。

要讓大家知道，你的情緒是可預測的……

我在期貨交易桌時，第一次遇到寇恩。那時達菲剛把柯瑞調到他下面工作，我們和ＦＩＣＣ的合併正在進行。合併期間，某個轉來股票交易廳的人，本來是寇恩在大宗商品交易場內的經紀人。那時寇恩才接掌股票部門不久，不認識股票交易廳裡的其他人，所以他來這裡時，主要是找那個人說話。

寇恩有個非常特別的招牌動作，在高盛裡很有名，我大概親眼看過十次或十五次。不管他要談話的對象是男是女，他都會走向那個業務員，然後舉起一隻腳放在對方的桌上，把大腿靠近對方的臉，問他市場狀況如何。寇恩高頭大馬，氣勢很足，所以有些人可能會覺得那是一種展現老大的舉動，但我認為他只是覺得這種姿勢比較舒服罷了，而且他言談之間也沒有你預期的那種霸氣。

他友善、低調，他會問你：「今天還好嗎？過得如何？」語氣很是溫柔。我後來開始注意到，他在桌邊停下來時，幾乎都不是在談生意，而是聊「洋基隊打得如何？」之類的閒話。幾年後，我聽寇恩在「松街」（高盛領導培育課程）上談領導，他總是強調要經常在交易廳裡走動，讓大家知道你是誰有多重要。他也談到情緒的一致性，你要讓大家知道你的情緒是可預測的，不會反反覆覆。

值得一提的是，我認識的寇恩一直都如此；而貝蘭克梵則是永遠都很樂觀，從來不會抱負面想法或是去威嚇人。他們兩個一向都很擅長人際互動，知道如何籠絡人心，怎樣才不會把人嚇到，必要時又懂得如何施壓，所以他們才會是卓越的領導人才。在保爾森去了財政部以後，高盛變成了貝蘭克梵和寇恩的天下。

從此以後，交易就變成高盛的主流，投資銀行業務退居了下來。二〇〇六年，幾乎每本商業雜誌的封面故事都有高盛，報導它如何站上華爾街顛峰，業績為何是其他投資銀行的兩三倍。我留了一本二〇〇六年四月二十七日出刊的《經濟學人》，那一期的封面上寫著高盛「高居世界之頂」，甚至還放了一張登山者高懸在雲海之上的照片，我看了也與有榮焉。這樣的意氣風發，相較於二〇〇一年的困境猶如天壤之別，當時大家說高盛可能已褪盡往日榮光，規模更大、資產負債表更雄厚的銀行會把我們生吞活剝。

白紙黑字寫下來了：客戶的利益優先

那麼，高盛是如何賺到如此驚人獲利的？有些報導提到，高盛不是透過投資銀行業務，也不是透過幫企業籌資的傳統管道，而是以自有資金投資交易，這就是所謂的「自營交易」。這些商業雜誌和一些投資人的意思是：高盛成了避險基金，在變革中逐漸涉入新的利益衝突，這個新方向大幅偏離了高盛以往著名的經營模式。

從高盛創立之初到一九九九年上市（共一百三十年），高盛始終以身為客戶的顧問為傲，謹守誠信忠實的義務，善盡職責。當高盛建議客戶如何投資資金最好，而不是鼓吹客戶去做手續費最高的投資時，就是在展現這樣的角色。當高盛告訴客戶該不該合併另一家公司時，也是在投資銀行業務中善盡這樣的責任。前資深合夥人約翰．懷海德在一九七〇年代列出的十四條原則，其中就提到這樣的理想：做對客戶正確的事，不是只做對高盛正確的事。我們暑期實習時，公司就是這樣教導我們的，所以我也懷抱著這些理想。一度，我還把這十四條原則的影印本釘在桌邊，其中與誠信忠實義務有關的原則如下：

1. 客戶的利益永遠優先。根據過去的經驗，只要客服做得好，我們的事業也會跟著受惠。

5. 做任何事都要強調創意和想像力。老方法可能仍是最好的方法，但我們會不斷為客戶的問題尋找更好的解決方案。我們引以為傲的是，我們率先推出的許多做法和技術，後來都成為業界標準。

12. 平時在與客戶互動的過程中，我們經常會收到機密資訊。切莫違反保密原則，或是不當或輕率地使用機密資訊。

14. 正直與誠信是我們事業的核心。我們期許員工，於公於私都要恪守高道德標準。

這些原則都白紙黑字寫下來了：客戶利益優先；我們會不斷努力為客戶的問題尋找更好的解決方案；切莫不當使用客戶的機密資訊；凡事維持最高的道德標準。所以自營交易究竟哪一點符合了這些理念？

當高盛的權力重心從「投資銀行業務」轉移到「交易」時（貝蘭克梵在公司裡的崛起，就充分體現了這個轉變，他的崛起時機正好呼應了公司的交易營收大舉超越投資銀行的營收），就逐漸把客戶視為交易對手，而不是來徵詢意見的人。交易對手是獨立的，其目標可能和促成交易的投資銀行（交易的另一對手）目標相符或相左。前來徵詢意見的客戶較像孩子，你有責任看顧他們，避免他們因直覺判斷不當而受害；而交易對手則是成人，直接踏入資本主義中，在雙方同意下，任何事情都可能發生。

高盛還有另一個模糊的新角色：投資人。以前，高盛的做法是建議客戶投資某些標的；而在新的世界裡，高盛是拿出自有資金做同樣的事情。當高盛改變心意（或掩飾自身的意圖）跟客戶對做時，這種自營交易就會出現道德上的模糊地帶。

二〇〇五年初，貝蘭克梵仍是保爾森的副手時，他們兩人在年度的股東信上，提到投資銀行新世界裡的利益衝突問題，那封信確立了高盛面對客戶時的態度大轉彎。他們主張，銀行和客戶之間的衝突無可避免，還說大家應該接納那樣的衝突。如果一家公司沒製造衝突，就表示他們在推動事業上不夠積極。

「認為我們可以在毫無衝突下運作，那是天真的想法。我們身為重要中介者的角色——介於資金提供者與使用者之間，也介於想要規避風險者及樂於承擔風險者之間，衝突原本就存在。」保爾森和貝蘭克梵寫道。

不久之後，高盛就為客戶（當時仍私營的紐約證交所）和另一家規模小很多的上市全電子證券交易所（Archipelago），仲介了一筆九十億美元的合併案。在外界看來，這樁合併案的問題在於高盛同時位於交易的兩端（高盛是Archipelago的第二大股東），這個案子總計幫高盛賺進一億多美元。此外，當時紐約證交所的執行長是約翰．賽恩，他曾經是高盛的總裁和營運長。高盛一本正經地為該交易提出以下的說法：這筆交易可以透過衝突管理，促進金融市場的穩定。至於是什麼衝突，當時擔任高盛發言人的盧卡斯．范普拉格（Lucas van Praag）回應：「人生本來就充滿衝突，有些是真實的衝突，有些是想像的。」

當時，我也相信了。我和很多高盛人讀到貝蘭克梵那些充滿說服力的論點時（關於大家應該接納衝突的說法），甚至感到有些自豪，覺得高盛正在開創新的領域，想出了巧妙拿捏分際及幫助客戶的創意方法。有好一段時間，我直覺認為：我們應該相信公司的立意是良善的。

走進校園徵才，看見學生們的差異

二〇〇六年夏天，對我來說是一段興奮的日子。生意蓬勃發展，市場勁力上揚，我在工作上做得順心，熱愛紐約的生活。

日子稱心如意時，也是愛情降臨的時候。那年春天，在我去參加康納斯的告別單身派對前一週，有人介紹我認識娜婷，參加完派對後，我急著趕回紐約再見她一面。我甚至在喝醉酒時，在賭桌邊告訴比爾喬她的事。她是營養師，聰明又有魅力，我們有類似的猶太成長背景，都熱愛品酒和美食，尤其是壽司。我們最初約會時，去了上西城的Sushi of Gari餐廳、下東城的Cube 63餐廳、肉市區新開的亞洲複合式熱門餐廳Buddakan。

那年夏天，高盛也指派我擔任暑期實習計畫的共同管理者。這讓我引以為傲。公司覺得我是文化傳承者，真心認同與提倡高盛的特點，我很榮幸能以這個身分代表高盛。我開心地指導新來的分析員，負責去史丹佛大學徵才。每年我會帶領五、六人組成的團隊，飛去帕羅奧圖兩次，在史丹佛大學的就業博覽會上演講，面試有興趣加入高盛的學生。

面試時，我總是在找幾個同樣的特質。對於應徵者是否很懂財金，或學業平均成績的高低，我不是那麼在意，我在意的是他們的判斷力，以及對商業的熱情。在華爾街上，要教人財金理論很容易，但是要教人良好的判斷力和察覺力幾乎不可能。他知道何時該尋求協助嗎？他犯了交易錯誤會承認嗎？即使工作不是分分秒秒都很有挑戰性，內容再怎麼枯燥，他都願意拚命完成嗎？他能夠同時處理多項任務嗎？他對市場感興趣，熱中學習嗎？

我始終覺得跟應徵者聊五分鐘，比問他困難的財金問題，更能了解上述的特質。不過，最重要的是：這人有親和力嗎？我們喜歡他嗎？他好相處嗎？覺得自己很懂財金又自視甚高的年輕人，通常過不了高盛的面試。

我們從校園挑選了合適的人才後，我總是竭盡所能地幫他們適應新環境。當然，我的立場有偏頗之嫌，但我覺得史丹佛的學生比較圓融隨和，長春藤盟校的學生通常比較嚴肅好強。我自己暑期實習時，就清楚看到東岸和西岸學生有如此明顯的差異。

二〇〇六年暑假結束時，在所有的實習經理中，我帶的實習生獲得全職工作的比例最高。我帶的二十五人中，有半數以上獲選了，我感到非常自豪。

那年夏天，高盛選了十名員工拍攝人才招募影片，我是其一。公司找來製片公司，拍攝我在交易廳和其他員工互動的情況，接著讓我面對鏡頭受訪。

那年夏天另一樁錦上添花的事，是個突如其來的驚喜。我們這個交易桌的董事總經理蘿拉・梅塔在長島北叉有一棟房子，只有兩個房間，但是那裡就像《建築文摘》（*Architectural Digest*）裡的房子一樣精緻，潔白地矗立在峭壁邊，俯瞰著海洋，裡面配備了各種高檔設備：全套廚房、Sub-Zero牌的冰箱、環繞立體音響。梅塔寫電子郵件給康納斯和我，說我們兩人可以去那裡度週末，她不會在那邊。她說：「你們工作非常賣力，歡迎你們去度假。」

娜婷和我那時才開始熱戀，沒什麼比帶新女友去俯瞰長島灣的豪宅度假更浪漫的了（坦白講，也找不到比那裡更令人印象深刻的度假方式了）。梅塔甚至還為我介紹了那裡有哪些不容錯過的地方，我們去了格林波特的Frisky Oyster餐廳吃晚餐，從那條路上的農夫市集買了她推薦的起司蛋牛角麵包。那時我二十七歲，感覺美好的人生正要開始，有很多好事朝著我來。

而且，來的都是大事。

這次，升任「副總裁」的有……一千多人

十一月底，梅塔叫我到她的辦公室，她說：「葛瑞，你做得很好。」我露出微笑，知道是有好消息了。「我們要升你為副總裁。」她告訴我。

我得意洋洋，但是在此同時，我也必須客觀看待升官這件事。當天稍後，貝蘭克梵發了一封電子郵件給全公司，信裡提到：「這些人是新的副總裁，恭喜各位！」名單上有一千多人。

更具體地說，每年根據市場情況，高盛也可能資遣那麼多員工（一千至兩千人），所以升任副總裁只是證明你有存活下來的技巧罷了。跟我同年進來當分析員的人中，很多人都已經走了，以後會有更多人走。

在高盛升任副總裁，不表示年薪就會增加。理論上，如果公司當年的營收不好，新科副總裁的年薪可能比以前當助理時還少。高盛的副總裁也不是什麼少數菁英，公司三萬多名員工中，就有一萬兩千位副總裁，他們都是參與實戰的小兵，負責做大部分的差事，我覺得他們也比坐在玻璃辦公室裡的大老闆更了解企業文化是怎麼回事。

不過，我還是很得意就是。大家開始恭喜我，我大概收到七十五或八十封電子郵件（來自上層、下層、客戶，甚至金融圈外得知消息的朋友），他們在信裡寫著「當之無愧」、「祝你飛黃騰達，步步高升」之類的話。

二〇〇六年驚喜連連，隨著這一年接近尾聲，高盛裡正發生的一些事情是否讓我感到不安呢？例如Archipelago合併案和自營交易等，更不用說剛冒出的結構型商品了，那些衍生性商品複雜到只有公司裡最聰明的計量專家才搞得懂，或者可能連他們自己也搞不清楚。

當時我或許有點不安，不過有些事情是發生在高牆的另一邊，而這座牆跟萬里長城一樣高聳堅固，我無權得知細節。再說從法規遵循的角度來看，高盛是所有的投資銀行中最嚴守法規的，公司經常提醒我們要小心謹慎、檢查周延，不確定的事情一定要徵詢律師。我們每隔幾週都要接受證券法和法律判例的訓練，我和很多人心裡都覺得：「我們做的所有事應該都是對的。」

那年最後是以奇怪的方式結束。十二月初，證券部（股票部和ＦＩＣＣ合併之後的新部門名稱）在切爾西碼頭（Chelsea Piers）附近的大型宴會廳，舉辦自己的年終派對。派對極盡鋪張盛大，出席人數肯定有三千多人，而冰雕的數量幾乎跟人數差不多。龐大的場地裡人群鑽動，紛紛走向紐約市最棒餐廳（例如Blue Smoke和Landmarc）提供的外燴美食。超大的音箱播放著搖滾樂，聲音大到連一般對話都聽不見，基本上你只能一直吃、喝到醉，驚嘆地看著現場的奇觀。

最令大家目瞪口呆的一景是寇恩進場的時候，我們的新任總裁那年大概賺了五千萬美元，站在頂峰顯然把他一舉推向了光怪陸離的世界：他在一群戴著耳機的壯漢簇擁下進場。這是公司內部的派對，一向平易近人的寇恩竟然是在保鏢簇擁下進場，而且他自己就跟那些壯漢一樣人高馬大。保鏢到底要保護他什麼？萬一有低階助理或副總裁想走過去跟他聊一下，會不會因為太放肆而被保鏢當場制伏？幸好，這種事沒發生。寇恩在禁衛軍的包圍下走向每個美食攤，微笑地品嘗美食。

只給我一千五百萬？你簡直是在耍我……

幾天後，梅塔又叫我進去她的辦公室，跟我討論薪資。

這是高盛的年度儀式。十二月中旬，每位員工不分階級高低，都會被老闆叫進辦公室，開十分鐘的小會，談他的年度總薪資。金額是底薪加上獎金，但是獎金本身從來沒單獨討論過，你要自己心算。

大家俗稱這種會議是獎金會議，那天俗稱為獎金日，因為對級別高於分析員的員工來說，獎金是大事，非同小可，占總薪資的一大部分。很多資深的華爾街人，都開始習慣每年收到某個水準的獎金，也會把這些錢併入家計考量，例如孩子的私立學校學費、暑假租別墅的錢、保母費、度假花費等等。所以當實際拿到的獎金不如預期時，回家會很難看，家裡的討論會變得很不愉快，雖然那些對話對其他人來說都是奢侈的話題。大家辛苦一整年就是在等這天，每個人都會提早個十五分鐘來上班（六點半到，而不是六點四十五分）。

如果你是研究人性的學者，這天肯定是相當有趣的一天。獎金會議和開除會議差不多，員工會被叫進合夥人的玻璃辦公室，外面的人能看到裡面的一切動靜。差別在於，獎金日的運作通常是從最資深的人開始，一直排到最資淺的。你所屬部門的合夥人會坐在他的辦公室裡，早上六點四十五分左右，外頭的電話開始響。最資深的人電話先響，他會先進合夥人的辦公室，十分鐘後面無表情地走出來。接著，換下一個人進去，十分鐘後，還是面無表情地出來，就這樣一直輪下去。

大家對這些會議的重視程度已經近乎荒謬。對很多人來說，這決定了他的自我價值，膨脹（或壓縮）已經誇大的自我。但是，無論合夥人告訴你的數字有多武斷，獎金會議確實有深刻的意義。很多人一年到頭每週工作八十五個小時，為公司做牛做馬，都期待能在這一刻獲得回報。

所以，你可以想像，獎金日對大家來說有多令人激動，不是每個人都有辦法裝出若無其事的樣子。你會看到很多古怪的動作，例如走出辦公室時用力甩門，甚至有人氣到走出來就直接下班了（早上七點），而那也是一整年中唯一可以接受這些行為的一天。獎金日本來就是幾家歡樂幾家愁。施瓦茲是我們那組最藏不住好消息的人，柯瑞告訴我，他看過施瓦茲樂到把鞋跟弄得咔嗒作響。

獎金日還有個固定不變的規矩：每個人都只有十分鐘，不能再多。如果你對自己的獎金不滿意，可以表示意見，但是十分鐘一到，合夥人會說：「謝謝，會議結束了，你就接受吧。」

我進入梅塔的辦公室時抱著很大的希望，但希望很快就破滅了。或許更貼切的說法是，完全破滅了。

她告訴我，二〇〇六年我的總薪資接近五十萬美元。根據外界的邏輯，大家會覺得我的薪水好得誇張，我的職責不過就是維繫全球資本市場的穩定運作罷了，對人類的貢獻也僅止於退休人員，以及我所服務的退休基金和主權財富基金而已。用任何標準來看，我都應該感到很幸運和感恩了。

但是以高盛和華爾街的扭曲邏輯來看，我根本就被整了。我們部門那年為公司帶進了好幾千萬美元的營收，我很清楚公司整年盈利好的時候，副總裁或董事總經理的薪資可達到總數的五％到七％。而那年的生意確實很好，我雖然才剛從助理升為副總裁，但我告訴梅塔，剛升級這事不該變成我薪酬上的阻礙。她也很清楚，部門裡的苦差事至少有一半是我幫康納斯做的。他今年領多少，我不是很清楚，但他走出梅塔的辦公室時，雖然沒樂到把鞋跟弄得咔嗒作響，但肯定是爽在心裡。

梅塔苦笑：「葛瑞，抱歉。你目前的職級還太淺，我們沒辦法給你那樣的薪資。如果明年你也做得一樣好，就會不同了。」

會議就此結束，我留下來工作了一整天。

第6章

一夜之間，改寫歷史

業績差怎麼辦？找更多客戶進來啊

世人一直到二〇〇八年，才開始看到金融風暴，但我的客戶早在二〇〇七年就嗅到危機了。在外界仍一無所知的情況下，二〇〇七年夏天，我有好一部分的客戶已經開始內爆了，後來演變成「計量崩盤」（quant meltdown），成為一年後金融危機的前兆。

在華爾街上，「計量專家」一詞是指在物理、應用數學、電機或經濟學等領域擁有博士學位的怪傑。在投資銀行，艱深的計量運算都是由計量專家負責，他們設計金融模型來管理風險，測試那些幫複雜衍生性商品定價的公式，有時也設計非常複雜深奧的結構型商品。這些商品可能是為了符合特定客戶的需求而設計的，但真正的價值可能連客戶都無法衡量。在此同時，這些結構型商品也為華爾街的銀行帶進了數千萬美元的營收。計量雖然不是最迷人的工作，但你可別弄錯了，計量專家的身價可能相當驚人，頂尖的計量專家可達好幾百萬美元年薪。可惜，那也是吸引科學家和工程師離開老本行，為了賺一般同儕的十倍薪水而加入金融圈的原因。

有些計量專家後來自立門戶，創立計量避險基金，依賴自己的聰明才智和模型，為自己和投資人賺超額的報酬（當你聽到華爾街的人談「黑盒子」時，不是指真的有個盒子，而是指那些計量專家開發出來的電腦模型）。我在華爾街的工作，就是服務那些最大的計量基金，尤其是馬克．賈哈特（Mark Carhart）和雷．伊萬諾斯基（Ray Iwanowski）操作的高盛旗艦基金「全球阿爾發」（Global Alpha）、克利夫．艾斯尼斯（Cliff Asness）操作的「AQR資本」（AQR Capital）、雷．戴利奧（Ray Dalio）操作的「橋水聯合基金」（Bridgewater Associates），我主要是和這些避險基金的交易桌聯繫。二〇〇七年光是這三家避險基金的經理人就持有近一千億美元的資產，說他們二〇〇七年夏季只遇到一點麻煩，簡直是含蓄過頭了。

電腦沒有眼睛，看不見恐懼

其實「全球阿爾發」這個名稱本身，就充滿了高盛風格。「阿爾發」（alpha）不僅是靈長類動物學家用來描述群猿之首的詞彙，也是指投資相對於基準的超額收益。

全球阿爾發是一九九〇年代由艾斯尼斯創立。艾斯尼斯這個人以聰明才智著稱，有些人還盛傳他光是凝視湯匙就可以讓湯匙彎折。他師承自由主義經濟學家尤金・法瑪（Eugene Fama），擁有芝加哥大學的金融博士學位。他開發了一套黑盒子電腦模型，以強大的方式結合價值投資（以低於內在價值的價格買進股票、債券、貨幣、大宗商品，持有到價值上升）和順勢投資（根據證券在某段時間的動態來買賣證券）的點子。該模型的設計目的是為了掌握異常現象（錯價的證券），在一九九七年股市狂潮期間創造了非常驚人的成果，所以後來艾斯尼斯乾脆離開高盛，自創避險基金「AQR資本」。

他離開以後，「全球阿爾發」的操作由他的兩位副手賈哈特和伊萬諾斯基接手，他們多多少少保留了艾斯尼斯的計量模型，並試圖逐漸改良。這個電腦程式可以比人腦更快決定何時買進與賣出。在後續十年間的大多時候，賈哈特和伊萬諾斯基的黑盒子每月都持續為高盛賺了很多錢，即便是二〇〇二年到二〇〇五年的經濟蕭條期也持續獲利。媒體猜測，他們兩人的年薪高達兩千萬美元。全球阿爾發變成高盛的一大驕傲及獲利來源，連批評者都嫉妒地把整個高盛比喻成超級避險基金。

我的工作，正好可以貼近觀察這個領域，計量避險基金是我在衍生性金融商品業務部的一大客群，全球阿爾發就是我最重要的客戶之一。這聽起來也許很奇怪，高盛旗下的另一個單位，怎麼會成了我的客戶呢？這要歸因於政府為了防止金融業利益衝突，所制定的「中國牆」（Chinese wall）條款。由於這個條款，我可以代替全球阿爾發執行「代理」（agency）業務——到芝加哥商品交易所或紐約證券交易所等執行期貨、選擇權、股票的透明交易，收取佣金。不過，依法我不能執行由高盛投入自有資金的相關業務。

有很長一段時間，全球阿爾發帶來的佣金（通常高達數百萬美元，因為它的基金規模和交易金額都相當龐大）對我們這組及我來說，都是一大業務。不過，二〇〇七年夏天我看到的情況是，賈哈特、伊萬諾斯基、艾斯尼斯的黑盒子突然停止運作一天，接著兩天、三天，最後整整停了一週。

透過電腦模型交易證券，有個根本的問題：模型不會把外部世界有效地納入考量。那些模型沒有人類的思維，所以運算時不會考慮到市場心理。它們不像寇恩在大宗商品交易場內可以看到對手的眼睛，看穿他們的恐懼。寇恩之所以那麼優秀，就是因為他發現交易的關鍵有很大一部分在於了解其他交易員的情緒。他們害怕了嗎？慌了嗎？

二〇〇七年夏天，恐懼已經開始滲入市場，但電腦模型沒有察覺。我和同事發現全球阿爾發及AQR的生命徵象出現奇怪的狀況，開始擔心了起來。我們以前會追蹤這些基金的績效和S&P五百指數（五百檔股票的集合，類似股市的血壓值）之類的市場基準，彼此之間的相關程度。通常，量子基金的交易和S&P五百的差距是在十至五十個基點之間（一基點〔簡稱bp〕是一%的百分之一，即一〇〇bp等於一%）。二〇〇七年夏季，AQR和全球阿爾發與S&P五百指數的差距大於二五〇bp，極不尋常。

失火了失火了……但逃生門也堵住了

我們必須了解出了什麼事。要了解計量崩盤是怎麼回事，我們需要跟計量專家談談。我很幸運，因為我們部門裡就有個優秀的計量專家。海爾嘉（Helga）跟艾斯尼斯一樣，擁有芝加哥大學的經濟學博士學位，她跟其他銀行及避險基金的計量專家討論後，認為計量基金似乎因為太成功了而成了自己的受害者：市場上有太多的計量基金，都使用一模一樣的模型。

不只AQR和全球阿爾發使用這種模型，很多操作其他大型基金的博士也使用類似艾斯尼斯發明的模型，詹姆斯．西蒙斯（James Simons）的文藝復興科技公司（Renaissance Technologies）、德劭基金（D. E. Shaw）等等都是模仿者。由於這些公司都是採用類似的模型，有太多人爭搶資本大的主流公司投資機會，所以電腦開始尋找流動性較差、比較冷門的投資機會。越冷門的證券，買家和賣家越少，投資也難以變現。雖然計量專家的確會考慮到流動性差的風險，但他們這次犯的錯誤是：他們沒考慮到大家在同一時間都想賣出。由於長久以來績效過人，他們完全被模型催眠了，模型叫他們怎麼做，他們幾乎完全買單。

如果電腦算出「買盧克石油（Lukoil）一萬股」，基金的交易員就會去買那家俄羅斯石油公司的股票。如果電腦說「賣出五月的小麥期貨」，交易員就開始賣出。電腦程式持續尋找有異常現象的怪異標的，但是基金經理人不疑有他，仍持續交易。

接著，突然間，每個人的模型都說：「賣出！」諷刺的是，這種市場上的恐懼其實是由全然不同的東西所驅動的：次貸市場出現的不安。這跟數學無關，完全是情緒反應。但是電腦不在乎，它們以前就知道該怎麼做，現在也知道。電腦模型覺得賣出有理，計量專家鮮少推翻模型的結論。這問題有兩層，兩者都很大：首先，電腦模型挑選的平倉標的流動性很低；其次，由於每個人的模型都得出一樣的結論，買家很少。

這種情況就像有人在擁擠的戲院大喊：「失火了！」但，出口卻堵死了。

二〇〇七年八月，計量避險基金的電腦模型突然開始內爆，使得大家同時拋售相同的證券，當價格持續探底時，基金開始大量虧損。此外，這些基金的投資者也慌了，紛紛要求贖回。黑盒子失控，再加上投資者大舉贖回，這兩大衝擊癱瘓了我們幾個最大的客戶。AQR存活下來了，因為他們另外推出幾個吸引散戶的非計量基金，但高盛自己的計量基金就沒那麼幸運了。那年夏天，高盛阿爾發虧損三〇%以上，後來一直沒恢復過來，經理人於二〇〇九年辭職，高盛於二〇一一年關閉該基金。

產品越不透明，公司賺越多

二〇〇七年夏季，局勢令人非常不安，每個人都在納悶：「發生了什麼事？市場看起來不合理啊。」同事們紛紛取消度假，在市場波動消失以前都不敢離開交易桌。華爾街喜歡可預測性，但這次完全無從預測，大家的信心消失，客戶停止交易，看到全球阿爾發之類的客戶下單逐漸大幅下滑令人難過。有些計量基金從華爾街上最大的佣金支付者變成最小的佣金支付者，年佣金支付額從幾百萬美元跌到只剩幾千美元。二〇〇七年夏季的營運很艱辛，大家都在想辦法撐下去。

對此，管理高層的因應方式之一，就是去「獵捕大象」。在每季由部門大老闆舉辦的內部員工大會中，通常有一段時間是用來表揚那些拉進「大象交易」的業務員。

景氣好的時候，透明、固定的佣金收入很穩定，可支應一切開支，是以量取勝的事業。但是像現在景氣不好，就需要去找新型態的生意。

哪種生意最能快速填補縮水的收入呢？答案是：迅速走紅、利潤又高的產品。根據華爾街的一般原則，產品越不透明，公司能賺的錢就越多。ＯＴＣ衍生性商品（ＯＴＣ意指不在交易所掛牌）和結構型商品（複雜、不透明又花俏的衍生性商品）變成大家的目標。

前面提過，我老闆的老闆麥特．里奇自創了「大象交易」一詞，用以表示高盛獲利超過一百萬美元的交易。你做進一筆這樣的交易時，那筆交易的收入就會以「總業績」（gross credit, GC）的形式掛在你名字的旁邊。ＧＣ也是里奇最愛的另一個用語，二〇〇七年里奇離開高盛去了另一家銀行，但是大家仍常用他發明的許多用語。

利比亞政府就做了一筆大象交易，他們提供高盛十三億美元投資某個產品，把貨幣交易和花旗、裕信銀行（UniCredit）、西班牙國際銀行（Banco Santander）、安聯等大型流通性股票的買權綁在一起。那筆交易是在金融危機快發生以前做的，事後讓利比亞政府後悔不已，因為那十三億美元一下子就消失了。當時我很納悶，為什麼高盛會想跟格達費及他的國庫打交道。幾年前，那可能是高盛絕對不會碰的生意，因為和美國政府一度認定為恐怖主義的國家打交道，可能會損及高盛的聲譽。但是現在因為利潤實在太高了，高到讓人難以拒絕。

不過，無論是跟誰做生意，高盛和華爾街都非常擅長操弄客戶的恐懼與貪婪，他們的推銷話術通常是這樣的：「市場快崩盤了，你需要一帖萬靈丹來保護自己，幫你超越其他同業的績效。你應該交易這種我們為你量身打造的結構型衍生性商品。」

問題是，這世上根本就沒有萬靈丹。當然，客戶自己很笨，才會交易這些產品，但是我認為客戶並未獲得充分的資訊來了解這些東西。我認為華爾街的業者並未客觀地告知風險和報酬。

投資者的恐懼，造就他的呼風喚雨

我的老同事鮑比．施瓦茲就是在這種恐懼的氣氛下，在高盛裡從無名小子變成大紅人。

我是二〇〇二年底第二年當分析員時認識施瓦茲的，那時我才剛加入期貨交易桌當柯瑞的副手。人稱「猶太裔約翰．甘迺迪」的施瓦茲是第三年當分析員，比我大一歲，是個怪怪的傢伙。他是個運動員，有一頭濃密的黑髮（所以才有那個綽號），不太會社交，講的話常讓人覺得可笑。他有驚人的心算能力，可以做複雜計算，但個性很散，是個四肢發達的數字怪才，就像結合了變身教授（Nutty Professor，電影《隨身變》的主角）的兩種身分一樣。

施瓦茲在高盛的起步並不順遂，他上班常遲到，偶爾會犯些交易錯誤（忘了下單、把賣出當買進或算錯數量等等）。如果你看到當時的他，心裡一定想：「這傢伙肯定會被高盛踢出去。」我當時就是這樣想的，但不知何故，他撐過來了，逐漸學會社交互動的技巧，獲得一些資深高層的賞識。

二〇〇七年夏季，當客戶開始恐慌時，施瓦茲成了他們的救星。他的計量技巧讓他很容易就能說服聰明但恐懼的客戶，去做一些幫高盛賺大錢的事：買下極其複雜的結構型商品。如果客戶說：「你可以為我說明一下嗎？」施瓦茲會說：「當然可以，這是個數學式子。」接著，他就會帶著客戶解說一次，但是他常會跳過一些步驟，因為他的腦筋跳得很快。

市場持續下跌時，施瓦茲的運勢開始走強。他不太需要主動去找客戶推銷，恐懼的客戶都會主動來找他。他開給客戶的價碼都包含著很大的價差，客戶通常都不知道。隨著他的業績大好，他的大頭症也日益嚴重了。

大家早上六點四十五分來上班，他九點才來。下午美國股票期貨市場四點十五分收盤，他四點十六分就準時離開。衍生性商品桌有兩位年輕的同事幫他代勞，他們常抱怨他開小差，而且苦差事都由他們負責，功勞和獎金全歸施瓦茲所有。

但是有錢是老大。施瓦茲為公司拉進可觀的收入後，他要什麼時候上下班都沒人管，沒人會過問他去哪。如果有人問他為什麼中午才來上班，他會一本正經地說，他去復健。他是馬拉松跑者，所以復健的說法可能是真的，但後來大家常拿那句話開玩笑。「施瓦茲去哪了？」「去復健。」接著大家都翻白眼。反正他想做什麼都沒人管，因為公司擔心萬一他離職了，那些營收也會跟著消失。

就這樣，施瓦茲在公司裡從怪咖搖身變成大紅人。他會去參加曼哈頓的慈善晚會，去漢普頓度假，跟很多模特兒約會。他去瑪莎葡萄園島（Martha's Vineyard）參加康納斯的婚禮時，還特地從倫敦找來一位美女陪他同行。我聽她的口音，知道她來自南非，後來得知她系出歐本海默（Oppenheimer）這個全球最富有的家族。施瓦茲騎偉士牌摩托車上班，入股旅遊景點蒙托克（Montauk）新開的熱門俱樂部「衝浪屋」（Surf Lodge）。

合夥人都很吃他那一套，施瓦茲出去狂歡時（他幾乎夜夜狂歡），有些人還會跟著去，因為他們也希望能間接獲得一點好處。他也相信自己的能力，眼看著金融市場就要崩垮，他儼然變成了宇宙的主宰，在颶風中呼風喚雨。

只因貝爾斯登愚蠢，才會大舉涉入次貸業務……really？

二〇〇八年三月十六日，我在看TiVo錄下的《與媒體見面》（*Meet the Press*）節目時，從黑莓機上收到摩根大通（JPMorgan Chase）以一股兩美元的價格收購貝爾斯登（Bear Stearns）的消息。我本來以為，數字打錯了，因為二〇〇七年一月貝爾斯登的股價還有一百七十二美元，上個月（亦即二月）還有九十三美元。貝爾斯登最近才在麥迪遜大道上建了一棟閃亮亮的新大樓，那棟建築本身就有每股五美元的價值。

但數字沒錯。紐約的聯邦準備銀行貸放了三百億美元給摩根大通（仍以貝爾斯登的「可供抵押資產」為抵押），的確是讓他們以每股兩元的價格，收購貝爾斯登。這個價格，相當於週末前貝爾斯登市值的七%。

當大家把所有消息兜起來後，頓時明白了這起跳樓大拍賣的原因：貝爾斯登的資產負債表，已經爛到底了。但是，那筆交易還是有私相授受之嫌，果然不久後金融圈就開始批評，聯邦準備銀行是看上摩根大通的穩健財力，才把貝爾斯登便宜送給摩根大通。最後，摩根大通的執行長傑米・戴蒙（Jamie Dimon）把收購價提高到每股十美元，但這個價位對摩根大通來說仍是十足的甜頭。

不過，當時很多人仍然認為，貝爾斯登的崩解只是金融市場上的小問題而已。那個週一，在高盛的交易廳裡，大家普遍的共識是貝爾斯登玩得太過火了。當時的證管會主席克里斯多幅・考克斯（Christopher Cox）表示，貝爾斯登的崩解是投資人的信心危機造成的，不是因為缺乏資金，換句話說，是擠兌效應造成的。那樣講也不是沒道理，但是坦白說，我們交易廳的人都知道，貝爾斯登是一家風險控管不當的公司，同樣的事情不可能發生在高盛身上——我們比較精明，也做得比較好。

不過，貝爾斯登的崩解，的確讓市場擔心其他公司可能會出現同樣的情況。大家都需要現金，但沒人肯出借。長期的擔保借款成本，對雷曼、美林、摩根士丹利、高盛等純投資銀行來說，突然變得非常高昂。投資銀行沒有存款戶，沒讓一般人開支票帳戶，也無法透過聯邦準備銀行的借款窗口取得非常便宜的融資。

所以，為了取得現金——作為穩定資產負債表的保證準備，或是為公司想做的任何商業目的「再抵押」（再分配）——高盛及其他銀行發明了「融資交易」（funding trade）。

它的運作方式如下：客戶（假設是德國或荷蘭或美國的基金經理人或退休基金，或是亞洲或中東的主權財富基金）把大筆現金（假設五億美元）借給高盛一年。高盛保證會提供客戶某個基準的報酬（基準由客戶自選，例如S&P五百指數或羅素兩千小型股指數），外加很高的票息券（假設是二%，這個利率是客戶在其他地方得不到的）。事實上，高盛等於是以二%借了一大筆錢，而不是以實際的借款成本（例如四%）借款。

以上是交易對高盛的好處。而對客戶來說，陷阱在於他們承擔了交易對手不履約的風險，即所謂的「交易對手風險」。貝蘭克梵覺得，在投資銀行的世界裡，「大家都是成年人」，這種交易完全公平。但對客戶來說，這還是存在著風險：萬一高盛破產了，客戶的錢就蒸發了。

至於高盛破產的機率是多少？答案是：不可能發生。貝爾斯登是因為愚蠢，才會大舉涉入次貸業務。也就是說，真正蠢的是把那麼多錢押在次貸上，而不是跟次貸市場對做。

我告訴客戶：「聽著，你必須自己判斷，你覺得高盛可能破產嗎？如果你認為有可能，就不該做這種融資交易。不過，如果你相信一年後高盛仍會屹立不搖，就應該做這筆交易。因為你的績效會比基準高二%，而二%就足以讓你好過一整年了。」二〇〇八年冬季，要我臉不紅氣不喘地說出這樣的推銷辭令並不困難。當時雖然貝爾斯登垮了，但我覺得高盛會倒閉的機率跟天塌下來差不多。其他的骨牌可能會倒，但我們會堅挺到最後。

很多做了融資交易的客戶在那年還沒過完就後悔了，那年秋季是金融危機最嚴重的時候，每週都有金融機構陷入危機漩渦，因此有幾家客戶希望提早拿回現金。有些銀行以協商方式面對客戶：「我們每塊錢只還你七十五到八十美分，我們賺你一些錢是為了反映世局的混亂，但我們不會藉機狠削你一筆。」高盛的立場比較堅定，幾乎不讓客戶贖錢。高盛對融資交易合約裡的「終止條款」提出非常嚴格的詮釋，還款比例遠低於其他銀行。這也因此導致高盛和幾家大客戶關係決裂，即便是今天，歐美和亞洲等地仍有一些大客戶因為當時高盛的強硬做法而懷恨在心。

「人才、資金、聲譽是我們的資產。這三者之中有任一個受損時，聲譽是最難恢復的。」這曾經是高盛的第二條經營原則。在金融危機期間，某位歐洲合夥人一語道盡了如今高盛經營原則的轉變。在危機期間，高盛的交易員不願給客戶合理的價格，使得一些業務員越來越難面對客戶，所以他們去找一位負責的合夥人，那位合夥人回他們：「如果你要我從個人聲譽和個人損益之間挑一個，我會選擇損益。因為時間久了，聲譽終究可以恢復，但萬一我賠了很多錢，那些錢就再也拿不回來了。」

公司提供的保險，有涵蓋看精神科的費用嗎？

二〇〇八年四月，在貝爾斯登崩解幾週後，我跟一位高盛的副總裁及一位合夥人搭機飛過太平洋，去拜訪幾位重要的亞洲客戶。同行的合夥人是布瑞特．希弗曼（Brett Silverman），他是商學院畢業後進入高盛，在網路狂潮期間靠交易微軟之類的科技績優股出名。他也是一位高盛「文化傳承者」，三十七歲升任合夥人。

例行的正式寒暄後，我們在客戶的辦公室跟第一組客戶開會。客戶的辦公室位於首都的高樓，可俯瞰令人讚嘆的美景。一如既往，客戶坐在桌子的一邊，總共五人，其中包括基金經理人和風險管理者。我們三人坐在桌子的另一邊，先等他們就座後才入座。

基金經理人似乎對市場的看法不太確定，他問希弗曼：「高盛怎麼看？市場已經脫離困境了嗎？最糟的情況結束了嗎？」

希弗曼看著客戶說：「我非常看好，我覺得這只是反常現象，情況會好轉很多。我如果是你，就會買進。」

意指他會買股票。

我當下非常驚訝，心想希弗曼的說法太奇怪了。根據我看到與聽到的消息，當時並沒有很多證據可佐證那樣樂觀的看法。

他是太天真了嗎？「天真」這個詞似乎不能放在高盛合夥人的身上，畢竟他高我十個層級，年薪（我猜）至少五百萬美元，但我當時真的覺得他的說法有點天真。「全美前五大的投資銀行才剛被生吞活剝，你卻告訴客戶警報已經解除了？」那樣的說法在我聽來完全不合理。

如果他真的那麼認為（我猜他可能真是如此），那年秋天發生的一切，證明他錯得非常離譜。

我跟希弗曼一起出差兩天，他看起來真的（雖然有點怪）很平靜。當晚，他帶我和另一位副總裁以及兩位亞洲客戶去一家傳統餐廳用餐，我們坐在矮桌邊的榻榻米上。客戶抵達前，希弗曼掏出他的iPhone（那時iPhone才上市不久，用手機看影片仍很新奇）。他讓我們看了一段很特別的影片。每年他都會精心製作一支整人影片——類似《歡樂一籮筐》（*Candid Camera*）或艾希頓·庫奇（Ashton Kutcher）製作的《明星大整蠱》（*Punk'd*）——在十二月的高盛年終派對上播放。他讓我們看的那段影片是其中最好笑的一個，現在既然閒著也是閒著，當然值得拿出來回味。

在那段整人影片中，希弗曼把攝影機藏在公司的會議室裡，找來一位專業演員假扮成高盛想挖角的對象，讓幾位不疑有詐的合夥人面試（其中包括里奇）。情境設定是那位「應徵者」最近剛幫另一家銀行賺了一億美元，高盛想把他挖角過來。希弗曼告訴每位面試者這傢伙非常棒，還說我們真的需要雇用他，但是合夥人進入會議室時，「應徵者」表現出目中無人的態度，他把腳抬到桌上，面試中間還打岔問道：「可不可以點些東西來吃？」他拿到三明治後，把餐巾紙塞到襯衫內。這些面試者都是非常資深的合夥人，他們見狀，開始露出困惑或生氣的表情，漲紅了臉。

其中一位問那個傢伙：「你的目標是什麼？」

「我理想的生活方式是擁有兩架直升機。」那傢伙一本正經地說，「我想去滑雪場，搭直升機從山腳抵達山頂，然後滑下來，另一架再帶我回山頂。」

最後面試接近尾聲時，一位合夥人問：「你有什麼問題想問我們嗎？」

「我有很多的心理問題。」那傢伙說，「公司的保險有涵蓋看精神科的費用嗎？」

客戶抵達餐廳以前，我們三個人已經笑到滿地打滾。那一餐相當美味，大家都吃得很開心，幾乎沒談什麼生意。也許，最後一切都會沒事吧。

平日的競爭對手，成了患難同路人

二〇〇八年夏季，市場進入詭異的平靜期，大家都在等候未爆彈引爆，沒人知道接下來會發生什麼事，就連財政部長保爾森和紐約聯邦準備銀行的總裁提姆．蓋特納（Tim Geithner）也不知道。如今回顧起來，保爾森和蓋特納當時應該是在盤算著各種應急計畫。華爾街上有些研究分析師已經預測，市場可能發生連鎖反應，從最小最弱的銀行開始倒閉，逐漸蔓延到最大最穩的銀行。有些分析師甚至開始預測接下來會倒的是哪一家。

二〇〇八年九月十二日星期五，每個人都知道那是雷曼兄弟的最終審判日：雷曼要不是倒閉，就是有人出手拯救。我原本以為政府不會讓雷曼就此倒下，雖然我也認為或許讓雷曼倒閉是正確的。

我那天下班時知道這個週末發生的事情至關重要，但是我或華爾街成千上萬名工作者除了緊盯著電視及黑莓機，根本束手無策。我們都在等候紐約聯邦準備銀行的消息，美國幾家最大金融機構的負責人和保爾森、蓋特納正聚在一起，試圖解決他們這輩子遇過的最棘手問題。

九月十三日週六晚上，娜婷、我以及另一對情侶一起到東村用餐，我們去了我最喜歡的義大利餐廳Supper，那裡離上西城有段距離，不過週末適合享用美味道地的義大利餐。另一對情侶也是在金融業工作，男的在私募基金，女的在避險基金。當時用餐的氣氛是驚訝而不是恐慌，我們一再提到現在所處的環境很不可思議，像演電影一樣。我還記得當晚說過，如果幾年前你告訴我貝爾斯登和雷曼會在幾個月內相繼消失，我會說你瘋了，這是我們能想到最詭異的科幻電影內容了。

後續情況，比我們所想的還要詭異。

九月十三與十四日，美林和雷曼都垮了，他們在次貸市場中的曝險跟貝爾斯登一樣糟。週日，美國銀行收購美林，週一清晨雷曼申請破產保護。那是美國史上最大的破產案，在兩家投資銀行倒下之後，其他投資銀行跟著步上後塵只是時間早晚而已。

衝擊就這樣持續而來。九月十五日週一，道瓊工業指數下跌五百多點，是九一一恐怖攻擊以來的單日最大跌幅。最安全、報酬率又低的貨幣市場基金開始出現虧損。如果這時你把資金投入貨幣市場，你拿回來的錢比塞在床墊底下還少，業界術語稱為「跌破面值」（breaking the buck），沒人料到這種情況會發生，但真的發生了。

倒了三家投資銀行後，週一高盛和摩根士丹利的股價雙雙大貶。週二，全球最大的保險公司美國國際集團（ＡＩＧ）的股票跌了六〇%，在這之前，它已經從五十二週的高點七〇．一三美元跌了九五%以上。ＡＩＧ這家保險公司的營運，影響了全球各國數百萬條生命，他們因魯莽投資信用違約交換（credit-default swap）*而瀕臨崩解。聯準會介入紓困，最初提供ＡＩＧ八百五十億美元的紓困金，後來金額不斷增加。大家看到ＡＩＧ的情況後，反應都是：「慘了！」華爾街喜歡可預測性，政府面對公司危急時，有時給予紓困、有時放任倒閉的反覆態度對市場並無助益。

我們一反常態，為平時最大的競爭對手摩根士丹利加油，他們也為我們加油，因為這次我們成了患難與共的同路人。

這時有很多關於合併的討論，政府高層說高盛需要找個有很多存款的合作夥伴，讓我們的營運更穩定。哪家業者適合？美聯銀行（Wachovia）嗎？華盛頓互惠銀行（Washington Mutual）嗎？還是花旗？

但是交易廳裡的人心裡想的是：「去你媽的合併！我們自己可以撐下去，我們是高盛。」外面的人也許會說我們很自大，但我們每個人都覺得萬一合併了，高盛之所以特別的特質也就消失了。

那星期非常煎熬。雷曼、美林、AIG連番倒下，在那樣的氛圍下，感覺什麼事情都有可能發生。九月二十一日週日晚上，我們有幾個人進辦公室加班，因為週末又爆出很多新聞，再加上美國期貨市場是在紐約時間週日下午六點半開盤，那時亞洲市場剛好是週一早上開盤。在二〇〇三年大停電之後，我已經看出期貨市場是大家觀察市場是否陷入恐慌的優先選擇。如果週末爆出任何大消息，從期貨市場就可以看出金融市場的氛圍。

同事和我打電話或寫信給週日晚上可以聯絡到的客戶，提供他們最新消息，試著向他們保證，萬一他們需要我們，我們隨時都在。不過，當下我們也很擔心自己，整個氣氛充滿了不確定性。我們只是努力想辦法知道世界究竟怎麼了，我們那天都在辦公室待到很晚，想看亞洲市場的交易如何。

晚上九點十五分，看起來沒多大的狀況，所以我跟一位比較年輕的同事一起離開。我們從五十樓走進電梯，電梯的門正要關閉時，一隻大手突然伸進門縫，門又打開了。是寇恩，他走進了電梯。

週日晚上九點十五分，交易廳裡只剩幾個人，寇恩竟然會在此時出現，感覺非常奇怪。電梯門關上後，我們看到寇恩的樣子非常疲憊，他穿著牛仔褲和毛衣，不修邊幅，似乎兩天沒刮鬍子了。

＊信用違約交換是類似保單的衍生性商品，可供信用提供者（放款人）移轉信用風險。CDS買方好比保險買賣時的投保人，而賣方就好比保險人（保險公司）。

他對我點了點頭，我猜他會認得我，是因為以前股票部和FICC部門第一次合併時，我還在期貨桌，他以前會來我們那裡找他在大宗商品交易場內的老朋友。「我們所處的世界真瘋狂。」我以最溫和、不帶任何情緒的口吻說。這個時機很敏感，我只是想表達善意。

「可不是嗎？我整個週末都耗在這裡，還沒回過家呢。」寇恩說。他那個樣子好像前一晚是睡在辦公室的沙發上。

我知道我們的對話到此結束了，我相信我旁邊的助理也感覺到了。我們知道世界正陷入動盪，或許寇恩不是為特定原因留在辦公室，又或許他正在為大局運籌帷幄，反正我們很快就會知道真相。

我在紐約廣場一號的外頭搭上計程車，朝著上西城返家時，查了一下黑莓機。一封剛收到的公司電子郵件吸引了我的注意：「聯準會同意高盛和摩根士丹利的申請，合併為銀行控股公司。」天啊！所以寇恩整個週末熬夜加班就是為了這個，這則新聞未免也太大條了。

短短一個週末，投資銀行的傳統制度就此永遠消失了。溫伯格、格斯·李維（Gus Levy）、懷海德所經營的高盛，在最後的緊要關頭，卻在貝蘭克梵、寇恩、摩根士丹利當時的執行長麥晉桁（John Mack）等人的巧手轉變下，變成可用零利率向政府借款、然後以公債利率投資的機構，本質上是無本經營。高盛和摩根士丹利，現在等於是靠政府付款來維持營運。

｜第7章｜

安了，巴菲特來了！

大風暴讓我們看見這些人的真面目

我從眼角瞄到，高盛的執行長貝蘭克梵正走向我們衍生性金融商品部，後面跟著一群人。

我們的交易廳有足球場那麼大，他們在交易廳的另一頭，逐漸朝我們的方向走來。那群人裡還有兩位在拍照，一位拿著攝影機。真是奇怪，交易廳裡從來沒出現過攝影師，尤其是在金融危機當下。而且，明明市場正在崩盤，貝蘭克梵的臉上卻掛著大大的笑容，那群人也全都面帶微笑。接著，我看到那群逐漸走過來的人，都是一些重量級的人物——例如證券部的全球負責人哈維．舒瓦茨（Harvey Schwartz），北美業務部的負責人安利可．蓋利歐提（Enrico Gagliotì）等七、八位合夥人。

但是，這些人都比不上他們身邊的那位大老——人稱「奧馬哈先知」的巴菲特（奧馬哈為巴菲特出生地），當代公認最卓越的投資大師，可能也是有史以來最偉大的一位。

那一天，對於身陷危機的高盛來說真是美好的一天：巴菲特來拯救高盛了！

我們都非常意外。我們把自己轉變成銀行控股公司才兩天，巴菲特就對我們伸出援手，挹注五十億美元的資金。對巴菲特來說，這真是太迷人的一筆交易，好到難以拒絕。他每年可以拿到一〇%的股利，高盛在他的投資以外，每年還會額外付給他五億美元，而且他未來可以透過高盛給他的認股權證（類似買權），以折扣價再買進五十億美元的股票。

相反的，對高盛來說，這可是代價高昂的交易。但巴菲特的認證就是金字認證，那也讓我們有能力迅速向其他客戶（一些全球最大的機構投資人）再增募五十億美元。比巴菲特五十億美元的投資更重要的是，那給了我們一劑強心針，也向市場傳達出以下的訊息：到位的資金和表態都讓我們更穩定了。

這群人穿越交易廳的長走道時，巴菲特一直面帶微笑，環顧四周，貝蘭克梵正指東指西地為他解說。接著，他停下了腳步——就在我的桌邊。

「老貝，讓我講幾句話。」巴菲特說。

一位助理迅速幫巴菲特接上我旁邊那張桌子的耳機聽筒，透過廣播系統，可以讓交易廳裡的六百位交易員都聽得見。

巴菲特一開口，全場響起了掌聲。像那樣的熱烈掌聲，我在職業生涯中只聽過一次：九一一恐怖攻擊一週年，每個人為紐約的重生而喝采。現在交易廳裡的每個人都站了起來，笑逐顏開地鼓掌，感覺持續了好幾分鐘。

「我想讓各位知道，我一向很欣賞高盛。」巴菲特說，把耳機的擴音器拉近嘴邊，把接收器拉到左耳。「我十歲時，父親帶我到紐約市來參觀高盛，我見到溫伯格，從那時開始我就很欣賞這家公司。」

這種話是不能瞎掰的。

「高盛有最優秀的人才，你們是最優秀的公司，沒什麼比這樣的投資更讓我自豪或快樂的了。」

熱烈掌聲再度響起，直到貝蘭克梵和巴菲特離開交易廳才停止。

那是我永生難忘的一刻，我仍保有同事用iPhone拍下的照片：我穿著白襯衫，打著藍領帶，站在巴菲特右邊，貝蘭克梵站在他左邊，還有數十位同事圍在巴菲特的身邊，每個人的臉上都露出驕傲與希望的笑容。在那短暫的時刻，感覺這個世界都沒事了。

船快要沉了，我該離開嗎？

巴菲特來訪的幾天前，財政部長保爾森帶了三頁的TARP提案（問題資產紓困計畫）去找眾議院的議長南希．裴洛西（Nancy Pelosi）。保爾森想讓提案盡量精簡，以便國會能迅速通過。TARP是高達七千億美元的銀行紓困計畫，保爾森的大膽提案讓大家都非常震驚，不僅是因為那個金額史無前例，也因為他想用如此簡短的提案就通過那麼大的計畫。TARP擬由聯邦政府向銀行購買那些缺乏流動性的問題資產，以重振奄奄一息的資本市場，可說是金融史上最大的紓困案。國會為此做了激烈的討論，他們要求更完整的提案，就在國會快投票表決提案時，猶太人的聖潔日來了。

我不是虔誠的教徒，但我一向很傳統，猶太節慶對我來說很重要，猶太新年和贖罪日我都會請假上猶太教堂，老闆們從來不會過問。我女友的家人住在達拉斯，他們邀我們去達拉斯慶祝猶太新年。這時娜婷和我已經交往兩年了，我們會輪流去芝加哥的表哥家以及她的達拉斯老家過節。娜婷週末就先離開了，我把機票改到最後一刻才走。不過，現在局勢看來地動天搖，這時是二〇〇八年九月二十九日，猶太新年是從日落開始，國會將在下午表決保爾森的提案。

我去找交易廳裡一位觀察入微的猶太裔董事總經理，徵詢他的意見。在船快沉的緊要關頭，我應該離開嗎？

「我需要聽你的意見。」我說，「我現在應該去趕飛往達拉斯的飛機，去過猶太新年，但我又覺得整個金融體系隨時都可能崩解，把我們一併吞噬。我以前從來沒在猶太節日上班，但現在是特殊情況嗎？我該留下來嗎？」

他毫不猶豫地說：「這沒得選，不管高盛是不是現在就要破產，我們也無法改變結果。猶太新年是猶太人一年中最重要的日子，你快去吧。」

一語驚醒夢中人。於是我搭上計程車，趕往機場。

我已經快趕不上飛機了，但是一路上，我還在跟交易桌的助理通電話，問她國會投票前的市場狀況。她說：「看起來沒事，市場正在靜觀其變，大家預期ＴＡＲＰ會過。」

我趕到機場，急忙通過安檢，擔心我錯過航班。幸好我趕上了，我衝向登機口時，又打了一次電話給助理。市場都期待ＴＡＲＰ能帶來穩定並提供出路，那是市場唯一的希望，我問：「最新消息如何？」

「你肯定不相信！」她說，又重複一次：「你肯定不相信。」

「什麼？你說什麼？」我說。

她語氣驚愕地說：「他們沒通過法案。」

結果真是出人意表。每個人都覺得國會知道病人快死了，ＴＡＲＰ是必要的。但是共和黨的議員群起杯葛，臨時改變心意，投下反對票。

「真要命！」我說，「市場反應如何？」

「崩了，崩了，崩了。」助理說，她指的是Ｓ＆Ｐ五百。剛剛我們通兩次電話之間，股市跌了六％。一般來說，股市大跌是指下跌一％或二％，那已經不常見了。可怕的大跌是下跌三％，一年可能發生幾次。市場不會在你講短短的五分鐘電話就重挫六％，這是恐慌。當天道瓊工業指數跌了七七七．六八點，是有史以來單日的最大跌幅。

我抵達登機門時，必須關上手機。這是好事，因為我有三個半小時可以遠離煩憂，但也是壞事，因為我幾乎沒別的事情可想了。我飛抵達拉斯後察看股市，那時早已收盤，我看到市場一片狼藉。

所看到的一切，連自己都不敢相信

我搭上火車，前往娜婷位於達拉斯郊區的老家。我望著窗外陌生的風景，這時手機響了，嚇了我一跳。電話另一端傳來的是好友萊克斯的聲音，我露出了微笑。

史丹佛畢業後，我和萊克斯各奔東西，我去了高盛，他待在帕羅奧圖，為幾家新創公司工作，自己也創立了公司，成了不錯的創業家。他是無神論者，但是每逢猶太新年，他都會打電話來祝我新年快樂。這個新年一點都不快樂，但能聽到他的聲音感覺很安心。

金融市場開始崩解以來，我就持續收到很多朋友寄來的簡訊和電子郵件，想確定我過得是否還好。前一天我才收到一位朋友傳來簡訊：「希望你能撐過去。」大家都知道我身陷在暴風圈裡，最接近核心。萊克斯祝我新年快樂後，也問我同樣的問題，我告訴他我會繼續撐下去。

接著話鋒一轉。

萊克斯沒趁這次簡短的對話講一些我想聽的（例如「我希望高盛沒事，一切都會回穩。」之類的），他開始連珠砲似地問我。

「你覺得TARP合理嗎？」他問道。「今天不就是因為銀行冒了那些不負責任的風險，才害我們陷入這個爛攤子嗎？」

「對，萊克斯，但我們沒有，高盛的帳上沒有那些問題資產，我們的決策比較謹慎。」我現在想找的是支持我的人，不是質問我的人。

「那些退休金就此泡湯的人怎麼辦？他們去哪裡找紓困計畫？」

「萊克斯，我不知道，我也身陷其中。」

萊克斯是我認識最正派、最有道德感的人，但他也重視分析，所以他是個無神論者。這就是萊克斯，他向來喜歡為每個論點找出反論。後來他坦言，某種程度上，他確實是在唱反調。他提的問題都很好，但是在當下不見得是好友該提出的好問題。

「那雷曼呢？」他說。「他們又是怎麼回事？」

「雷曼倒閉是莫須有的迫害。」我告訴他。「大家懷疑雷曼快沒錢了，開始贖回，造成擠兌效應，結果懷疑真的應驗了。」

「真的是擠兌造成的？還是因為雷曼冒了不當的風險？新聞報導說他們帳上有很糟的東西。」我當然也知道，但我覺得這起災難才剛發生，還不能妄下定論。「萊克斯，我現在就身陷在裡頭。」我又重複一次。「我壓力已經很大了，自己都不相信我看到的某些東西，我也很擔心。」

我是說真的，我整個職業生涯都會受到影響，前途茫茫，而且不只攸關我自己的前途而已。那年夏天，我幫妹妹申請進入伊利諾州的大學就讀，能供應她念大學，我覺得相當自豪。我也努力說服我母親移民到美國，約翰尼斯堡的犯罪率似乎與日俱增（我父親已經打算來美國考藥劑師執照，在美國工作了）。這種種都需要錢，目前我很幸運還負擔得起，但是萬一高盛倒了，我的一切計畫也泡湯了。我和娜婷的關係會如何發展？我熱愛美國，想留在這裡，我去其他地方工作可以拿到簽證嗎？我必須回南非嗎？

聽起來有點老土，但我真的很擔心公司。我很為高盛驕傲，不希望它倒下去。就我的想法，高盛倒閉是可怕、難以想像的事。我知道金融危機不是什麼生死關頭，但是感覺就像我們正在打仗。

「萊克斯，」我說。「我們只有短短幾分鐘可以講電話，我不需要像這樣的審問，我需要的是朋友。」

他跟我道歉。我心想，即使我一無所有，至少還有親朋好友。

身為合夥人，卻只顧著坐在電腦前看著股價跳動……

十月中，財政部長保爾森把九大銀行的負責人都叫到華府特區，告訴他們，不管他們喜不喜歡，政府都要給他們很多錢。光是那天，美國政府就給出一千多億美元。銀行已經變得「大到不能倒」，有些銀行（包括高盛）告訴保爾森，他們不需要現金。保爾森告訴貝蘭克梵和其他人，不管他們覺得需不需要錢，都必須收下。

後來他們的確都收下了。政府的想法是，如果有些銀行收錢，有些不收，TARP紓困對收錢的銀行來說可能形同恥辱，全世界會覺得那代表「這家銀行問題很大，才會需要紓困」。財政部覺得維持公平競爭的最好方法，就是讓每家銀行都收錢（其中多數銀行在那年十二月還發給管理高層巨額獎金，這些都是納稅人的錢，很多納稅人當然覺得不好受）。這下子全世界都想問，這些做了糟糕投資的銀行難道還不夠糟嗎？為什麼美國政府還要給他們數千億美元？

在整起金融風暴期間，交易廳裡對財政部長出身高盛都覺得與有榮焉。由於保爾森曾經領導高盛，我想全世界鮮少有人比他更有能力對棘手的金融問題做出即時決策。當時我只要想到，在金融危機的高峰期，財政部長要是換成前兩任的約翰．史諾（John Snow）或保羅．奧尼爾（Paul O'Neill），就忍不住打冷顫。我想歷史會給保爾森不錯的評價。

那年秋冬，市場持續下跌，大家一直覺得整個金融體系隨時都可能崩垮。交易廳裡持續籠罩著大難將至的氣氛，幾乎沒什麼交易。危機期間，貝蘭克梵和寇恩倒是很積極地重振士氣，他們經常出現在交易廳，展現卓越的領導力。但是，也只有最高層的人展現出真正的領導力，我們的上司和合夥人完全是另一個樣子，很多人似乎都龜縮在自己的世界裡。

我記得有好幾個星期，我上面有個老闆（至少他的職稱算是個老闆）名叫保羅．康蒂（Paul Conti），幾乎沒去拜訪過客戶，也不跟下屬講話，完全不為員工打氣（至少我看不出來）。金融危機期間，他唯一令我印象深刻的是，他也跟著高盛的高層趕流行，在夏季和秋季嘗試熱門的蔬果汁排毒減肥法。

多數人是為了減肥而嘗試這種方法，而康蒂是天天上健身房的人，他採用這種方法更像是為了訓練極端的自律。我還記得他決定嘗試時，我就坐在他後面。那是週日晚上，九月十四日，我們都在辦公室裡等著看雷曼會不會倒。我心想：「遇到經濟大蕭條以來最嚴重的金融危機，哪個神經病還在嘗試這種東西？」

整整一週（那一週雷曼、美林、AIG紛紛倒下，又有「跌破面值」的大事），康蒂每天都從藍圖淨化公司（BluePrintCleanse）收到「六瓶一〇〇%的有機蔬果汁」，天天都乖乖喝完那六瓶。七天他都只喝流體，沒吃半口固體食物，心情當然也不會好到哪裡去。

康蒂在布魯克林出生與成長，以前是大學的足球校隊，體力很強，但也很被動。在金融危機期間，被動的特質更是變本加厲。如今回想起來，我可以了解他大概是嚇壞了，但難道他覺得合夥人的唯一責任，就只是在景氣好時領高額獎金嗎？部門裡人人都說，二〇〇八年最恐慌的那些日子，交易廳裡的合夥人有多令人失望。那時應該是他們站出來，讓大家看看他們為什麼有本事拿那麼多錢、有本事升任領導者的時候。

但康蒂就只是日復一日地呆坐在電腦前，不安地追蹤高盛的股價，因為股價攸關合夥人的身價。他的被動，對那些剛加入高盛三個月的年輕分析員來說更是教人洩氣，他們真的嚇壞了。一度，其他樓層的一個合夥人過來我們這裡，竭盡所能地說了一些鼓舞人心的話。

他面帶微笑地說：「各位，我知道世局很可怕，但這正是高盛展現處理危機能力的時候。我們現在最好的因應之道不是退縮，而是持續接觸客戶。」這種說法通常有神奇的效果，而且正是大家需要的。

那段期間鮮少有合夥人展現出這樣的領導能力，也因此成了日後大家津津樂道的罕見個案。交易廳裡缺乏有能力的領導者讓我很失望，我一直很欣賞合夥人制度，也期待將來能升任合夥人。我只能暗自期許，當我真的升為合夥人時，不要跟他們一樣。

交易大幅萎縮後，高盛又開始另一波的裁員。每隔幾週，就有更多人遭到資遣。某週，交易廳裡傳言每個部門都會裁員一人。康蒂裁了新來的助理，他三十出頭，一直很認真想表現，但是他可能是部門裡負責客戶最少的人，套句營收術語來講，就是不像大家那麼有價值，對此大家也莫可奈何。他離開時，另一位叫貝琪的助理在交易廳的中央哭了起來。

這在理當很冷酷的環境裡，不是常見的現象。在交易廳裡，你應該忍辱負重，如果真的想哭，不成文的規定是躲到洗手間裡哭。但是在那段恐懼的日子裡，親眼看到你喜歡的人遭到裁員，當場收拾東西離開，緊繃的情緒很容易潰堤。

康蒂走向貝琪說：「貝琪，你在維拉諾瓦大學主修什麼？情緒系嗎？省省吧。」冷言冷語馬上讓貝琪止了哭，後來有好一段日子，大家常拿這些話調侃，覺得康蒂是個爛人。但話說回來，康蒂後來確實幫那位離職助理找了新工作，這倒是贏得了我的尊重。

他講的，是你永遠不會在華爾街聽到的肺腑之言

二○○八年十月的某個午後，董事總經理道格．米勒（Doug Miller）和我約好去市中心拜訪客戶，對方是操作兩千億美元資金的大型基金經理人，很保守，所以基金的本質穩健，我們的話題也很直接。我們是去談客戶還不太使用的某種交易產品：ＥＴＦ（Exchange Traded Fund），亦即指數股票型基金。

ＥＴＦ是幾十年前開發出來的，基本上是高度集中的基金，買賣方式類似股票。如果你想廣泛接觸銀行類股，可以買各檔銀行股（例如美國銀行、花旗、富國、摩根大通等等），也可以買代碼ＸＬＦ的ＥＴＦ，一次持有這些銀行的股份，獲得銀行類股的整體綜合績效。ＥＴＦ可能對市場造成較大的衝擊，再加上報酬有時低於基準，所以不乏一些批評。由於這次金融危機是複雜的衍生性商品造成的，風頭浪尖時去跟客戶談ＥＴＦ這種相對簡單的投資策略，感覺有點滑稽可笑。也許客人還會覺得我們很荒謬，畢竟現在景氣不好，我們原本也擔心客戶心情不好，打算取消拜訪。

不過，後來我們還是決定跑一趟。首先，我們覺得出去走走可以分散注意力，況且我們對周遭的混亂也使不上力，乾脆去拜訪客戶、保持聯繫，好讓他們知道我們沒龜縮在曼哈頓下城。

我們決定搭地鐵到上城。搭地鐵去拜訪客戶很罕見，尤其是董事總經理，他們通常都是搭公司的公務車。但是那個時間剛好是交通尖峰時段，客戶的辦公室靠近四號線的地鐵站，米勒人很好，他覺得沒必要搞排場。

會議是安排在下午五點，我們等下午四點十五分收盤後才趕去。我們一起走出辦公室時，都覺得有點疲憊。那年秋天，每天都有創立百年的機構突然消失，市場很不理性，大家都像驚弓之鳥。

我們搭上擁擠的地鐵，站在車廂裡，抓著杆子。我對米勒說：「你怎麼看？」他比我年長十歲左右，經驗更豐富，我想聽聽前輩的看法，尤其管理我們部門的康蒂根本不太理人。我想米勒也許對於公司有何盤算有些見地。

結果，我並沒有得到我想要的答案。

米勒望著長長的地鐵車廂，在地鐵的隆隆聲中說道：「我幾乎整天都在跟我太太講電話，安頓我們的資產。」我馬上聽懂他的意思。聯邦存款保險公司（ＦＤＩＣ）對銀行存款的保障上限是二十五萬美元，所以他到處開新帳戶，這邊存二十五萬，那邊存二十五萬，以避免存款因銀行倒閉而跟著消失。這是銀行家囤積物資、飲用水、燕麥棒、充氣筏逃難的方式。

「我不知道萬一整艘船沉了，會發生什麼事。」米勒眼睛盯著車廂，整個人彷彿出神了。「在金融圈裡年薪兩百萬美元的傢伙要去哪裡？我們對社會有什麼價值？我們有什麼技能？」他搖搖頭。「社會不需要我們。」他說。「我們能找到年薪八千美元的工作就很好運了，我要叫我的孩子去念科學。」

聽起來很不真實。一方面，我們正搭著擁擠的地鐵，必須小心對話內容，我相信米勒和我都知道，周圍的人有意無意都會聽到我們的對話，「高盛」二字不該從我們的嘴中吐出。另一方面，他講的是你永遠不會在華爾街聽到的肺腑之言，聽起來有如當頭棒喝，彷彿整個產業和經濟就要垮了。我們的對話就像電影裡描述的場景：兩人在即將墜毀的飛機上，終於可以說出——也必須說出——他們的真心話。

倘若工作不保……從現在改搭地鐵

不久之後的某天，娜婷和我談到我們之間的事。我們已經交往很久了，如果真的有意繼續走下去，也該是講清楚我們有沒有打算共度一生的時候了。

娜婷先提出這個話題，她是很直接的人。此時金融危機正如火如荼，某個深夜，我們都在床上，正準備入睡，她提起了這件事。我猜，應該是有朋友跟她建議，如果你認真考慮和某人結婚，應該了解他在財務上的想法，例如有什麼計畫、目標等等。她一開始的出發點是這樣，但是她跳得很快，非常快。

「你希望我們的孩子是什麼樣子？」她問我。

我一聽就愣住了，因為我腦中還在想當天在市場上看到的亂象。

「我不確定，」我說，「我……呃……」

「你希望他們念私立學校嗎？」娜婷問。

「娜婷，為什麼我們現在要討論這個？」

「你覺得我們結婚後，我還需要工作嗎？」她問我。

她連珠砲似的問法讓我招架不住，不過坦白講，她會那樣問，也是因為她知道我拿很多錢回家資助家人，例如供我妹在美國念大學、匯錢給我父母等等。她只是想知道，要是我們結婚了，情形會不會改變，以後我是否會把重心放在我們的家庭？她那樣想並沒有錯，而顯然她想確定我會把重心放在我們的家庭。我以前的回應總是：「拜託，我會賺足夠的錢，讓你不需要擔心這些問題，我可以把兩邊都照顧得很好。」但是娜婷很堅持她要是有了孩子，就不要出去工作。其實這我也認同，一直以來我都覺得我的另一半應該專心養育孩子（至少一開始是如此）。我覺得這是很特別的事，希望自己有能力讓妻小享有這樣的生活。但她要我明確承諾，毫不含糊，只差沒叫我白紙黑字寫下來。

當下我覺得很為難，所以我又把以前那套搬出來：「那要看我們的經濟狀況是否能讓一個人不需要工作。」

她露出的表情顯示：答錯了。

我試著挽回，盡可能誠實地說：「我是希望另一半能用正確的方式支持我，我也會以正確方式支持她。」我說。「那不表示我們兩個都必須工作，只是說我們對這段關係都有貢獻。」

她又露出另一個表情，顯然她想要一個跟她的問題一樣明確的答案。我們繼續談下去，後來自然而然地得出了一個結論：在市場極度不理性，又身處於經濟大蕭條以來最嚴重的金融危機中，我們都對金錢充滿了危機感，更何況我都不確定下週是否還有工作了。

於是，我們決定減少上餐館，節省搭計程車的開銷（很多華爾街上班族每年光是計程車費可以花上一萬美元）。我們將每週上館子兩三次縮減為一次，開始增加自己煮食的頻率，娜婷是營養師，燒得一手好菜。我們想辦法省錢，有時甚至省到糊塗了，省小錢，卻花大錢。

十一月某個寒冷的週六，我的好友亞當（暑期實習認識的）在下東城一間夜店辦生日派對。那裡不是下東城的高級地區，從最近的地鐵站走，需要走上十到十五分鐘（我從以前就一直告訴亞當，他的腦袋只對數字精通，很不會挑派對地點）。派對時間是晚上十一點，娜婷覺得太累了，沒跟我去。我住在上西城的八十一街和西區大道交口附近，出門直接招輛計程車最方便，但是想想車資要三十美元，等派對在凌晨兩三點結束後，誰會想搭地鐵？所以回程也是三十美元。

我決定搭地鐵過去：搭一號線到時代廣場，轉搭接駁線到中央車站，再搭六號線到布利克街，搭F線往東至第二大道，總共轉三次車，再走十五分鐘到餐廳。派對結束時，凌晨兩點再以反方向搭車返家，而且是在十一月的寒冷冬夜。

我省了六十美元。

我的年薪介於四十萬到五十萬美元之間。但誰知道明年一月，我還能不能賺到那些錢？前景可能很黯淡。

還有一次搭地鐵的特別經驗。那時我父母從南非過來，我父親來美國考藥劑師證照，母親是來探親。我說服五十八歲的父親來美國考試，一直以來，我不斷柔性勸說他們移民美國，擺脫約翰尼斯堡的敗壞治安。十二月的某個週日下午，我父母抵達甘迺迪機場，娜婷和我去接機。我們都很理性，謹守節儉計畫，搭地鐵去接機。

這一趟可不像去下東區的短距車程，光是轉車到甘迺迪機場，就整整花了一個半小時。原本我們覺得搭地鐵經濟實惠，但是看到我爸媽的情形以後，我的念頭動搖了。他們剛搭了二十個小時的飛機，我父親帶了兩大箱的沉重行李，裡面都是為了準備考試的教科書。所以，照理說從機場搭計程車，到布魯克林的假日飯店（考試單位要求考生住宿的地方），應該不為過吧？

我母親一直很在意我把很多錢花在家人身上，她不肯再讓我花那筆車錢，娜婷也同意。所以我們把他們的行李搬上地鐵，搭地鐵穿過布魯克林的荒野。我們要再轉兩趟車，搬運行李上下地鐵站的階梯，真的很累人。那天，我們省下了一百二十美元。

現在，一切都是為了錢……

高盛沒倒，但金融風暴持續肆虐，想要存活下來的人需要自己想辦法應變。如果你是業務員，又很幸運手上還留著幾家大客戶，你的自救方式之一是卯起來推銷基本的業務。問題是很難做到，因為這個時候客戶都不願冒險，他們都嚇壞了，反應冷淡，都在等下個未爆彈。另一種方式是，說服客戶買可能暫時給他們一點希望的結構型衍生性商品（黑盒子）：「市場真的陷入恐慌了，但如果你買GoldDust2000，別人賠一〇%時，你只會賠二%。」由於這些結構型產品是銀行自製自銷的，不是很廣泛交易，這類訂製商品都有很高的利潤。那些模糊的承諾都是合法的，因為在合約的二十頁免責聲明中，會有一行寫著：「這或有可能是精確的；我們或有可能相信我們對你的說法；我們或有可能抱持相反的看法。」

整個二〇〇〇年代，華爾街持續設計複雜的衍生性商品，以幫助希臘、義大利等歐洲政府包裝債務，讓他們的預算看起來比實際還要健全。這些交易為銀行賺進了數億美元的費用收入，幫那些國家推遲了問題引爆。後來問題越滾越大，演變成今天的歐債危機。

但是不只國家有問題，市政公債和市政府也被捲了進來。高盛賣一種衍生性商品（名叫交換）給奧克蘭市，幫該市避免利率上漲的風險，卻讓奧克蘭市反受其害，現在奧克蘭市每年得付出數百萬美元的代價。二〇〇九年，摩根大通被迫支付證管會七億美元的和解金，以結束他們向傑佛遜郡

（阿拉巴馬州人口最多的一郡）推銷結構型衍生性商品，而害傑佛遜郡瀕臨破產的調查案。

結構型衍生性商品在短期有極大的獲利潛力，但短期虧損的可能性也很高。為了避免嚇到客戶，你不會告訴他們可能的風險，而是把風險放在合約最後十頁小字的免責聲明裡。多數客戶面對那些免責條款的態度，就像你從iTunes下載音樂一樣，是直接按下「接受」按鈕。

購買結構型衍生性商品，有點像去商店裡買鮪魚罐頭，罐頭上清楚寫著「大黃蜂鮪魚」，上面還印了可愛的小商標。你回家以後，也覺得吃起來不錯。但假設某天你買回家後，發現罐子裡的是狗食。你心想：「這怎麼可能？他們告訴我這是鮪魚。」但你仔細看罐子背後，的確有用小到幾乎看不見的字體印著「內容物可能不是鮪魚，可能含有狗食」的字樣。希臘和義大利政府、利比亞投資管理局、奧克蘭市、阿拉巴馬州，以及其他無數的校務基金和基金會都是如此，他們打開罐子以後，才發現裡面是狗食。

在轉型過程中，高盛不再像以前那樣當造市者（勇敢站出來承擔風險幫助客戶，無論環境有多動盪）。現在高盛成了挑選者，只要生意有利可圖，一時聲譽受損也無所謂。這跟九一一恐怖事件後的情況有如天壤之別，當時高盛的首要之務是協助客戶穩住陣腳，幫市場恢復運作。當時，我們覺得不該趁客戶與競爭者之危加以剝削，現在當然也不應該。

當時我們說：「來找我們吧，我們願意跟您一起奮鬥，這是我們來這裡的使命。」現在客戶打電話來求助時（例如：「十萬股沃達豐的賣權，報價是多少？」——這交易是為了保障他們的沃達豐持股），我們會說：「抱歉，市場狀況不好，現在風險太大了。」我們收起吊橋，讓客戶自生自滅。（一位我認識的業務員回憶金融危機時，他說：「客戶打電話來時，我們的回應基本就是說，我們不願幫忙，叫他們自己想辦法。」）

最後，高盛變得更像避險基金，在意自己的利益更勝於幫助客戶，只做可以幫我們賺進大量獲利及確保我們存活的生意，施瓦茲那些利潤豐厚的交易就是最好的例子。

在雷曼兄弟破產以前，有一大群避險基金都做了錯誤的交易。這些避險基金幾乎都是做空波動率，換句話說，他們覺得儘管市場在過程中有些波動，但是他們都賭市場大致上會恢復平穩，波動率會變小。學術研究證明，這樣的策略在過去長期而言是確立的，問題是，這些避險基金並未預期到「黑天鵝」事件，亦即納西姆·尼可拉斯·塔雷伯（Nassim Nicholas Taleb）用來解釋大家都沒料到、模型也沒預測到，卻在現實中真的發生的千年罕見事件。

我們在二〇〇八和二〇〇九年看到的，就是連串的黑天鵝事件。統計模型會說，根據歷史，那是不可能發生的。有段時間，S＆P五百指數不像平時每日平均波動一％，而是每日來回擺動五％以上（高達平常波動的五倍），任何電腦模型都不可能預測到那種情況。

市場因波動性而崩解，基金大受衝擊，有些基金因損失慘重而結束。他們突然需要把所有的交易平倉，擺脫所有衍生性商品的部位，這時施瓦茲出現了。

客戶會打電話給他，驚慌地問：「我需要馬上擺脫這個，你的價位是多少？」施瓦茲會趁機開出高價，向這些客戶收取高額費用。在金融危機的某段期間，施瓦茲靠那些交易，每天為高盛帶進兩百萬美元的收入。就某方面來說（憤世嫉俗的人會這麼說），高盛收費那麼高，其實也加快了客戶倒閉的速度。但是市場大亂，我們當然必須收高額的費用，我們做這生意也承擔了很大的風險。不過，過猶不及都不是好事。

施瓦茲的做法幾乎是殺紅了眼，高盛也獎勵他做那些生意。二〇〇八年底，很少人獲得升遷，那年是長久以來最少人升董事總經理的一年，但施瓦茲就是新任的董事總經理之一。他的業績也沒什麼好批評的，畢竟他只是在做份內的工作，而且他真的做得很好。但我記得當時心裡想的是：「歡迎來到改變中的高盛領導圈。」

公司的文化和士氣似乎都已成為過去式，套句饒舌歌手吹牛老爹的話，現在「一切都是為了錢」。在天時地利人和下，如果你正好是「熱門商品」（例如信用違約交換）的交易員，或你是業務員，客戶急著退出交易，你又直覺知道如何把握機會好好利用，公司就會拔擢你，付你高薪，接著你就變成公司的領導高層。二〇〇八年以後，高盛的董事總經理大都是那樣升上來的。

那年十二月，施瓦茲拿到年終獎金時可樂了。二〇〇四年有個故事，我們衍生性金融商品部門去漢普頓出遊時，某天下午達菲看到施瓦茲在玩足球，他說：「你拋球的樣子太娘了，今年會少發你一萬元。」達菲會這樣開玩笑，是因為每個人的年終獎金都是他決定的，他可以輕易在年底扣你一萬美元。快轉到四年後，一萬美元對施瓦茲來說已經是微不足道的零頭了，現在他已經是大咖，用二〇〇八年的獎金在公園大道上買了一間公寓。

我想成為「真錢」專家

那年秋季，我跟其他人一樣恐懼，我的因應之道是「自我改造」。在交易清淡時（那時交易通常都很清淡），我開始試著寫市場評論。

我想寫下我對市場的看法，例如我覺得市場對某些新聞可能有什麼反應、我看到有哪些形態出現，或者是否有任何復甦跡象等等，然後透過內部電子郵件發送我的短文。我的策略是完全不受高盛看法的影響，不懼後果，寫下我真實的看法，最糟的結果也不過是有人不認同我的看法而已。

我是以衍生性金融商品業務部的兩位董事總經理為榜樣，他們寫類似的報告已經好幾年了，兩人在我心中是最佳標竿，我欣賞他們用公正立場表達的方式。他們會在報告中放進一些圖表來說明概念，也會引用公共資訊以確保客觀，而不是參考高盛的內部資訊。此外，他們文中還會帶點幽默感，讓衍生性金融商品這種枯燥難懂的東西顯得有趣些。

十月與十一月，我試寫了兩篇，每篇我都花了三、四天的時間撰寫，有時是利用交易清淡的時候，不過大都是利用我下班後的夜晚。寫好後，我會先取得高盛法規遵循部的認可。一開始，我原本只想寫給高盛的人看，但我不確定高盛的人會不會把文章轉發給他們的客戶。最糟糕的錯誤，是在文中透露客戶名稱或特定交易，所以我努力保持客觀，使用公開取得的資訊，把它寫成一篇評論。

接著，我把寫好的東西拿給那兩位董事總經理看，請他們給我一些建議和指教。我說：「你們覺得我這個論點如何？哪裡可以再加強？」或是「你可以幫我稍微加強一下嗎？」我以我自己的風格來寫，但我希望從他們的身上多學習。

他們從一開始就認同我的做法，也開始把我的評論寄給他們最大的客戶，我覺得很開心。其中一位董事總經理把我的文章傳給都鐸．瓊斯和他的團隊，附帶提到：「這是我們部門的『真錢大師』寫的，你會喜歡的。」我喜歡「真錢」（real money）這個詞，那是指我負責的長期導向機構投資人（例如資產管理者、共同基金、退休基金）和主權財富基金。與「真錢」相反的，就是所謂的「快錢」（fast money），亦即避險基金，接觸的是槓桿較高的工具，進出投資部位較快。

結果都鐸．瓊斯居然回信了，雖然只是簡單的「謝謝」二字，但表示他真的看了那篇文章。能受到避險基金名人的青睞，感覺很酷。不過，更酷的是，那位董事總經理對我的看法有足夠的信心，認同我的文章，才會轉寄給他最重要的客戶。

我的抱負是成為真錢方面的專家，告訴大家真錢客戶在做什麼，就像其中一位董事總經理以撰寫宏觀型避險基金的做法與想法著稱那樣。我努力打造自己的利基點，變成公司內部了解資金流動的專家，而資金流動是許多人關心的主題。誰在買賣市場？散戶是否持續投入共同基金？退休基金更改資產類別分配的比重，是減碼固定收益、加碼股票投資嗎？避險基金是否增加E-mini期貨的投機空頭部位？一天特定時點的交易量或趨勢，能否告訴我們市場的可能走向？我找到了把這類指標歸納成文章的方法，以論點說明它們對資本市場的影響。

本質上，宏觀型避險基金就對真錢動態很感興趣：雖然避險基金的交易周轉速度很高（經常進出投資部位），它們其實只持有美國股市約五%的股票。市場裡真正的重量級投資者，其實是共同基金、退休基金、主權財富基金。這些基金管理的資產高達好幾兆美元，那才是真錢。真錢開始變動時，整個市場會跟著變動。同樣的，我的客戶也對避險基金的動態很感興趣，因為避險基金可以影響每分每秒或每天的市場。

後來，我的好運從天而降了！當作家的作品突然引發廣大回響時，他們常會說自己也很意外，尤其是初出茅廬的作家，我自己就是這樣。二〇〇八年十二月十一日，我發出第三份市場評論，這份評論在高盛內部及外部都引起廣泛關注。回響之大，超乎我的想像。

那是歐巴馬當選總統一個月後，他承諾希望與改革，他也和摩根大通的執行長傑米．戴蒙、瑞銀集團美洲的董事長羅伯．渥夫（Robert Wolf）等華爾街的重要人物走得很近，但是市場氣氛依舊低迷。我為自己尋找希望，我很確定哪裡可以找到。

我那篇文章是把焦點放在大家直覺會想到、卻未充分了解的東西：乾火藥概念。危機期間，共同基金和退休基金一開始的反應是拋售，他們一直賣，讓危機變得更加嚴重。所以，基金累積了大量的現金部位，亦即所謂的「閒置資金」或「乾火藥」（這是老式的軍事用語，以前避免火藥受潮很重要）。數千億美元的資金就晾在帳上。

我那篇文章想強調的是，即使大家都還在賣，不管當時世界變得多好或多糟，這些資金終究會累積到一個程度，需要重返市場以尋找更好的報酬，而且這些回流會造成很大的影響。所以我提出一套架構，說明如何追蹤這些乾火藥的配置，以及這對市場走向的影響。

高盛的反應快如電火，那天我在交易廳的會議室裡開晨間會議（所有的合夥人和董事總經理都參加了會議），我討論那篇文章時，交易廳裡最受大家敬重的業務員馬上附和：「各位，這篇文章是今天必讀的重點。華爾街裡每個人都會談論這件事，我已經把它傳給我最大的三個客戶了，他們都很喜歡。我希望在場的每個人，都把這篇文章傳給所有的客戶。」

每個人都傳了，那篇文章傳給了數百位客戶，甚至可能有數千人。後續幾天，幾位合夥人來我桌邊，拍著我的背說：「寫得好！我們可以多做點這類東西。」他們似乎都認同這樣的評論是讓我們持續接觸客戶的方式，讓客戶知道我們在為他們著想。

我想，那篇文章之所以獲得熱烈回響的另一個原因是，大家都嚇壞了，想找市場可能復甦的希望。我的乾火藥理論正好以冷靜、客觀的方式，提供了一些希望。

我寫了一封電子郵件給那位當眾肯定我的業務員：「謝謝，對我來說，那真的意義重大。」

「你當之無愧，」他回信寫道：「在這個新世界裡，扎實的內容將會是我們脫穎而出的方式，你做得很好，繼續下去！」

第8章

聰明，邪惡，單純……不會發問

股市回神，保住飯碗

二〇〇九年四月的逾越節，高盛經過金融危機的洗禮後，變成了不一樣的公司。從簡單的結構來看，我們現在是銀行控股公司，不是投資銀行。公司在思維上也改變了，從我們公司因應客戶的方式，就可明顯看到這樣的變化。

上過希伯來課的猶太小孩，只要上課沒完全睡著，至少都對逾越節晚餐有一些了解。逾越節晚餐有點像是猶太人版的感恩節，我們從《哈加達》（*Haggadah*，按：逾越節慶典禮書）裡學到關於以色列人從埃及奴役中解放的故事。晚餐裡有無酵餅、苦菜（紀念以前艱困的日子）、四杯酒，和一些美味的麵包球湯。每年四月，我去芝加哥表哥家為二十五位嘰嘰喳喳的成年人和二十名尖叫的孩子主持逾越節晚餐時，特別喜歡的是書中「四個兒子的逾越節反應」那段文字：一個聰明、一個邪惡、一個單純、一個不會發問。

猜猜看，華爾街最喜歡哪種客戶？

就像故事中古埃及的那四個兒子一樣，華爾街的客戶也分成四種：聰明的、邪惡的、單純的及不會發問的。這幾年下來，四種客戶我都看過，在經過市場崩盤後，我發現銀行預期這四種客戶扮演某種新角色。

聰明的客戶，是大型的避險基金和機構，他們可獲得銀行與交易員提供的各種資源，包括：收到各種研究報告；接觸他們想投資或放空的那些公司的管理高層；優先知道即將上市的交易，例如IPO（首次公開發行）、籌資等；取得投資銀行內部毫無偏頗的衍生性商品定價模型，以判斷不透明的產品實際價值。其中最重要的是人力資源，他們可以獲得真正優秀的人才為他們效勞。客戶要稱得上聰明，其基金經理人必須充分了解華爾街裡充斥的利益衝突，例如IPO、結構型產品、自營交易等等。所以這些聰明公司的掌門人以前大都在華爾街銀行任職過，了解交易的各種把戲。

隨著高盛越來越像避險基金，聰明的客戶變成了重要的盟友。他們很早就知道高盛喜歡的各種交易，所以他們會跟著高盛一起做，運用自己的影響力把那些投資想法變成自我實現的預言。高盛從來不會向聰明客戶推銷那種利潤很高的金融商品，因為對方太聰明了，也有工具可以抓出交易員想玩什麼把戲。在新轉型的高盛裡，這些資金數千億的避險基金和機構都有專人小心侍候。

接著是邪惡的客戶。這種客戶通常很聰明，很會挑戰極限。有些基金很愛散播謠言，讓他們放空股票的公司股價大跌；有些基金喜歡到處比價，讓華爾街的銀行自相殘殺，以便獲得最好的價格。這樣做雖然不違法，但華爾街的銀行不喜歡被這樣耍弄，他們喜歡耍弄別人而不是被耍。最糟的情況，是有些客戶判斷不當，做內線交易，例如拉傑・拉賈拉特南（Raj Rajaratnam），他創立七十億美元的大帆船基金（Galleon），也常做慈善，但二〇一一年十月被判處十一年徒刑。

接著是單純的客戶。有些大型資產管理公司和退休基金的落後及操作不良的程度，會讓你大開眼界。複雜和單純的基金之間，即使規模相當，外界看來也幾乎一模一樣，但兩者可能天差地別。糟糕的基金公司龐大又官僚，系統老舊，交易確認仍使用傳真機。他們通常運作得很慢，有時更是慢到出奇。這類基金是華爾街最愛剝削的對象，他們只要喝下一杯酒，接下來就得吞下苦菜。某位資深業務員戲稱為「華爾街女王」的客戶就是一例，她真的是怪咖，個性古怪善變，動不動就講一些莫名其妙的話或發飆。她喜歡對新人下馬威，有一次一個叫強納的菜鳥分析員幫她做交易，她尖叫：「強納，如果可以的話，我真想穿過電話線，咬掉你的頭！」可憐的強納有段時間嚇得半死。

華爾街女王雖然負責交易上億美元的期貨、選擇權和其他的衍生性商品，但她對這些商品卻非常不熟。她特別害怕交易的期貨口數不對，她會說：「我不管價格是多少，反正我就是不想過度交易。」她的意思是不小心買了太多口，害她被老闆釘。身為華爾街的一分子，講這種話實在太誇張了，因為算出正確的期貨口數是基本功，就算是菜鳥都不應該犯錯。真正重要的是，你的執行價多少？你是不是買低賣高？價格是多少？華爾街女王的投資決策會影響到數千人的退休基金，因此她的瘋狂古怪讓這一切顯得更誇張了。

我們以前都把她當女王一樣款待。當她做錯事或做了不當決定時，我們覺得有誠信忠實的義務告訴她。但可悲的是，華爾街女王是很多華爾街的人想剝削的對象。

第四種客戶是不會發問的客戶，也是最可憐的一種。他們不僅單純，也對人盡信不疑。他們通常是幫警察、消防員、教師管理退休金的經理人，或是為慈善機構、校務基金或基金會管理資金的經理人。在市場動盪時期逐漸形成的華爾街新世界裡，這些都是華爾街推銷「大象交易」的目標。

舉例來說，想像一個客戶住在奧瑞岡州的山區，管理數十億美元的州政府退休基金。在他的世界，他很了不起，以為自己是聰明的投資人，但他從來沒在華爾街工作過，不了解投資標的的基礎架構。二〇〇八年金融崩盤後，他有彌補虧損的壓力，結果淪為銀行推銷「新異型」（exotic）衍生性商品的最佳對象。那些問題商品都非常複雜，但華爾街的銀行可以把它包裝成比較簡單的結構型商品來推銷，就像前面提過希臘、奧克蘭市、阿拉巴馬州傑佛遜郡所買的商品一樣。

那些商品之所以稱為「新異型」是有原因的：它們通常複雜到連客戶都不知道自己付給銀行多少錢。「新異型」商品需要非常複雜的金融模型來精確衡量價值，銀行通常會指派最聰明的計量專家來開發這種產品並定價。

面對這種不會發問的客戶，高盛的威望就發揮效果了。客戶覺得他是和華爾街最聰明的傢伙交易，何必自己做複雜的計算呢？貝蘭克梵、寇恩、財務長大衛・維尼亞（David Viniar）等人確實是華爾街最聰明的人，他們真的很懂衍生性商品，知道那些商品蘊含的風險，了解商品的理論基礎。相反的，貝爾斯登、美林、雷曼就是因為不懂他們帳上有哪些風險，才會陷入麻煩。

但是到了二〇〇九年，不會發問的客戶所不了解的是，高盛一向秉持的誠信忠實義務正逐漸消失。每年這類客戶裡都會有幾家登上高盛前二十五大客戶的名單，所謂二十五大，是按付費總額排列的，而不是按管理的資產規模或投資報酬排列。看到全球慈善機構或教師退休基金登上高盛的二十五大客戶名單，讓人感覺相當不安。

市場血流成河時，正是買進的時候

逾越節過後，我回公司上班，交易廳裡的陰霾似乎稍微散去了一些。假期前的三月，市場已經跌到新低點，包括高盛在內的銀行股依舊持續下挫。即使政府挹注了數千億美元到最大的幾家銀行，大家還是非常擔心銀行的資產負債表上仍有大量的問題資產。但是高盛因卓越的風險管理，避開了危機。衍生性商品桌在市場波動時獲利最好，在二〇〇八年和二〇〇九年初，高盛的衍生性商品桌海撈了一票。這筆橫財不是來自於為客戶冒險，主要是因為高盛幫恐慌的客戶平倉，趁機收取高額費用而來的。

當恐慌交易看似都做完時，華爾街開始做他們最擅長的事：他們看到市場上有大量的錯價，開始想辦法利用。知名的十八世紀英國金融家羅斯柴爾德（Rothschild）男爵就是把握這種機會：「市場血流成河時，正是買進的時候。」高盛和華爾街的其他銀行開始進場撿便宜。

換成白話來講，就是高盛已經準備好動用大量的自有資金，來賭市場很快就會回穩了。二〇〇九年的年中，還無法明顯看出市場即將復甦時，高盛一些最聰明的交易員已經注意到衍生性商品市場有個異常現象：衍生性商品的價格暗示，未來十年我們會持續看到類似雷曼倒閉後那九個月所看到的異常波動。這種動盪和不確定性真的會持續十年不退嗎？市場肯定會回穩——也許不是馬上，但不久的將來應該會回穩。從經濟大蕭條以來，就沒出現過持續十年的動盪了。而且現在政府已經展現出他們願意挹注資金到銀行，以及提供八千億美元的刺激方案來振興經濟，藉此介入及支持系統。沒人認為我們會重蹈經濟大蕭條時，總統胡佛（Herbert Hoover）被動因應的錯誤。

所以高盛和華爾街的其他銀行，以及一些聰明的客戶，開始做一些看多市場的投資。他們覺得市場會開始止跌回升，波動性會開始縮減。很多投資人是賣空「十年期S&P五百指數波動率交換契約」，這是一種店頭市場（OTC）的衍生性商品，不透明，流動性很低。

另一位聰明的投資人也想到類似的點子。先知巴菲特以前曾說衍生性商品是「毀滅性金融武器」，但他也注意到市場上的錯價現象，也做出類似的賭注（不過是採取不同的策略）。

二〇〇九年年中到二〇一〇年年中之間，當市場反彈回升、波動性減少時，這種交易幫華爾街的銀行和客戶賺了好幾十億美元。就很多方面來說，賭「市場將會回穩」是很聰明的做法，確實很大膽。二〇〇八年初貝爾斯登倒閉時，很多人覺得這只是反常現象，市場已經利空出盡，一些避險基金因為抓錯市場回穩的時機而跟著引爆。抓對投資主題只贏了一半，知道何時該付諸實踐比較重要。這種策略的巧妙之處在於，高盛只要拉越多聰明的客戶做這類賣空交易，長期波動性就會下降。

但是此一策略在二〇一〇年夏季發生嚴重的反效果，那時出現大軋空，很多人聽聞這類交易後，在同一時間開始買進。二〇一〇年七月二十日，高盛召開第二季的盈餘發表會，財務長維尼亞在會上坦言錯誤：「為了滿足客戶及廣大市場的需求，我們這一季賣空股票波動性部位。但這一季期間波動性不幸飆高，導致股票衍生性商品的季度績效不佳。」

不過，真正的問題在於：這些交易真的像維尼亞說的是為了服務客戶嗎？還是因為高盛和華爾街的其他銀行想以自有資金押注？我覺得是後者造成的。

我就是在思索這類問題時——公司究竟是把顧客當成「客戶」或「交易對手」，參加了高盛的領導培訓課程「松街」。松街課程是根據傑克．威爾許（Jack Welch）在奇異公司（GE）首創的克羅頓維爾管理人才培訓中心（Crotonville Management Development Center）而設立的，於保爾森在任期間開始推動，以確保高盛上市後的領導與文化宗旨不會稀釋。一開始，那些課程只保留給董事總經理參與，但後來連副總裁、甚至精挑細選的客戶也可以參與，而我就是陪我最大客戶的總裁一起去上課的。

在松街課程中，由比爾．喬治（Bill George）等意見領袖談論領導者該有的作為。喬治是醫療科技公司美敦力（Medtronic）的前執行長，後來轉任哈佛商學院教授，是《真誠領導》（*Authentic Leadership*）一書的作者，也是高盛董事會的成員。還有一位科學家，跟我們談到史丹佛的棉花糖實驗：把孩童單獨留在房間裡，給他一顆棉花糖，有些孩子會馬上吃下棉花糖，有些會等一下才吃，有些會一直等到研究人員回來才吃。研究人員追蹤這些參加實驗的孩童四十年，發現延遲享樂最久的孩子後來成為領導者，貪吃的孩子則否。我突然想到交易廳裡的情形：我比較常看到的是立即享樂者，較少看到高盛悠久的「長線貪婪」模式。

飲食清淡，神清氣爽，走出低潮

約莫這個時候，我自己的個人生活也經歷了一場大變化。二〇〇九年三月十五日股市落底，達到金融危機的最低點，碰巧這天也是我和娜婷三年關係的谷底，我們分手了。先前我就有點預感，知道我們可能不適合長遠走下去。我們很適合在一起玩樂，享受彼此的陪伴，而我們也有同樣的猶太背景，看起來應該很適合。但其實不然，我們對太多重要的事情有不同看法，從來無法找到折衷點，以至於漸行漸遠。

但是，那不表示我們沒有經常溝通。隨著金融危機逐漸惡化，我們對未來都憂心忡忡。我擔心我的事業、生活，還有彼此的關係如何維繫。娜婷擔心的是，我是不是她適合託付終身的對象，她三十歲了，覺得該結婚安定下來了。年初景氣低迷的那幾個月，她頻頻問我是不是也有同樣的想法。

一部分的我是自私的，我希望世界崩解時能有心靈依靠，希望我們能持續在一起。但是她不斷問我未來的打算（她當然有權這麼問），最後我只能告訴她，我沒想過我們要結婚，所以我們的關係就這樣畫下了句點。這世界上有人這麼好、這麼有趣，卻不適合你，你必須放手，感覺很沮喪。

我們分手的時機也很糟，至少當時看來是如此。我的事業和感情生活都陷入混亂，我開始隨便亂吃，一整年都沒去健身房，體重當然增加了。後續幾個月對我助益最大的，就是我養成了健康的生活習慣：我開始幾乎天天運動（跑步，不是跳Zumba有氧舞蹈）、戒酒數週，也戒掉了金融危機期間我在交易桌邊常吃的牛肉炒麵和醃牛肉三明治。一位年長的業務員幾年前就給我們部門很好的建議：飲食清淡，神清氣爽。漸漸的，我開始走出低潮。

一邊崩解市場，一邊伸手討錢

高盛的財務長維尼亞很了不起，每季高盛發布盈利時，他都是公司的門面。維尼亞身材瘦高，布朗克斯區土生土長，就讀聯合學院，之後上哈佛商學院，在高盛已經任職三十二年了。他會定期和所有的財金記者及研究分析師開電話會議，讓大家發問。他必須回應任何問題，腦子與手邊必須掌握所有的數據，也必須非常小心應對，不能說錯話，不能被抓到話柄，不能失言。

你可以想像，如果你不是維尼亞，那個過程你隨時都有可能出錯。雷曼以前有個財務長叫艾琳．卡蘭（Erin Callan），是個充滿魅力、打扮入時的女強人。卡蘭在電話會議上就因為不當回應避險基金經理人大衛．安霍恩（David Einhorn），而強化了安霍恩放空雷曼股票的決心，使得雷曼陷入困境的傳聞越演越烈。

二〇〇九年三月十九日，維尼亞召開兩小時的電話會議，向記者及分析師解釋高盛參與政府對AIG紓困案的情況。我和高盛裡的每個人一樣，都撥號進去旁聽。在那個極端困難的情境下，維尼亞表現得非常完美。專家們不斷發問，維尼亞成功提出兩套基本上相互矛盾的論點：AIG因信用違約交換而欠高盛數十億美元，但高盛已經避險了，即使AIG倒閉，我們也沒事。但他也說，高盛從AIG的紓困資金中，收取一百二十九億美元是完全合理的。你看看，AIG為了高盛的房貸證券買保險，結果房貸市場崩垮時，高盛還想拿保險金，即便高盛當初還放空市場。高盛的放空加速了市場的崩解，卻像保戶一樣，還想拿錢。

高盛和華爾街的人都說，維尼亞是全世界最厲害的財務長。我常想，如果我要找人幫我上擂台，維尼亞會是我的頭號人選。他有一招相當出名，就像寇恩喜歡在你面前把腳抬到桌上一樣經典。有分析師問他難題：「維尼亞，你覺得這些數字和那些數字加起來是四十億美元嗎？」維尼亞只會回答一個字：「不。」或「對。」或是講得更明確點：「其實是三十八億美元。」然後他就不再進一步說明了。

接著是陷入一陣沉默，後來總是會產生同樣的結果：那個可憐的分析師對於沉默及缺乏詳細的回應不知如何是好，最後只好謝謝維尼亞的回答。對此，維尼亞總是以三個字回應：「不客氣。」高盛裡有很多人覺得，那三個字其實是「去你媽」的官話版。維尼亞不僅沒給那傢伙任何東西，還反過來叫他滾一邊去。每次維尼亞召開電話會議時，我都會撥號進去旁聽，他簡直就是神鬼戰士。

交易廳裡的每個人都旁聽了那場電話會議，一臉興高采烈。高盛仍在困境中掙扎，我們派維尼亞上場為我們而戰。我想，大戰期間，英國人聽邱吉爾演說的感覺大概就是那樣吧。我相信，其他人也跟我一樣，對於維尼亞能夠如此冷靜、有力地答覆那些極其複雜的問題，感到無比得意。在危機正盛時，每位高盛員工直覺上都還想捍衛自己的公司。

不過，有趣的現象發生了。隨著時間流逝，維尼亞的論點開始散發出某種氣味，不是玫瑰、剛出爐的麵包或百元新鈔的香味，而是利益衝突的味道。維尼亞指出，如果高盛不百分之百拿回AIG的欠債，納稅人會受害。但是隨著二〇〇九年的發展，他的說法越來越沒說服力。

從三月十五日的低點開始，市場持續穩定回升，直到年底幾乎都沒什麼波折，漲勢實在很瘋狂。幾個月前我寫的那篇評論（關於閒置基金重返市場的論點）證明是對的，如今回顧起來，我當時應該直接去一趟大西洋賭城，顯然我的預測運氣很好。

一開始沒人看出這會發生，因為景氣依舊低迷，但每天都有微微好轉的跡象。後來明顯可以看出轉變時，許多人都覺得很意外，而且這種好轉現象不是因為散戶決定「我們回股市吧」，而是大型基金在恐慌拋售後累積的大量現金逐漸回流市場了。每週持續不斷，就這樣從春季到夏季，再到秋季。

我有一個最大客戶的經理人告訴我，他很早就聽我的預測行動了。隨著市場的反彈，他靠一些抓對時機的巨額投資，獲利不少。一位資深的合夥人和全球交易部的負責人來我桌邊告訴我，他們最近向公司的風險管理委員會做簡報時，引用了我的報告。這些好消息都讓我對自己更有信心，我早該放輕鬆一點（畢竟，我的腰圍也鬆了）。但問題是，管理高層和客戶比坐我附近的直屬老闆更了解我做了什麼。

那年春季初，市場復甦的跡象還不明朗，我其中一位直屬老闆貝絲·侯凡（Beth Hovan）叫我進去開會。侯凡和康蒂一起領導我們這個部門，她有一頭黑髮，很有魅力、非常聰明，跟多數升上高盛管理階層的人一樣，也非常嚴苛。不過，她的嚴苛還帶了某種冷漠，比如她劈頭就告訴我：「我就直說我們開會的原因吧，我們需要賺很多錢。」她也讓我覺得她比較適合向上管理，我的意思是，她經常不知道下面發生什麼事。我進她的辦公室時，她一臉擔憂地說：「現在情況如何？我注意到客戶付我們的錢並不多。」

我坦承生意的確在萎縮，因為客戶都慌了，不敢輕舉妄動。「但是，」我說，「我已經努力為客戶增添一些價值，寫一些評論帶進一些客戶。」她似乎對我講的內容沒什麼概念。「對喔，我有聽說。」她含糊回應。「你轉寄給我看看吧。」她的語氣聽起來就像是我有沒有寄給她都無所謂，為客戶增添價值似乎是她最不在意的事。

金碧輝煌的大樓裡，為一美元的護唇膏報帳

二〇〇九年秋季，高盛為自己完成了一件宏偉的作品：在西街兩百號打造了一棟造價二十億美元、四十三層樓的閃亮玻璃帷幕建築，就在世貿大樓原址的西北方，離世貿原址僅一石之遙，正好在我以前河岸住所的正對面。以前我還是菜鳥分析員時，我和室友會去西街影城看電影，影城隔壁有個小停車場。高盛不知怎的硬是把這一大棟新建築塞進了那座小停車場的空間，幾十億美元的效果真是驚人。

大樓的興建是從二〇〇五年開始，那時經濟不景氣已經結束，市場又開始蓬勃起來，而且還有美國政府的獎勵動機：為了帶頭振興該區域，高盛發行價值十億美元的自由債券，亦即低於市場融資成本的免稅債券。高盛在世貿大樓原址附近設立總部，也是一種大膽的聲明。

那棟大樓在很多方面都有重要的意義。其一，高盛從未興建或擁有建築，以前都是承租辦公大樓。其二，新總部金碧輝煌的外觀，和高盛傳統的低調風格相左（唯一保留的低調傳統是，公司門口沒有招牌，只寫門牌號碼「西街兩百號」）。其三，負責設計的貝聿銘聯合建築師事務所為了不那麼招搖，採用先進環保的綠建築原則來設計大樓，例如內建冰冷式地板下空調系統。但高盛為了

凸顯氣派，又付了抽象藝術家朱莉・梅雷圖（Julie Mehretu）五百萬美元，在大廳畫了長八十英尺、寬二十三英尺的大壁畫。那些在龐大牆面上飛躍的線條和延伸的幾何圖形，以抽象方式表達金融資本主義的歷史，壁畫的龐然尺寸當然是暗示高盛的強大財力。

大樓一到七樓是龐大的交易廳，每層都比足球場還大，也比紐約廣場一號的五十樓大很多。衍生性商品桌及其他六百位股票業務和交易部的人，是在四樓。七樓以上是高盛的主管辦公室、研究部、投資銀行部。十樓和十一樓有美麗的挑高玻璃天花板，那裡有占地五萬四千平方英尺的健身房及龐大的新餐廳。新總部落成，公司每個人都喜形於色。

想知道搬遷的最新消息，紐約廣場一號地下室的薩瓦托理容店（Salvatore's Barber Shop）是最佳場所。交易廳裡有很多人會在收盤後到這裡迅速理容一番，以熱毛巾熱敷。一些大老和大人物也會去，包括保爾森、前高盛合夥人及當時的紐約證交所執行長鄧肯・尼德羅爾（Duncan Niederauer）。有一次我去剪髮，當時紐約州檢察長安德魯・庫默（Andrew Cuomo）也在我旁邊修剪頭髮。十月底、近十一月時，我的理容師麥克密切地追蹤搬遷日期，他告訴我：「昨天寇恩來這裡，他說再兩週就搬了。」或「舒瓦茨（全球證券部的共同領導者）說會在感恩節前搬遷。」

大家對搬遷的期待大都放在新餐廳，舊總部四十三樓的餐廳說好聽一點，即使不難吃，也沒什麼吸引力。新餐廳有挑高的天花板、閃亮的裝潢，相較之下有如大教堂。

不過，從搬進去的那一刻開始（股票部是實驗的白老鼠，他們在感恩節後不久先搬過去），我們就發現新餐廳有很大的問題。也許是管理不善，也許是風水不好，總之那地方非常混亂，設計或布局有瑕疵，但是沒人說得上來確切是哪裡有問題。大家常撞到彼此（是真的把對方撞倒），燒烤、沙拉、三明治、煎蛋捲的供應台前面常大排長龍，結帳處永遠排著長隊，整體感覺很奇怪。雖然可以明顯看出公司在設施上不吝惜花費，空間很大，但就是感覺人潮擁擠。一度，情況惡化到人力資源部發出電子郵件，通知大家十一點至十一點半之間，或下午兩點到兩點半之間，用餐可享二五％的折扣（不管你信不信，有幾位年薪一百多萬美元的董事總經理總是很積極地把握這些折扣）。那封電郵也鼓勵大家往外覓食，改去世界金融中心用餐，以減少高盛餐廳裡的擁擠與混亂。公司似乎一直無法解決這個問題。

有些員工似乎很喜歡餐廳提供的早鳥特惠，事實上，我有一位同事後來習慣每天上午十一點十五分就去吃午餐，他也是那種會帶客戶去滑雪，在山底下買ChapStick牌的護唇膏，還會為護唇膏多報一塊美元公帳的人。老闆當然也注意到這種錙銖必較的行為，看到那一美元的報帳時，狠狠訓斥了那傢伙一頓。

「你他媽的是在開我玩笑嗎？一美元的護唇膏？你去年賺多少？」老闆吼道。

「對，有道理，您說的是……」那位董事總經理只能如此喃喃回應。

新健身房則全然不同。舊健身房（位於漢諾瓦街十號）就像舊餐廳一樣陽春，設在沒有窗戶的地下室裡，沒幾個人喜歡。新健身房掛上「高盛健康交流區」的大名，只能以「壯觀」來形容。跑步機和舉重室可以遠眺紐約港的壯麗美景，好到大家一搬進去新大樓就搶著用。一大清早就有人去健身，市場收盤後也馬上有人前往。資歷淺的員工比較難這麼隨心所欲（有些人還是試過了），但是對副總裁、董事總經理、合夥人來說，傍晚是健身時間，例如康蒂幾乎天天下午四點到五點之間都去健身房報到。

有個故事是這樣的。某天，整個衍生性金融商品部門收到一封電子郵件（顯然四樓交易廳的每個人都收到類似的郵件），信中寫道：No one should be in the gym with a 4 handle.這裡面有行話需要解釋一下，金融業的人喜歡在日常對話中加一些交易用語：handle是指特定指數或證券交易的價位，假如Google的股票交易價是六三四，有人可能會說：「Google的交易價是六字頭（GOOG is trading with a 6 handle）。」所以那封電子郵件的意思是，大家不該在下午四點到五點之間去健身房。

交易廳裡盛傳，那封電子郵件之所以明令禁止，就是康蒂造成的。

據說，舒瓦茨（康蒂的老闆的老闆）都是下午四點到五點去健身房，他每天看到康蒂同一時間也在那裡，看到都煩了，所以才會禁止大家那段時間去健身房。有時候，華爾街跟高中沒兩樣。

好好吃一頓吧，至少我還保有工作……

二〇〇九年我的總收入（含獎金）超過五十萬美元。那年景氣還是不好，我很驕傲、也很幸運能有那樣的收入。整個金融危機期間，裁員不斷，我也慶幸自己仍保有工作。

五十萬美元是不小的數字，不過這裡應該補充提到，合夥人的收入是另一個高不可攀的層級。二○○九年高盛發出的薪資總共一百六十億美元，比前一年高了四七％，有很大一部分都歸頂層一％的人所有，那些人都是公司的合夥人。合夥人的好處是，無論你做得如何，保證都能拿到某個最低金額（通常是數百萬美元）。風險是，萬一你的老闆發現你無所事事，他們會把你趕走。但是在他們搞清楚你毫無貢獻以前，至少你還有一兩年可以坐享其成。

二○○八年十二月，我滿三十歲，那也是我人生中緊繃的一刻。娜婷的三十歲生日晚我兩週，我們一起在Freemans辦了一個大型的生日派對，那地方有點老式地下酒吧的風格，位於下東城某條巷弄的最底端。我們包了一個包廂，邀請了約三十位朋友，一半是她的朋友，一半是我的。

用餐快結束時，娜婷意外送我一個生日蛋糕。他們把蛋糕端進來以後，開始起鬨，要我發表感言，所以我站了起來，講了一下。那時我已經喝了幾杯酒，有點感性，我說：「我知道現在正值世界的動盪期，對很多人來說都很辛苦，但是讓我們暫時放掉一切煩憂，享受彼此的陪伴，別讓世界上的紛擾影響我們太多。讓我們在十二月找機會好好休息一下，乾杯預祝更好的二○○九年。讓我們恢復活力，以更正面的展望，邁進新的一年。」

當晚結束時，我決定這一攤全由我買單，帳單超過三千美元，但我很樂意。我喜歡請客，對娜婷和我來說，這天都是一個里程碑，我們和最親近的朋友一起慶祝，沒有比這更好的慶祝方式了。

快轉一年，到了我三十一歲的生日，娜婷和我分手了，世界也變了很多。二〇〇九年比我想像的還要複雜。去年幫我們慶生的三十位朋友中，只有一位朋友從底特律飛來，幫我慶祝這個沒什麼好紀念的一刻（那是我大一認識的朋友）。分手後的我雖然寂寞，但我覺得自己變得更健康、更堅強了。工作很順利，市場也持續上漲，生日那天，朋友和我出去度過了寧靜的夜晚，我們認識了兩位女孩，其中一位我還滿喜歡的。

聖誕節和新年之間，辦公室照常營運，但很安靜。幾乎所有的合夥人都去度假了，資歷最淺的合夥人抽到下下籤，必須留守辦公室。交易廳裡也是按階級運作，資深副總裁度假去了，資歷淺的副總裁留著上班；資深助理度假去了，只留下一位資淺的助理。盡了幾年的義務以後，終於也輪到我安心休假一週。

我飛回開普敦探望母親和弟弟，這時的開普敦風光正美，夏季才剛開始。整個城市為了即將開幕的世界杯足球賽而熱鬧滾滾，為了比賽而在綠點（Green Point）興建的龐大體育場才剛開幕。我和母親、弟弟一起去斯泰倫博斯（Stellenbosch）的酒莊，在豔陽下陪伴家人、想著我剛認識的女子，感覺很棒，這時的我對人生充滿了期待。雖然我沒有理由認為世界會變得比較不複雜，但我就是覺得二〇一〇年將會是很好的一年。

第9章

鎂光燈下的控訴

什麼！高盛涉嫌詐欺？

二〇一〇年四月十六日，我去曼哈頓市中心的南非大使館換新護照。再過幾天，我就要飛越太平洋，造訪亞洲的幾家客戶。幾經爭取加快換件速度後，我走出大使館，那時正值清爽的初春時節，怡人的氣候正是讓人愛上紐約的原因。我好整以暇地找計程車回辦公室，享受幾分鐘的陽光，開始思考這次出差的行程。世界感覺開始從重創中慢慢療癒了，雖然速度很慢。

我很期待去拜會幾家數個月不見的客戶，我們將會討論市場的最新發展，也會一起出去吃喝，放鬆一下。這個事業有很大一部分需要面對面的互動，牽涉到人情，那可能也是我最喜歡業務工作的一點。

有些在投資銀行工作的人覺得，繞著地球飛上萬里去開幾個會是苦差事，但我從來不覺得無聊。搭商務艙飛到三萬呎高空上，享用美酒和生魚片，入住麗思卡爾頓或四季飯店，帶客戶去三星級餐廳享用每人一百五十美元預算的晚餐。如果我有時間，還可以去找亞洲的裁縫師，訂製幾套高級的手工西裝（費用比去布魯克兄弟買現成西裝還便宜）。此外，還可以搭短程渡輪，到澳門的永利飯店（那裡很誇張，幾乎跟拉斯維加斯的永利飯店一模一樣，只是小一點）。這些哪算是苦差事？反而都是我盡情去體會與欣賞的事物。

這時我瞄了一眼黑莓機，馬上就從我的亞洲白日夢中醒過來了。

不妙，彭博螢幕上，一片紅通通……

我不禁揚起眉毛。股市大跌，高盛的股價甚至跌了一〇%以上，交易量是平常的十倍。不對勁，很不對勁。我開始掃讀電子郵件，螢幕上每封電郵的主題欄都出現一樣的字眼：SEC、SEC、SEC。證管會，負責執行證券法規及規範金融業的聯邦當局。

我立刻跳上計程車，趕回西街兩百號的辦公室。

路上，我開始看電子郵件，不敢相信我看到的內容，那是你可能看到的最糟狀況。

即時消息

證管會指控高盛建構並行銷連結次貸的CDO，涉嫌詐欺。

我繼續看下去……

證管會指出，高盛建構並行銷連結次級住宅抵押貸款證券（RMBS）績效的合成CDO（擔保債權憑證）。高盛並未向投資人告知有關CDO的重要資訊，尤其是大型避險基金在投資組合挑選過程中扮演的角色，以及避險基金對CDO放空的做法。

我直接的想法是，這是政治迫害吧。證管會過去兩年都沒盡守職責，現在才想向大眾證明他們有在做事？他們怎麼不去找真正造成這一切混亂的壞蛋，找那些不負責任冒險、搞垮公司，連帶拖垮全球經濟的傢伙？

我當下的情緒反應是憤怒。

計程車終於開到高盛門口，我付了車資後走進大廳，掃描我的識別證，搭電梯到四樓。我走進交易廳時，看到平日鬧烘烘的大辦公室裡寂靜無聲，每張蒼白的臉都瞠目結舌地盯著螢幕，我可以馬上看到附近的電腦螢幕底下，跑馬燈顯示高盛的股票下跌近一三%（那是二〇〇八年底和二〇〇九年初金融危機以來，高盛股價跌幅最大、最急的一天）。在這個比較穩定的市場中大跌一三%，只意味著兩件事：恐慌和災難。

我迅速回到座位，叫出我的彭博系統畫面。彭博新聞每次報導重要消息時，新聞從下到上捲動都是紅的，這種情況不常發生，此時我整個螢幕都是紅的。

證管會的指控有什麼錯誤？我開始和同事討論，大家都想理出頭緒，交易廳認為這次事件跟我們拿CDO（基本上就像塞滿次貸的臘腸）打造的某個產品有關。為什麼選在這個時間點？為什麼挑上我們？每個人都無法接受，包括我在內。自從聯邦政府以TARP為銀行紓困之後，全世界就一直在講，應該有人為這次的金融危機負責，連續好幾個月大眾同仇敵愾。《滾石》、《紐約》、《時代》雜誌紛紛大幅報導，抨擊華爾街（尤其是高盛）拿美國納稅人的錢求生與發展，拿紓困的資金押注，再拿獲利發放巨額的獎金給管理高層。當我聽到新聞評論家馬特．泰比（Matt Taibbi）在《滾石》雜誌上把「吸血烏賊」一詞變成流行語時*，我只感到噁心，心想那根本是刻意炒作。我憤恨不平，納悶著為什麼他們從來不寫高盛的慈善活動，幫助了一萬名女性或一萬家小企業，或是高盛培養下一代創業家的方式，或是我們以資金贊助及提供專業協助等行為？

交易廳裡的每個人，包括我在內，對於證管會捏造的任何指控都有同樣的反應，我們都在想：「這些傢伙到底在幹什麼？他們怎麼不去找雷曼董事長狄克．富爾德（Dick Fuld），或美林執行長史丹．歐尼爾（Stan O'Neal），或貝爾斯登總裁吉米．凱恩（Jimmy Cayne）。這些人都把他們的公司搞垮了，有些還是在高爾夫球場或賭桌上搞垮的。證管會只會找我們麻煩，只因為我們安然無事……」

什麼Abacus 2007-AC1？我從來沒聽過

客戶開始打電話來詢問，他們都想知道究竟是怎麼回事。

管理高層反應很快，已經預期到客戶會來電，他們要求我們不要透露任何實質的資訊，也不要辯解，只要說：「我們不確定，正在深入調查。」公司稍後會提供我們一份回應客戶的要點。

一兩個小時內，我們就收到內部的電子郵件，指導我們一些大略的回應重點，以及稍微詳細一些的指控內容。證管會指控高盛發行合成的ＣＤＯ（擔保債權憑證）產品時，在揭露文件中明顯偽造及遺漏事實。那產品名叫Abacus 2007-AC1。

Abacus 2007-AC1？我聽都沒聽過，坐我附近的人、還有我的客戶也都沒聽過，聽起來就像是另一個星球的東西。這些ＣＤＯ交易和其他特製的衍生性商品，向來都有看起來高深莫測、冠冕堂皇的命名，目的是為了行銷。後來我們發現，高盛從二〇〇四年開始行銷的ＣＤＯ裡有一整類叫Abacus，是好幾年前賣的產品，如今陰魂不散，至於後面的數字代表的是發行日。

---

*馬特・泰比在《滾石》雜誌上形容高盛是「一隻纏繞在人類面孔上的吸血大烏賊，無情地把吸管插入任何聞起來像錢的東西裡」。

高盛迅速發表明確聲明，毫不含糊：「證管會的指控在法律和事實上毫無依據，我們會積極抗辯，以捍衛公司及聲譽。」

高盛雇用了歐巴馬的前白宮法務長葛瑞・克雷格（Greg Craig），擔任首席辯護律師。我心想：「很好，我們反擊吧，用力反擊！」雖然我對Abacus一無所知，也不知道證管會的指控細節。

在客戶瘋狂來電、內部電子郵件紛飛之中，康蒂就只是在走道上來回走動，一再強調：「我們想聽聽客戶怎麼說。」其實你不需太多解讀就可以一眼看出，管理高層很擔心客戶開始恐慌，贖回資金。

那時我正在預定亞洲出差行程，我問康蒂：「我還應該去嗎？」他說：「當然要去，現在正是出差的重要時機，我們需要讓客戶看到我們，站到他們面前，以正確的方式為我們自己辯護。」

於是我決定去亞洲，為高盛出力。

那些金融商品，看起來對客戶有利，但實際上只對銀行有利……

證管會的指控很粗略，他們說高盛有個副總裁叫法布利斯・托爾（Fabrice Tourre），二〇〇七年在紐約總部工作，勾結避險基金的經理人約翰・鮑爾森（John Paulson）設計出Abacus 2007-AC1。鮑爾森從二〇〇六年初開始放空房貸市場，賺進巨額獲利。根據證管會的訴狀（針對高盛及托爾提告），鮑爾森親自挑選放進該產品的抵押貸款證券，而他只挑最有可能倒帳的證券。Abacus倒帳，為鮑爾森賺進了十億美元。

訴狀中把托爾描述得很糟糕，他有幾封邪惡的電子郵件也被公諸於世。他的法籍身分似乎讓英美八卦報見獵心喜。二〇〇七年一月他寫了一封電子郵件給女友，信中提到Abacus即將倒帳：「現在整個架構隨時都有可能崩垮……唯一可能的倖存者是『神奇托爾』……他站在自己創造出來的複雜、高槓桿、新異型交易中，而他自己也不見得了解那些龐然怪物的影響！」

「龐然怪物」，基本上一語道盡了複雜的結構型商品市場是什麼，那些東西通常連創造者或顧客也不完全了解。

有趣的是，我看到法布利斯．托爾這個名字時，依稀記得我大約十年前見過他。那是在高盛為史丹佛畢業生舉辦的聯誼會上，那時我應該是第一年的分析員或是暑期實習生。那場聯誼會的目的是讓學長姐認識及提攜學弟妹，那晚托爾坐在離我兩三個位子的地方，他和我一位朋友同屬於固定收益部門，所以我大概跟他聊了三十秒。

我大學時不認識他，也不記得這號人物，因為他大學不是念史丹佛，我們大學生通常也不跟研究生往來，我們覺得他們都是書呆子。托爾是在法國念大學，在史丹佛念一年的管理科學與工程研究所，那是完全偏重計量的科系。

我跟他簡短交流的那晚，他給我的感覺就是典型的計量專家：有點古怪，比較不擅交際。高盛雇用他顯然不是看上他的個人魅力，我知道這樣講不公平，但是計量專家顧名思義就不是以交際取勝。艾斯尼斯不是以魅力征服世界，計量專家的工作是設計複雜的數學模型，讓客戶相信那個黑盒子可把破布變成白花花的百元新鈔。

在理想的世界裡，計量專家是客觀的，是代表客戶及銀行工作。但是計量專家通常是為交易員工作，不是為業務員工作。交易員追求的是迅速押對寶及大撈一筆，業務員注重的是維繫客戶關係。所以計量專家通常會設計出看起來對客戶很有吸引力、但實際上只對銀行有利的產品。托爾就是一個很好的例子，他找到鮑爾森這個完美的盟友，以及荷蘭銀行（ABN AMRO）和德國工業貸款銀行（IKB）這兩家完美的客戶，鮑爾森海撈的十億美元就是這兩家歐洲大銀行慘賠的。

證管會提出控訴後，全世界都開始追打高盛。曾任管理當局的官員、現為教授的《紐約時報》評論家麥克・葛林柏格（Michael Greenberger）表示，如果說二〇〇八年九月雷曼倒閉像是珍珠港事件，那麼證管會控告高盛就像是中途島戰役（美國海軍擊沉日本艦隊，一舉扭轉盟軍節節敗退的局面），這說法真是狠毒。葛林柏格寫道，問責的時候終於來了，美國納稅人這段日子以來提出的問題終於可以得到一些答案。

他們很快就會得到答案了。我飛往亞洲時，貝蘭克梵、維尼亞、托爾，以及其他的高盛代表前往華府特區，到參議院常設調查委員會前「積極（對證管會的指控提出）抗辯，捍衛公司及聲譽」。

爛交易，爛交易，爛交易！

這個時機遠離公司總部很奇怪，尤其我還離開總部有上萬英里之遙。

我抵達亞洲時，天氣非常悶熱。我特地提早一天抵達，以適應時差和高溫。氣溫肯定有三十八度，空氣感覺像一塊微波過的海綿，即使在空調大樓之間稍微走一小段路，也感覺酷熱難耐。這次很幸運，我有位客戶在亞洲土生土長，但在紐約辦公室工作。他叫澤（Taku），這時正好返回家鄉出差兼探親。我們以電子郵件約好當天一起吃晚飯，我打電話給他，很高興能聽到親切的聲音。

我很喜歡澤，我們都是大學時遠渡重洋到美國求學，都愛上這個收留我們的國家，他和我有些共同的話題。我們聊了一下證管會和高盛的風波，我們都很好奇參議院會怎麼對待貝蘭克梵等人，以及高盛如何為自己辯護。美國有線電視頻道C-SPAN會在亞洲的夜晚現場轉播聽證會的實況，我們突然都想到：何不乾脆取消晚餐計畫，一起看聽證會算了？

「你乾脆來我母親家好了。」澤說。「我們可以邊看電視，邊吃點心。」

我回旅館安放行李，小睡後梳洗過，就去了他母親的住所。我知道他家境很好，但我沒想到會是什麼樣子。他們在某個優美的社區裡擁有一棟八層樓的公寓，家人分住在不同樓層。那棟房子設計新穎、扎實穩固，不是華麗的紐約風格，但高雅低調。裡面的空間很大，有寬敞開闊的房間，挑高的天花板。澤迎接我進門，我很驚訝裡面還有兩位僕人，一男一女，安靜但機靈地站在一旁。澤露出微笑說：「來吧，請坐。」

聽證會尚未開始，但是平面電視已經轉到C-SPAN頻道。僕人開始送上點心：一盤新鮮水果、一盤當地的點心拼盤。食物不斷地送上來，每一道都相當美味，不過有時候時差和高溫可能讓人比較容易滿足。後來澤的母親也進來了，她非常文靜好禮，穿著傳統服飾，我禮貌地跟她握手致意。突然間一切感覺有點不可思議：彷彿我是來拜訪朋友，而不是我最重要的客戶，我們即將看到調查委員會的主席卡爾．列文（Carl Levin）參議員拷問高盛。我既安心又不安：我很高興可以在海外那麼舒適、高級的環境觀看直播，而且還是在我客戶的母親家！但是在此同時，我也擔心自己的公司。後續的兩個小時，感覺就像我身處的環境一樣奇妙。我和澤專心看著直播，他母親不斷進來打岔聊天，我必須禮貌回應她，同時注意螢幕。

我：「對，澤女士，我這一趟旅程很順利。喔，對了，府上真的很舒適。」

電視上，列文（對我的同事大吼）：「你不後悔嗎？你應該悔不當初……」

列文已經準備好砲轟他們。其他上台質詢的參議員中，有些很強悍，對金融很了解，有些充滿憤怒，情緒激動，但不懂金融的程度令人難以置信。高盛的證人包括維尼亞、前抵押貸款部門的主管丹．史帕克斯（Dan Sparks）、三名史帕克斯的前屬下（包括托爾）。他們看起來泰然自若。列文拷問史帕克斯時（那段拷問過程後來很出名），逐字念出史帕克斯的老闆寫的一封內部電子郵件，內容是有關一種名叫Timberwolf的CDO：「天啊，那個Timberwolf交易有夠爛。」列文接著問史帕克斯：「二〇〇七年六月二十二日之後，你賣了多少那個爛交易給客戶？」列文覺得在國際現場直播的美國參議院聽證會上，「爛」這個字似乎講得還不夠多，他後來至少又講了五次。爛交易，爛交易，爛交易，一而再，再而三地重複。

到了深夜，在距離總部上萬哩遠的安靜客廳裡，整個聽證會看起來既可笑又可悲。澤和我都笑了，但我笑得有點緊張。雖然我們可以取笑一些搞不清楚狀況的參議員，但是對我來說，高盛受審這件事一點也不好笑。這對一家向來以維持優良聲譽自豪的公司來說，真是糟糕透頂。

後來到了某個時點，我覺得我需要為自己及公司說句話，但是來不及了，澤已經睡著了。聽證會無趣到讓他進入夢鄉。在海外，坐在客戶的母親家中，看著自己的公司受審，旁邊有人睡著了——這還真是我始料未及的奇怪情況，不過我還是安靜地看著轉播。

終於，輪到貝蘭克梵登場了。在列文的連珠砲拷問下，維尼亞看起來有點疲於應付，貝蘭克梵的反應也差不多，高盛不擅長做這種事：在大眾面前、鎂光燈下接受審問，向來不是我們的強項，那是我們沒訓練過的能力。

大家都覺得，當天貝蘭克梵和其他的高盛員工接受拷問是穩輸的局面，那場審問是作秀，他們頂多只求別說錯話，能活著出來，或是別被抓到太多罪證。看得出來貝蘭克梵對出席這個場合十分厭惡，但他竭盡所能地反抗。我一直想著貝蘭克梵一再提出的論點：「在業務與交易事業中，並不存在著信託責任。我們沒有義務去做對客戶最有利的事，我們不是在為客戶提供建議，我們只是在促成大孩子（亦即大型機構投資人）之間的交易。」他的說法讓我想到兩件事：第一，從來沒有人這樣告訴我。我每天都在提供客戶建議，告訴他們我覺得怎麼做適合他們，如果我們只是在撮合買賣雙方，為什麼還需要業務員接觸客戶？第二，他辯稱「我們都是大孩子」，市場是公平的競爭環境，這些說法聽起來都很虛假。高盛在任何情況下顯然都知道的最多，因為它可以同時看到買家和賣家在做什麼。

我看向澤，他還在睡。我輕輕推他，對他說：「嘿，我走囉，謝謝招待。」搭計程車回旅館後，雖然已經很疲憊，我還是熬夜到凌晨看完聽證會剩下的部分，堅持撐到結束。

高盛當然為自己的利益著想，這有什麼好意外的

隔天的會議是和基金的負責人（亦即澤的老闆的老闆的老闆）正式坐下來談。這些年來，我見過負責人幾次，他是一位莊重拘謹的中年人，保守謹慎的態度是當地文化所需要的特質。

那場會議很重要，所以早上我到高盛當地的分公司，先和當地的合夥人（他是當地人）討論一遍談話重點。那位合夥人已經在高盛服務多年，但是令我及許多同事不解的是，他對那家基金或基

金公司的人都不是很熟。很多人都納悶：「這傢伙是怎麼當上合夥人的？」後來我才知道他是交易合夥人，交易員通常比較內向，他們管理風險，但不像業務員那樣經常接觸客戶。他只是剛好是那個分公司裡最資深的人，對他來說有點尷尬的是，我這個住在紐約的南非籍猶太人，竟然要首度介紹他認識客戶端的負責人，即使他們兩人的工作地點只離十個街區。

我們開始開會。在準備時，當地的合夥人和我討論了幾個會議上可能出現的情況，顯然證管會調查高盛這件事會是一個話題，但我們也不知道這件事會怎麼發展。握手及禮貌寒暄過後，基金公司的負責人馬上就提起證管會控告高盛的話題，他毫不廢話。

這位平常就非常嚴肅謹慎的負責人絲毫不拐彎抹角，他先看著合夥人，接著看著我說：「我直接告訴你們，你們不需要擔心，我們不會停止跟你們往來。其實，我們不相信你們已經很久了，因為我們覺得高盛是避險基金，清楚你們心中只在乎自己的利益，但我們也知道你們是華爾街最精明的業者，有些時候我們還是需要跟你們交易。」

我努力避免露出瞠目結舌的反應。他又繼續說，他不是毫無同情心，他也覺得聽證會有點像在趕盡殺絕。他現在的看法類似一些媒體人的觀點：高盛當然是為了自己的利益著想。這有什麼好意外的，大家都知道，也沒有不合法，高盛只是在撮合買家和賣家，而通常高盛本身就是買家或賣家。但他說：「我們也不會天真到認為，高盛永遠都會善待我們。」

會議繼續進行，我們談了一下市場。當地的合夥人終於找到插入點，對貝蘭克梵在這方面的說法及想法提出一些意見。負責人很客氣委婉地說，以他和高盛長年往來的經驗，他有點意外貝蘭克梵從未直接聯繫他們。我一聽，不禁暗自打了個冷顫。接著我們握手道別，我覺得非常洩氣，我討厭不受信任的感覺，直覺想到：「這要怎麼改善？我們要怎麼做，才能重新獲得客戶的信任？」

不過，當地合夥人的反應是鬆了一口氣。「幸好他們不會因此停止往來。」他說。「這結果不錯！我原本預期的狀況更糟。」

我不禁搖頭。

後來的日子，我持續搖頭，努力適應新的現實。這個高盛合夥人竟然會因為客戶願意持續跟我們往來而鬆了一口氣，即使客戶端的負責人表示他們不再相信我們會善待他們。以前，合夥人會肩負起領導公司的責任，但是這位合夥人的表現一點都不像公司的領導人。看到這麼資深的人如此短視近利，令我相當失望。其實他的本意是：「我不會有麻煩，持續有錢賺。如果這家客戶五年後不再跟我們往來，那時我可能已經不在這裡了。」或許這是特例，但這不是我預期合夥人該有的態度。

高盛十四條原則怎麼會變成這樣？尤其是第二條原則：「人才、資金、聲譽是我們的資產。這三者之中有任一個受損時，聲譽是最難恢復的。」我們似乎進入了某個奇怪的異次元領域，不僅聲譽受損，還喪失殆盡。高盛的員工似乎必須接受「我們不再受到信任」這樣的事實，我實在不願接受，我期待高盛的領導者可以竭盡所能地改變這點，但是他們肯嗎？

閃電崩盤，暴露出市場的脆弱性

證管會控告高盛的消息一登上媒體，高盛就開始失去二〇〇九年三月以來持續累積的動能。當投資人看到主管機關咬著華爾街上獲利最好的公司不放時，大家不免擔心：「接下來會發生什麼事？下個未爆彈何時引爆？」早在二〇一〇年五月六日以前，金融圈就已經開始動盪了。

五月六日發生的事情，我記得非常清楚，市場因為擔心希臘債務的危機，跌了一整天。午後我離開座位去洗手間，我記得在洗手間裡和站在隔壁的期貨計量專家閒聊，回座位時，發現市場暴跌：道瓊指數一度跌了九%，但迅速恢復。那一千點的波動是道瓊指數有史以來最大的震盪，每個人都愣在螢幕前面，心想這到底是怎麼回事？大家也發現，埃森哲（Accenture）、中點能源（CenterPoint Energy）、艾索倫（Exelon）等個股都暫時失去了全部的價值，每股以一美分的超低價交易，這怎麼可能！一檔股票怎麼可能在瞬間失去全部的市值？這是前所未見的情況。

這就是閃電崩盤（flash crash）。

在下午兩點四十二分和兩點四十七分之間，道瓊指數跌了六百點，再加上先前就已經大跌三百點，一天內跌了近一千點。下午三點零七分，市場又向上回補了六百點。

每次市場出現暴跌，無法以任何新聞標題解釋時，投資人幾乎都會懷疑：「喔，肯定是E-mini S&P五百期貨的胖指效應。」意指某個笨拙的交易員又不小心按錯鍵，賣出遠比自己想做的交易還大的量，破壞了整個流程。在二〇〇〇年代初期，當E-mini取代交易場內交易的大筆期貨交易合約時，發生過幾次有名的錯鍵問題。我們以前在交易桌笑稱，那個常按錯鍵的神祕人物是「E-mini大盜」。

但是閃電崩盤是「E-mini大盜」造成的嗎？

我一直不太清楚那件事情的真相，我想其他人也都搞不清楚是怎麼回事。說法有很多種，不過有些人說那次崩盤是大賣E-mini S&P五百期貨引發的，就是我幾年前和柯瑞在期貨桌交易過的產品，那是全球流動性最高的期貨合約。在那詭異的二十五分鐘內，公司幾位資深高層記得我碰過這些期貨，來找我分析是怎麼回事。我說我覺得不是E-mini造成的，因為那東西的交易量沒大到足以造成那麼瘋狂的變動。

讓我及數百萬投資人感到不安的是，閃電崩盤暴露出市場的脆弱性已經變得如此複雜難解。這涉及了環環相扣的技術和備份系統，出問題時，每套系統又不見得彼此溝通。高頻交易（電腦每秒做數百萬筆交易），在日常交易中已經占很大一部分。最後，證管會和媒體認為，是魏德爾金融公司（Waddell and Reed）這家共同基金觸發了閃電崩盤。沒人能說服我一個賣二十億美元E-mini期貨的共同基金經理人是造成崩盤的原因。我在柯瑞的交易桌工作時，經常做三十億美元的交易，從來沒造成閃電崩盤。對外行人來說，E-mini引發的災難看起來合理，是一筆大交易引發拋售。但是對我來說，那只是看起來嚇人而已——可見全球資本市場已經失衡，如今又多了一個跡象。

投資人也有同感。證管會指控高盛不久，又發生閃電崩盤，客戶都慌了起來，他們一慌就停止交易，完全不動了。氣氛再次陷入死寂，公司又開始裁員，高盛交易廳的情緒陷入低迷。

七月，高盛同意以五．五億美元跟證管會達成和解：其中三億美元給政府，二．五億美元給投資人。托爾不列入和解中，更強化了外界認為高盛想讓他自生自滅的印象。至於證管會的指控，高盛沒承認也沒否認任何罪行。很多人覺得這很奇怪，如果沒默認有錯，那五．五億美元的和解金又是怎麼回事？證管會的公關得意揚揚地宣稱那是一大勝利，是有史以來最高的和解金。華爾街上的懷疑論者說：「這對高盛來說是一大勝利，他們毫髮無損地脫險了。」對美國的任何人來說，五．五億美元是難以想像的金額，但是對一家證券部每季都帶進五十億美元的銀行來說，五．五億美元不過是九牛一毛。

道德腐化，很快就變成常態……

和解達成後，高盛裡很多人都鬆了一口氣。他們心想：「這件事排解了以後，也許我們又可以繼續走下去了。」但是生意並沒有出現多大的起色，公司的聲譽已經受到重創，很多客戶再也無法放心接受和高盛交易時的對手風險。他們只願意交易透過結算所交割的掛牌、透明產品。那樣一來，不管和客戶交易的銀行發生什麼事，客戶的資金和市場曝險都很安全。OTC衍生性商品或結構型商品就不是如此了，交易對手（銀行）的命運會影響到客戶。

隨著業績壓力的增加，高盛裡各種不良的行徑也跟著增加，例如搶別人的客戶，或是說服不知情的客戶做不符合其最佳利益的交易。在危機期間升至領導階級的人，是憑獲利能力而非領導力往上爬的，現在他們開始鞏固勢力，把黑白是非放兩旁，大家開口閉口都是「有沒有GC？」總業績（gross credit, GC）才是大家在意的、談論的，且用以衡量自己及獲得薪資報酬的標準。公司裡越來越多人把GC奉為最高準則，這些人現在成了為部門員工樹立榜樣的管理者。

他們之中的聰明人都知道怎麼玩這種遊戲。參議院的聽證會結束後，康蒂禁止我們在公司的電子郵件裡提到GC，他擔心那樣的訊息可能會像托爾的電子郵件一樣，哪天也遭到公開，或被客戶看到而開始了解他們付了哪些隱含的收費。

奇異公司的傳奇前執行長威爾許寫過，組織一旦獎勵不好的人創造獲利，優秀的人才會開始消沉，文化受創，一些原本不好不壞的人也開始覺得他們應該仿效那些不好的人。這種情況越多，就越會持續下去，直到成了常態。這種道德腐化很快就變成高盛的常態。

以下是威爾許接受路透社訪談時關於文化的論點：

> 這恰巧也是商業上最恆常不變的原則之一，軟性文化跟硬性數字一樣重要。你的企業文化要有意義，就必須公開處罰那些破壞文化的人。我們知道那很殘忍，但是打造健全、誠信的組織文

化本來就不是易事，但是出於某些原因，有太多領導者認為，公司的價值讓人事部和新進員工對話五分鐘即可傳遞；又或者，他們以為文化是指挑哪些字刻在大廳的碑牌上（例如，是要刻我們「敬重」顧客，還是「尊重」顧客？）。簡直是一派胡言。組織的文化根本和字句無關，重點在於行為和結果。每位管理者都要知道他的主要角色是落實價值觀，有類似沙賓法案（Sarbanes-Oxley）那樣的執法權力*，他知道在每次績效考核時，員工考績是看他們的數字績效及落實價值觀的程度而定……

在壓力逼近下，大家越來越覺得傳統的生意模式（從透明的掛牌交易中賺取固定的佣金）獲利不夠。在證管會控告案和解的那陣子，一位高盛的計量專家發明了一套酷炫的計量模型，但名稱不是很炫，這裡就姑且以「克洛拉」（Clorox）代稱。真正的名稱比克洛拉還普通，高盛在Abacus捅出那麼大的樓子後都很小心，所以新的結構型商品在設計上都是盡可能走低調路線，我想那是為了避免引來過度的關注。

---

*沙賓法案（Sarbanes-Oxley Act），原名為「二〇〇二年上市公司會計改革和投資者保護法案」，大幅修訂美國證券法及證券交易法，主要目的是加強公司治理，恢復投資人信心。

克洛拉是所謂的「多資產類別順勢產品」（multi-asset-class momentum product），這個花俏的稱法其實說白了，就是「把錢交給我們，我們會根據歷史模型幫你重新配置資金（各項配置都收很高的利潤）」。類似基本投資組合管理的花俏版，就像你把普通的火腿三明治換個花俏的「波隆納・帕尼諾」名字賣給客人一樣，原本價格五十美分，換了洋名可賣到八美元。

有些客戶就吃這一套，尤其是前面提過的單純客戶和不會發問的客戶。一些校務基金、基金會、慈善機構就上了圈套，買了克洛拉。

我老闆強迫我賣克洛拉給幾家最大的客戶時，我馬上就知道那東西不適合他們。我硬去推銷的話，他們應該會覺得不受尊重，因為他們可以自己做資產配置和組合管理，哪裡還需要名叫克洛拉的複雜計量模型，而且還要付華爾街的銀行那麼貴的費用？他們自己投資掛牌的股票、期貨和選擇權，就可以達到同樣的目的了。我拒絕向客戶推銷克洛拉，那不符合客戶的最佳利益。

業務部開始向慈善機構、州立教師的退休基金、剛成立不久的小型避險基金推銷克洛拉時，我不禁納悶：「這有反映出我們已從參議院的聽證會或危機中記取教訓了嗎？」我心想：「沒有，這並未反映任何新的方向，事實上，大家對GC的強調越來越頻繁了。」

接著，高盛開始推動「商業實務研究」。高盛這麼做基本上是在說：「好，我們不是每件事都做對，我們開始調查吧。」公司高層全加入所謂的「商業實務委員會」，負責領導委員會的是一位長期的合夥人麥克・艾凡斯（Mike Evans），他比較老派直率，一般認為他是未來領導高盛的熱門人選。

我對該研究抱著希望，期待高盛能開始修復客戶對我們的信任。我希望有一天能回去找亞洲的客戶，對他們說：「我們研究過這些東西了，我們知道改變需要時間，但我們決心改正。」

但是隨著研究的進行，我開始懷疑那只是作秀，我很樂意為該研究貢獻我的想法、提出意見，但沒人來問我，我也沒聽說他們找了誰徵詢意見。研究難道是在後台的某處暗中進行嗎？

光靠理念是無法在高盛出頭的，重要的，是數字

我逐漸培養出真錢方面的獨到專業。現在我發送市場評論時，收件清單裡有數千位客戶和高盛員工。我開始累積思考周延的紀錄，在預測市場方面，看準的頻率比看錯的頻率高。這有一部分是因為運氣好，不過，比起早年跟隨魯迪和柯瑞的時候，我的市場直覺進步了，變得更加敏銳，知道市場在不同的情境下會有哪些反應。畢竟，在我入行的十年間，經歷了幾次泡沫和破滅，知道市場景氣循環的方式。我的市場評論變成大家平常討論的話題，有些人會問：「你看了『真錢』評論嗎？」或「你看了葛瑞最新發出的評論嗎？」他們會把那些文章轉寄給自己的客戶。我很高興我寫了那些文章，除了我和那兩位董事總經理以外，很少業務員會定期這麼做。

我也很自豪我能維持一定程度的客觀性。我說出自己真正的想法，而不是參照公司的說法，這

種方式並不是每季都能獲得大家的接納。二〇一〇年夏季接近尾聲時，我的直屬老闆侯凡又把我叫進她的辦公室裡，老調重彈說起我們的生意有多低迷，希望我多想想辦法。我提起最近寫的評論時，她板起了臉孔。

當時我的反應也許考慮欠周，但我需要幫自己說點話。我說：「我不想把這件事看得多了不起，但有些大客戶都在讀我寫的評論，也有回應。我們在景氣低迷時，獲得他們更多的關注。」

她難過地搖了搖頭，彷彿我是個腦筋特別遲鈍的小學生。「葛瑞，文字和理念是沒辦法在高盛出頭的。」她說，「唯一重要的是數字。」

二〇〇二年九月十一日開始，華爾街會在三個時刻默哀，紀念世貿中心受到的恐怖攻擊：一次是在八點四十六分，北塔遭到撞擊的時間；一次是九點零三分，南塔遭到撞擊的時間；一次是九點半，紐約證交所敲開盤鐘。

二〇〇二年後的最初幾年，每次都有人透過廣播系統宣布：「各位，默哀時刻到了，大家肅靜。」交易廳馬上陷入一片沉寂。但是二〇〇六年度過五週年以後，我開始注意到大家不再在意這些了。

默哀淪為形式，你還是可以在電視螢幕上看到新聞台CNBC默哀致意，但是有人會繼續做手邊的事，例如聯絡客戶、察看彭博系統等等。我覺得他們不是故意不敬，他們只是太年輕了。

二〇〇五到二〇〇九年，高盛員工的平均年資約莫五年（員工總數三萬人），所以對九一一沒有那麼深刻的體驗，那時他們還沒進入高盛，還在念大學或高中。除了簡短的紀念活動以外，高盛對九一一事件的集體記憶已經封存起來，創傷早已隔離，如此才能一如既往地營運下去。

二〇一〇年九月十一日，高盛已經進入全新的世界。這讓我感覺自己老了，也感到難過。但是對於我能在高盛待那麼久，我也感到自豪。

此外，二〇一〇年九月還發生了一件值得紀念的事。

我終於拿到綠卡了！十四年前，我帶著濃濃的南非腔，飛來美國念大學，如今我終於成為美國的永久公民。打開信封看到那張卡時，好幾種美好的情緒交雜在一起：能夠無拘無束待在美國的自由、安心與快樂。在美國土生土長的人，不會理解要拿到那張神奇卡片有多難、多煎熬。我很興奮，這個收留我的國家一直對我很好，我以她為榮。我在約翰尼斯堡及史丹佛的死黨萊克斯現在和我一樣，都是這個美好國家的永久居民了。幾週後我們相聚，為此舉杯慶祝，對於我們這一路走來，如今終於能成為這個國家的公民引以為傲，現在約翰尼斯堡似乎變得相當遙遠了。

生涯大轉折，奉派轉戰倫敦

我一直都在尋找人生導師。我的市場評論開始獲得肯定以後，我和一位資深合夥人培養了不錯的關係，他似乎對我的職業生涯發展很感興趣。他喜歡我寫的評論，這表示他喜歡我的想法。身為頂層合夥人，他也很清楚公司的動態，他感覺我有潛力再往上晉升一級（亦即董事總經理），也對於我該如何晉升有些看法。他通常會說：「我聽到一些不錯的評價，你需要怎樣定位自己。」之類的話。

十二月我就滿三十二歲了，我已經當了四年的副總裁，升到董事總經理那一級大都是在三十五到三十九歲之間，但也有人像海勒那樣不到三十歲就做到了，所以我現在升上去也不是史無前例，但是大家肯定會覺得很快。那位合夥人也說：「在高盛，好人一定會出頭，但通常升得較慢。」言下之意是，壞人升遷較快，但好人通常撐得較久。

事實上，我向來對政治角力也不是很在行，我總是希望能以工作績效取勝（也許這種想法很蠢）。但我看得出來，在現在的高盛裡我必須自己想辦法，找貴人、主動發聲、要求自己想要的。所以我很高興能找到一位資深合夥人當我的人生導師。

幾週後，他又找我過去，關心我的近況。他問：「你還好嗎？今年的狀況如何？」他提到我最近兩次的市場評論，並再次提到：「你寫得很棒，內容真的很好。」

我謝謝他。「但我必須說……」我遲疑了一下。

「說什麼？」他問。

「我上頭老闆說，那些評論幾乎無關緊要。聽她這樣說，我有點失望。」我說，接著我把跟侯凡討論的情況告訴他。

他聽完後相當不悅，事實上，他生氣地說：「寇恩非常在乎這種東西。」他告訴我，寇恩對一些合夥人表示，他擔心組織裡的好人（意指文化傳承者）獲得的肯定，會不如那些在撒哈拉沙漠裡賣涼水（例如為驚慌客戶的受創部位平倉）、趁人之危大賺一筆的人。那位合夥人表示，寇恩知道在貸款抵押市場蓬勃發展及後續的危機期間，高盛讓很多賣涼水的人升遷，很多不適任的人坐上領導位置。「寇恩很擔心這點，一直想導正一切。」他告訴我，「我要去和別人談談這件事。」

兩天後，早上七點四十五分，侯凡問我能不能進她的辦公室談談。

我必須說，我其實不怎麼擔心。在侯凡討厭和喜歡的類型中，我可能是處於中間，我從來不覺得我們的關係不好。我當下的第一個反應是，我對那位合夥人的抱怨傳到她耳裡了，她想稍微教訓我一下。我也想知道，既然她已經知道那位合夥人想培養我升上董事總經理，她是否想站出來聲明她才是我的老闆，掌控對話權。我走進她的辦公室時，想像她會對我說這樣的話：「你的人生導師已經跟我談過了。首先，你需要小心自己描述事情的方式。另外，我們也來談談你有意朝董事總經理邁進這件事，我們覺得你可能還要等兩年……這些是你還需要加強的地方，這些是你已經做得不錯的地方。」

但是這些都沒發生，她竟然微笑對我說：「你有沒有想過轉調到倫敦？」

她對於提出這個建議顯得相當得意，彷彿送了我一個大禮。但我一聽，心就沉了。我不想轉調出去，我愛紐約，熱愛美國，我覺得我在這裡發展得不錯。環境是很糟沒錯，但我覺得我可以成功。

我的臉色肯定透露了內心的不滿，我說：「我想都沒想過。」

「我們即將在歐洲開設美國股票衍生性商品業務。」她興奮地說。「我們覺得你是去那裡開疆闢土的適合人選，也覺得你目前職涯的時點正好適合。你很負責，又有豐富的衍生性商品經驗，我們覺得你已經夠資深了，可以出差到歐陸和中東為我們開闢這個事業。」

我不像她那麼興奮，她的笑容頓時僵了，因為現在她面對的是硬逼著一個不知感恩的傢伙接受獎勵的棘手狀況。「你知道，我們大可挑別人去。」她說。

這時，康蒂走了進來，他和侯凡一起領導這個部門，兩人共用一間大辦公室。我記得他之前曾在倫敦辦公室工作，我說：「康蒂，你在倫敦待了六年，你覺得這個轉調如何？」

侯凡一聽，當場拉下臉。這時我才想到她是單獨找我談而不是和康蒂一起，因為她想讓我知道，是她先想到派我去的，是她推薦我，而且她也賭上了自己的眼光。她想要的是感謝，卻沒得到。

康蒂坐下來。他說：「這是很棒的機會。」他是業務員，正在向我推銷。「我知道你在這裡很快樂，但是這份工作對你的職業生涯可能很有幫助。」

聽他說過之後，我更難接受了。侯凡說轉調為期三年時，我第一個想到的是我母親從約翰尼斯堡移民美國的計畫。這事已運作兩年了，我妹妹已經來了美國，我父親也通過美國的藥劑師考試，移民過來了，只剩下我母親還在猶豫中。如果我這時轉調到倫敦，計畫可能就此停擺。

「我的家人大都住在這裡。」我說。

「但你單身。」康蒂說。「這很難嗎？倫敦和這裡只差七個小時。」

我搖頭。「我不知道，」我說，「我真的需要考慮一下，我不確定那適合我。」

侯凡皺起眉頭。「如果你有興趣，記得要告訴我。」她說。「倘若你沒興趣，我不會派你過去見達菲。那工作有很多人想要，事實上，他們都搶著要。」達菲現在領導倫敦的證券業務部，也是股票業務部的全球負責人。

一位和我很熟的倫敦同事，正巧那週到紐約出差。她是董事總經理，名叫喬潔。我邀她一起共進午餐，詢問她的意見。

我從初級分析員開始就認識喬潔了，我們後來都當了期貨交易員，幾乎天天都會電話聯絡。她通常一年來美國兩趟，所以我們見過幾次面。她有一頭深色頭髮，打扮優雅，是個出色的美女。康蒂在倫敦曾經指導過她，據傳她比康蒂更像康蒂，而且謠言也傳過了大西洋，說她後來變成凶惡的老闆，爭權奪利毫不手軟，只要有人礙了她，她會想方設法讓那個人被解雇或轉調，某位董事總經理還給她取了「黑寡婦」的綽號。我一直覺得那些傳聞很奇怪，喬潔和我向來都很尊重彼此，我們一向處得很好。

我們一起用餐時，我提到侯凡的提議，喬潔聽了似乎吃了一驚。我以為她早就知道這個消息了，可能還參與決定人選也說不定。但是現在看來，她還不夠資深，不知道這件事。她顯然不喜歡從我的口中第一次得知這個消息，她試著挽回顏面：「這件事我有聽到一些傳聞。」不久我發現，她對於有人即將進入她的地盤，覺得受到威脅。

不過，當下我對她很信任，所以我坦白告訴她我自己的想法，我提到家人的狀況以及對轉調的保留態度。我也說到，我對侯凡的提議似乎反應不當。

喬潔看起來非常冷靜、理性，實在很難想像她怎麼會有那麼邪惡的綽號。「換成我的話，反應也會不太好。」她說。「接到那樣令人震驚的消息，你還能怎樣？」

隔天早上我上班時，柯瑞來我桌邊說：「我有件事要馬上跟你談談。」他把我拉到一個房間內，關上門。「你這下得罪侯凡了。」他說。

「我知道她不高興。」我說，「但我不知道她有那麼不高興。」

「很嚴重！」柯瑞說。「你讓她覺得你不知感恩，那對她來說很無禮，這可能是個大麻煩，你惹不起她。她這個人很會記仇，你需要趕快解決這件事，迅速表示：『抱歉，因為家庭因素，我無法接下這份工作。』或是盡速婉轉、誠懇地向她道歉，說你真的想認真考慮那份工作，很感謝她先想到你，還在明明可以推薦其他人的情況下特地推薦你。」

我後來發現，高層也曾考慮讓柯瑞去接那份工作，而他自己也想做。問題是，他已經是董事總經理，現在放棄紐約的職位轉調倫敦是有點低就了。所以，他現在是在幫我。

第10章

轉戰倫敦前夕

更上層樓的良機

現在，輪到我卑躬屈膝了。

我暫時擱下擔憂，決定認真考慮轉調的機會，或至少表現出我很認真考慮的樣子，低頭去請罪。

問題是，侯凡不聽我解釋，她超會記恨，我顯然真的把她惹毛了。每次我問她可不可以騰出十分鐘給我，她就好像把我當成食物上的蒼蠅一樣，對我說：「去問我的助理布里姬塔，看能不能擠出一點時間。」

最後，等她覺得折磨我夠了（她在交易廳的位子只離我四個座位，可以清楚看到我的動態），終於答應見我一面。她離開交易桌，回到她的辦公室，我收到她的電子郵件：「我現在有幾分鐘空檔。」我正好和客戶在講電話，馬上結束通話。一走進她的辦公室，就看到她心不在焉地盯著螢幕。她說：「坐吧。」我坐了下來，接著她面無表情地看著我，問道：「有什麼事？」

其實，那是我第一次去倫敦

我除了低聲下氣、實話實說以外，也別無他法了。「我知道我之前的反應不知感恩，但在柯瑞跟我解釋你為了推薦我使了多少力之後，我開始了解這是很重要的事。」我故意提到柯瑞。她知道柯瑞是指導我的前輩，我也知道她和柯瑞的關係不錯，但我所講的也是事實。柯瑞清楚地告訴我，她費心幫我爭取了那份工作，還告訴達菲：「葛瑞是我們想派的人選。」

我承認離開紐約的提議一開始令我震驚，我告訴她，我有多喜愛這個城市，我也確實有些家庭因素需要考量。我再次提到我家人大都住在美國，但我沒提到太多細節。我說：「我仔細想過了，我覺得很興奮，我希望你能再給我一次機會，我很樂意去認識倫敦的同事。我會認真考慮，並把它當成最好的機會看待。」

我講得非常誠懇，但侯凡還是板著臉不為所動，她還不想那麼快原諒我。「我必須老實說，你最初的反應讓我很震驚。」她告訴我。

「很抱歉。」我說，「一想到要搬到另一個國家，我嚇了一跳，那是人之常情，我知道我沒傳達適切的感謝之意。」

她還是不肯原諒我，不過她點頭表示聽到我的說法了。「我跟康蒂談談。」她說，「讓我再多想一下，我們會再通知你。」幾天前，我還受到提拔重用，現在我只知道她已經判我出局了。

那天晚上，我帶從海外來紐約出差的客戶去用餐，怪的是，康蒂也跟來了。我們四個人（客戶紐約分公司的總裁、客戶的交易部負責人，還有康蒂和我）到市中心的三星級義大利餐廳Alto用餐。康蒂半開玩笑地提起我以前打桌球的歷史，結果我們意外發現客戶那位交易員也是桌球高手，所以我們聊了不少桌球，康蒂根本就聊開了。那晚的感覺很自在，幾乎不太談生意。康蒂為了擺闊，點了一瓶四百美元的紅酒，遠超出高盛的限額（他只好自掏腰包買單）。當晚結束時，他發了一封電子郵件給我：「晚餐很棒，做得很好，安排得很用心。」隻字未提倫敦工作的事。

兩天後，侯凡說：「好吧，你去辦簽證，我們要派你過去見一些人。」現在不再是「我們覺得你是這份工作的最適合人選」，而是強烈暗示我，必須自己贏得倫敦那邊的肯定。我覺得這是侯凡想給我一點壓力，多給我一些教訓。對此，我必恭必敬地接受了，甚至為了如何因應倫敦辦公室那裡的人，徵詢她的意見，我可以感覺到她的態度稍有軟化。

我離開以前，又跟柯瑞討論了一下。「你差點就搞砸了。」他說，「現在你好不容易又回歸不好不壞的立場，侯凡沒看好你，達菲也沒有，你必須自己過去倫敦好好地表現。你要努力說服他們為何你是最佳人選，還有你看到了哪些機會。」

我一聽，心裡有些疑惑。柯瑞怎麼知道達菲沒看好我？難道是侯凡叫他那樣說的嗎？但顯然他是想給我一點危機意識。

「喔對了，」柯瑞說，正眼看著我。「你應該會想要這份工作。」他提到那個買護唇膏報公帳的傢伙，說他在紐約做的工作跟我考慮去倫敦做的工作一樣。「你看看那位護唇膏先生，他本來沒什麼前途，但接下這裡的工作後，現在有希望升為合夥人。同樣的情況也可能發生在你身上，這不僅可以讓你升任董事總經理，如果做得好，日後你也可以升任合夥人。而且達菲和所有合夥人都很看重那一塊，不是開玩笑的。」

於是我搭機前往倫敦，有件事我一直沒告訴任何人：我從來沒去過倫敦，我不想讓人覺得我是沒見過世面的菜鳥。

英國人的裝扮，猶太人的腦袋

我搭乘美國航空商務艙的深夜航班前往倫敦，清晨抵達倫敦時是常見的陰雨天。天空灰茫茫一片，雲層低厚，能見度低。我走到外頭，在毛毛細雨下等計程車。我提早一天到，先跟我弟弟碰個面，他幾個月前剛到倫敦當律師，時機真的很巧。此外，我也想好好休息，養精蓄銳，進辦公室時能好好表現。

「先生，去哪？」計程車司機以倫敦腔問道。

「麻煩載我到奧德維奇一號飯店。」我以南非口音回應。

「奧德維奇一號，是嗎？」他說。「沒問題。」

我覺得自己像置身在電影中。那趟計程車的車資是一百二十英鎊，花了一個多小時，幸好是高盛付錢。（我後來才知道搭計程車是菜鳥才會犯的錯誤，搭希斯洛機場快線到倫敦只要十五分鐘。）

我爭取的是美國股票衍生性商品銷售部在歐洲、中東和非洲的主管一職。這表示我以後會向外國的避險基金、共同基金、主權財富基金、資產管理公司，銷售選擇權、交換、衍生性商品及其他產品。一開始，我必須自己開闢業務，但侯凡和康蒂告訴我，一年內如果我覺得真的有事業值得拓展，或許可以再找一個人進來。我的頭銜是執行董事，相當於紐約的副總裁。

在倫敦停留的那兩天，我約好和十九個人見面，他們大都是董事總經理及合夥人。我的任務是逐一說服他們相信，我是這份工作的適合人選。如果我說服成功了，我會和第二十個人做最後一次面試，那個人就是達菲。

面試的過程，感覺很奇怪。

外頭天氣寒冷有雨，而在艦隊街的高盛交易廳裡，氣氛卻是熱烈又緊繃。辦公室位於兩棟相鄰的大樓內，兩邊以天橋相連。兩棟大樓都是報社所有，建於一九〇〇年代初期。交易廳空間比紐約總部要小得多，天花板也低，交易員和業務員感覺像是簇擁在一起，一走進去就立刻感受到有一股被壓縮的能量，像是擠在潛艇裡，而不是在航空母艦上。紐約總部的交易廳很大，放眼所及都是員工，大家互動時通常會遵守社交禮儀。高盛的倫敦辦公室則有不同的禮儀規範。

以衣著來說，達菲和倫敦的合夥人喜歡把「英國人的裝扮，猶太人的腦袋」這句老話掛在嘴邊。「猶太人的腦袋」是呼應高盛的猶太起源，「英國人的裝扮」則精確地描述了高盛倫敦辦公室的穿著風格。倫敦辦公室非常講究上班服裝，每個人都是西裝筆挺，而且似乎都有好幾套。大人物會去薩佛街量身訂製（一套近五千英鎊），像我這種比較小咖的員工則是在亞洲訂製，或是找每個月來倫敦一趟的義大利裁縫師吉安尼（Gianni）。高盛倫敦分公司的標準穿著是訂製西服，內搭高檔襯衫、不打領帶，上面兩顆釦子不扣，至少秀點胸毛。

這裡的西裝流行各種圖案，格子、條紋、窗格紋不拘。配色也很講究，打領帶時，顏色成為一種強烈的個人風格象徵，流行的是綠色和紫色。基本上，只要穿出時尚感，百無禁忌。在比較不重視流行的紐約總部，這種花俏風格是行不通的，穿西裝不打領帶更是罕見。紐約的「休閒週五」穿的是卡其褲和馬球衫，在倫敦則是指你前一晚穿去夜店的任何服裝。有幾次我看到同事通宵狂歡，整夜沒睡就進辦公室，女性穿著低胸洋裝，男性穿牛仔褲和舊T恤，倫敦有自己的衣著規範。

倫敦辦公室的交易桌是按國籍來分，有義大利組、法國組、德國組、北歐組，當然還有幾個英國重點小組。所以，交易廳就像是歐洲的縮影，每區各有它的敏感議題。他們彼此之間有語言上的難題、跨國的爭論、經常的誤解，經常以高分貝方式呈現。

當初鼓勵我寫市場評論的董事總經理是我在倫敦的朋友，他帶我去高盛對面Lutyens餐廳地下室的私人俱樂部共進早餐，幫我了解倫敦辦公室的大致狀況。他一邊吃著煎蛋捲，一邊看著我的行程，指點我每場會議該注意的事項，告訴我哪些人是狠角色，哪些人比較友善。這些消息非常實用，雖然我聽過每個名字，也事先做了準備，但是他跟他們真正共事過，有些人甚至跟他互嗆過。

他針對我考慮的那個職位，提供一些背景訊息。首先他確定那是個資深的職位，之前至少考慮過讓兩位董事總經理（包括柯瑞）接任，但我的南非背景很有利，管理高層覺得我的背景也許可以幫我拉近海外客戶的距離。由於他們不太確定商機有多大，所以找董事總經理來做可能風險太大。他告訴我，他們覺得我的職級（副總裁）和經驗都很理想。

對於轉調辦公室，他也給了我一些忠告。他曾經轉調過三次：從紐約到東京，到香港，再到倫敦。「你必須自己想清楚。」他說，「轉調有利有弊，每次你換新的環境，在人際關係上是重新開始，你需要讓人留下深刻的印象，不能依賴以前的名聲。」他不是在嚇我，他沒有任何意圖。他和柯瑞非常親近，某種程度上，我覺得他認為我在倫敦時，他有義務關照我。

我問他，我該不該對公司施點壓，讓他們知道我為此犧牲了多少，也許可以因此獲得某種薪資上的保障？

「他們不會那樣做。」他說，「他們頂多只會給你外派人員的福利。」我之前聽過外派福利，但不是很清楚內容是什麼。他解釋外派福利是薪水上的津貼，以彌補英國較高的所得稅和匯率，但給不給完全看管理高層，只有在罕見情況才會提供。我知道管理高層的想法是，他們不需要給我任何好處，把我轉調到倫敦就算是對我很好了。對我來說，好處是將來可能有機會升為合夥人。基本上，他們的意思是說：「這裡有那麼大的市場，去拉生意進來就對了。」

我相信倫敦分公司的確有生意可做，所以對新工作感到越來越興奮。我一到倫敦，就發現公司在輕重緩急方面毫無判斷能力，效率可以再大幅提升，有很多新商機等待挖掘。當時，高盛歐洲主要是把焦點放在結構型商品上。但高盛永遠不會跟客戶坦承這一點，在內部他們覺得業務人員應該只做大型、利潤高的事業，亦即「大象交易」。業務員不在意日常的交易量（高盛歐洲稱之為「低利潤事業」），有時還會把客戶趕走。我看到遼闊的市場等著去開墾，我只要去向高盛歐洲鮮少拜訪的客戶推銷普通的選擇權、交換、衍生性商品就行了，我估計這塊新事業很快就會成長到兩千萬美元以上，遠超過我們目前在倫敦的生意規模。

在為期兩天的面試中，我見的人大都是業務與交易部門的負責人，其中有英籍、荷籍、瑞士籍、比利時籍。在每場二十到三十分鐘的面試中，我必須說服每位管理者，為什麼我是那個職位的最佳人選；同樣的，他們也要說服我，為什麼那會是個好機會。大家一直沒講開的是，我身為一個新進者，代表著某種對現狀的威脅，而看到不同的人對這一點的反應很有趣。一位荷籍的董事總經理帶著濃濃的腔調告訴我：「這不是什麼好機會，我真的覺得這裡沒多少生意可做。」也有人說：「這是很棒的機會，我們在這方面投入的還不夠多。」我回紐約以後，某個在倫敦面試我的人寫了電子郵件給我：「你何時過來？有一整個世界等著我們一起去征服。」

再來，就是喬潔了。我在倫敦時，幾個跟我談過的人都提醒我面對她時要「格外小心」。我去倫敦的第一天，中午走到她桌邊說：「嗨，喬潔，你好嗎？」她盯著彭博系統的螢幕，打著字。

「喔，嗨。」她說。連頭都沒轉，沒正眼看我。

「我只是想讓你知道我已經見了幾個人。」我說，接著我提到面試過的那幾個人。她還是沒看我，我問：「你現在很忙嗎？」

「現在不太方便。」她說。「以後再讓我知道最新情況就好了。」

她不願正眼看我，令我有點不快，也有點嚇人。「我從紐約大老遠飛過來，」我心想，「如果我獲得這份工作，我們以後會密切共事。況且，我已經認識你九年了，你難道不能騰出十五分鐘跟我喝杯咖啡嗎？」但是，在她的地盤上相見，顯然和在我的地盤上碰面很不一樣。

第二天中午，幫我安排面試的女人告訴我，已經排好了我和達菲的最後一次面試。這是好消息，表示我之前應對得很好，多數人已經認同我了，達菲是最後的決定者。

在倫敦和達菲見面，當然不同於當日在紐約的Soho House飯店為他送別。他現在是股票業務部的全球負責人，也是倫敦的證券業務負責人（亦即同時管理ＦＩＣＣ和股票部），下面有數千名員工，已經是非常重要的合夥人，要見他不是那麼容易。你必須經過三層保全人員，還有坐鎮在他辦公室門外那位嚴肅的英國女士，才能進入他的辦公室。

約好的時間一到，英國女士帶我進入達菲那間寬敞又高雅的辦公室。迎目而來的，除了達菲的笑容及伸手招呼我之外，就是牆上裱框的大型石版畫：白色背景上只印了一個黑色大字：PEOPLE（人）。達菲還是老樣子，我鬆了一口氣。他說：「很高興見到你。」助理關上門，達菲把注意力都放在我身上。「為什麼你想做這個工作？」他問我。

我告訴他真實的想法：我還沒過來以前，就覺得這是個令人興奮的機會，這次來見了一些人以後，更肯定了這個想法。我說我覺得自己很適合這個工作，也對工作內容很熟悉，我真的希望他能給我機會試試看。

他點頭，看起來很正面。接著他問我一個很貼切的問題：「要是調來這裡，你有什麼擔心的事嗎？」他說：「有沒有什麼問題？」

我實話實說，坦白告訴他我擔心的家庭因素，他和我已經認識很久了，即使他現在貴為管理高層，我對他的信任仍遠多於任何人。但由於他是我老闆，我也想讓他知道我調來倫敦犧牲不小。

在此同時，我想告訴他，我是真的很珍惜再次為他效勞的機會，我回憶起二〇〇二年我們最初見面的情況。「我一直覺得你是這裡最真誠公正的人之一。」我說，「能再度為你工作，讓你以我為傲，對我來說是很特別的事。」

達菲一臉嚴肅。「你一直以來都是在幫我工作啊！」我想著他那句話的含意時，他笑著說：「那好，就這樣。」

對外界來說，「就這樣」沒有什麼特別的意義，但在華爾街，這句話表示成交了，我們的交易就這麼確定了。達菲的意思是我拿到這個工作了。「事實上，我還要帶你一起走回交易廳。」他說。

這可不得了，因為達菲不太常去交易廳走動。我們一起走進交易廳時，數百人的交易廳突然安靜了下來，感覺就像摩西把紅海一分為二似的震懾人心。達菲跟我談笑著，這是最強而有力的背書，彷彿是說：「我挺葛瑞。」

先去找份工作，這樣才有「身價」……

被錄用雖然光榮，我仍有些不安。高盛內部有傳聞指出，倘若公司要調你到海外，你只能拒絕一兩次；但傳言也指出，接受轉調可以升遷得更快。公司裡幾乎每位重要的領導者都曾經待過亞洲或歐洲，但我還是有點舉棋不定。

不過，我仍記得高盛當初錄取我時，我花了三週才回覆我願意，當時因此得罪了一些人。所以我知道如果我要接下這個工作，就必須迅速回覆。

我飛抵甘迺迪機場，搭車回紐約，在計程車上打電話給我的朋友兼參謀菲爾，我大致告訴他新工作的背景及潛在機會。他說：「你來我這裡一趟吧。」

那是週日晚上十一點，菲爾跟我在六十二街及公園大道的交叉口見面。當晚他住在父母家，不想打擾到他們，所以我們是站在十一月的冷天中談了約四十五分鐘，我把行李放在旁邊的人行道上。

他鼓勵我接下新工作。「那是歐洲，你還年輕，會是很棒的經驗，你一定要接下來。」他說。

隔天早上上班時，我問了一位交易廳資深的董事總經理，請他能否跟我談十分鐘。他很忙，但他看到我嚴肅的表情後，答應了我的要求。我想跟他談，是因為他的職位比我紐約的老闆（侯凡和康蒂）低一級；他也跟達菲很熟。他了解所有的重要人物，我信任他，這件事跟他也沒有利害關係。如果我想要聽客觀的建議，他是最佳人選。我們走進一間玻璃牆的會議室，我關上門，接著檢查電話的免持聽筒擴音功能，那是高盛的習慣。每次你進會議室開私人會議時，都會先按幾次電話的結束通話鍵，確定你聽到撥號聲，接著再掛一次電話，再三確認。如果房間裡有視訊會議設備，你也要再三確認機器沒有打開。

那位董事總經理問我是怎麼回事，我說：「我需要聽聽你的意見。」接著我告訴他倫敦的新工作，我問：「這個變動好嗎？我沒叫他們轉調我過去，是他們要我過去的。我的朋友都在這裡，我不希望我犧牲這裡的一切，卻沒獲得足夠的補償。你覺得他們會善待我嗎？」

他看著我說：「我就只跟你說，你可別說出去。」

我點頭。

「葛瑞，」他說，「我是以朋友身分告訴你，千萬別說出去。你應該馬上去找另一個工作，對他們施壓，確定你拿到符合市場的身價。因為這是很大的變動，很大的犧牲。你等於連根拔起，搬到另一個國家。」

我非常仔細地聽著。從實務觀點來看，他講的很有道理。我在高盛服務期間，接過幾次其他公司的探詢，方式有好幾種。有時是別家銀行直接聯絡我（摩根大通找過我一次），偶爾是客戶想找我去他們那裡上班。我有一位客戶是交易部的負責人，他已經有點受不了高盛，他認識摩根士丹利的部門負責人，曾經想幫我換工作。偶爾人力仲介公司也會來找我，有時是透過總機打電話進來，佯裝是你的朋友或表兄弟，有時他們會弄個假名字，以約翰．史賓塞自稱，我還納悶：「誰是約翰．史賓塞？」當我接起電話時，他們會說：「可以幫我轉到私線嗎？」我一聽馬上就知道是怎麼回事了。

我一按私線按鈕，人力仲介會說：「嗨，我是鮑勃．賽門斯，代表瑞士信貸的人力仲介，我們在找這個職位的人選，我想跟你談談。」接著他會說：「我可以跟你要手機號碼嗎？我會利用晚上或週末打給你。」

我從來沒考慮過那些職位，在我的職業生涯中，從來沒跟別家公司接觸或面試過。如今回想起來，我想我對高盛太忠誠了，我很在意忠誠度，不希望別人覺得我有二心。

另一方面，我認識的高盛人幾乎都曾經到其他方面試過。那位提供我意見的董事總經理是很明理的人，他只不過確認了一個事實：公司不會以任何方式獎勵忠誠，隨時都可能開除任何人。在高盛工作越來越像數字遊戲，如果你已經待了十年、十五年、二十五年，確保你身價不被低估的唯一方法，是到市場上詢價，按市值計價。

有時連我都不懂我為什麼那麼執著，我大可告訴老闆：「你知道嗎？我去別的地方，年薪是九十萬美元，不是七十萬，願不願意接受隨便你們。」

但是我從來沒想過那麼做，或許很傻，但我在意的不只是錢，我希望能在華爾街最好的公司裡出人頭地。我不想為了更高的薪水到市場上詢價，然後到比較差的公司工作。或許為了家人，我應該這樣做，而且我幾乎可以肯定我現在的薪資比我能要到的要少得多。有時我不禁會想：「我是愚忠嗎？」

赴歐前夕，十年後的重逢

那天早上我又去找了柯瑞，他跟菲爾一樣，強烈建議我接下倫敦的工作，並再次強調去倫敦才有機會往上爬。接著，侯凡告訴我高盛可能給我外派福利，就是倫敦那位董事總經理說的津貼。我知道這種事情的運作方式：「可能」意指「一定」。

於是，我打電話給家人。

我妹妹非常支持，她覺得我應該去，我母親也一樣。我告訴她：「我希望這不會讓你來美國的計畫生變。」她答應我不會受到影響，我弟弟也鼓勵我去。我父親有點猶豫，但只有一點點。他問我是否打定主意要長期待在美國，我告訴他，當然。

週三，我回覆高盛我願意去倫敦。

我是在十月初答應轉調的，但是隔了近兩個月後才正式宣布，中間需要先處理許多繁文縟節。

倫敦的稅賦讓美國的國稅局相形之下顯得寬鬆，轉調職位也要通過各種簽核，連全球事業部的負責人和法務長都要簽名。這一拖就是好幾週，但我不能向任何人透露，無論是同事或客戶都不行。

不過，每個人都知道有事情正在進行，高盛的八卦消息都是這樣慢慢傳開的，管理高層似乎也比較喜歡這種方式。我調職這件事算是半公開的祕密。十一月一日，我又去了倫敦一趟，高盛在衡平苑酒店（Chancery Court Hotel）舉行拉丁美洲會議，我出席演講。我的任務之一是幫歐洲客戶在美國商品以外，也能接觸到拉丁美洲的衍生性商品。

會中我再次遇到卡洛迪，這是個不錯的驚喜。距離我在高盛暑期實習，已經過了十年又三個月。那段日子，感覺似乎是上輩子的事了，卡洛迪會在開放會議中拷問暑期實習生，教導我們高盛的文化，晚上則跟著我們去夜店玩。現在他已經升上合夥人（二〇〇六年升的），擔任高盛巴西分公司的總裁。他從聖保羅飛來倫敦擔任主講人，歡迎所有的投資人，談論我們在巴西拓展的能力。久別重逢喚起了過去的種種回憶，他和我聊了幾分鐘，敘敘舊。

會後，我在倫敦辦公室又待了兩天，會見當初面試我的那些人。這時他們已經知道我會過去工作，所以都很興奮（大多數是如此，其中有幾人可能是裝出來的）。但是文件還沒完全審核，所以消息尚未宣布。我也去找了以前在紐約的老闆梅塔（她曾把避暑別墅借給我），她現在是倫敦的大人物，很高興我接下那個轉調職務。三天的旋風式行程後，週五晚上我和我弟弟到一家時髦的亞洲複合式餐廳Hakkasan用餐紓壓，他很開心我很快就要搬過來了。

我回紐約過感恩節，幾天後，文件終於審核通過了。侯凡把整個部門的人都叫到會議室，以有點怪的方式宣布：「我相信很多人可能都已經聽說了，我們要派葛瑞去倫敦，幫我們開闢美國衍生性商品的事業。讓我們一起祝他發展順利，我們以後肯定還會經常跟他聯繫。」掌聲零零落落，一點都不意外。侯凡臉上堆滿笑容，部分原因是她真的為我高興，另外我想是因為她對於促成這件事感到很得意。

我也是笑容滿面，我知道自己的人生即將改變。

我的惜別派對在十二月初的週四晚上舉行，地點是東二十三街的地下桌球俱樂部SPiN New York，業主是蘇珊．莎蘭登（Susan Sarandon），靠她的明星光環，把桌球從宅裡宅氣的運動變成時髦的活動（她熱愛打桌球）。俱樂部裡有模特兒端送飲料，ＤＪ播放最新的歌曲。

我發現高盛的惜別派對要不是很熱門，就是很冷門，端看主角人氣而定。在高盛，人氣高低總是和那個人對公司的價值成正比。在工作或私底下（不過還是以工作上為主）普遍不受看重的人，如果要調到東京或其他分公司工作，鮮少人會出席惜別晚會，尤其是高層，派對辦起來可能很尷尬。

幸好，我不用尷尬，那天很多人都出席了，讓我相當感動。我們部門和其他部門來了二十幾個，我的直屬老闆康蒂和侯凡都來了，出席者還有康納斯（他結完婚後調到波士頓，升任董事總經理，現在又回到紐約）、施瓦茲，以及我部門裡的那兩位董事總經理。我在人群中尋找柯瑞，但沒看到他，我不意外。每次有惜別派對（即使是為公司高層辦的），他通常都不會參加，他本來就愛搞神祕，我可以了解。但他會去更高檔的地方，比如說帶著模特兒去參加電影首映會。

派對熱鬧又好玩，持續了很久。大家都喝了很多酒，玩了不少桌球。一開始我和球技也不錯的康納斯對打，有機會小秀一番，站在離球桌十五呎的地方反擊他所有的殺球。

後來柯瑞走了進來。

他確實很懂得進場藝術，沒人料到他今晚會來，但他突然現身了，而且看起來比平常更酷。在他過來找我之前，有幾個人跟我說，他會來真的很難得。「哇，柯瑞出現了。」一位同事說：「可見你有多重要。」就連康蒂也對我刮目相看（我猜這是因為柯瑞以前很少參加資深高層的派對）。

柯瑞拍拍我的背，用胸膛撞我，笑逐顏開的跟我握手。他的後方一陣騷動，但他看起來一點也不意外：柯瑞同父異母的哥哥，亦即NFL名人堂的傳奇球星也進來了。

大家紛紛擁向他，讚嘆巨星大駕光臨。對我來說，柯瑞請他兄長出席，是給我的一份大禮，也是強而有力的背書。在我整個職業生涯中，他一直對我很好，今晚也是如此。熱中美式足球的康蒂，一直無緣見到這位傳奇球星，即便康蒂是柯瑞的老闆。另外，多年前還有一件令我難忘的事：這位傳奇球星從幾張履歷表中挑上了我，原因是我會講祖魯語。

不久，我、柯瑞和他的兄長三個人站在一起，他哥哥問我：「要去倫敦工作，興奮嗎？」康蒂站在我們旁邊偷聽。

「葛瑞是去做重要的工作。」柯瑞告訴他哥，「去負責美國的衍生性商品。」

「聽起來很棒。」他哥說。「達菲不是也在那邊嗎？」

「對，他在那邊。」柯瑞說。

「我相信達菲會照顧你的。」柯瑞的哥哥說，他過去幾年見過達菲幾次。「你在那裡會有不錯的發展。」接著他對我眨了眨眼，以拳頭碰我一下，就轉身離開了。

柯瑞後來也走了，派對的氣氛開始冷卻。我跟康蒂在一起，他因為見到傳奇球星還在興奮著，也喝了不少酒。「倫敦有哪些重要人物？」我問他。

他認真地看著我說：「你就是倫敦的重要人物。」

我笑了：「謝謝。」

但是他還沒講完。「我就告訴你兩件事。」他說，「首先，我知道喬諾喜歡你。」他指的是一位澳洲的董事總經理，名叫喬恩．克拉克（Jon Clarke），屬澳洲幫的一員，個頭高大，個性很酷，積極有為。「他很重要，你要多接近他。」康蒂說。他搖了一下手中的伏特加蘇打。「還有，喬潔也很喜歡你。」

我還在思考這句話時，另一位年紀跟我相仿的董事總經理走了過來，我問他：「傑斯，你覺得我去倫敦該怎麼做？」

傑斯也喝多了。「我來告訴你該怎麼做，」他說。「你應該戴牛仔帽、穿牛仔靴出現，直接走進交易廳，走到喬諾面前，往他的臉上揮一拳把他擊倒，然後一言不發地走到你的位子上坐下來。」

第11章

該告別了

但，值得嗎？

我應該聽傑斯的意見，穿牛仔靴來的。倫敦還真像蠻荒的西部。

我負責的事業在歐洲，仍有很多蠻荒市場等著開拓。我準備第一次出差到哥本哈根、巴黎、米蘭、法蘭克福、慕尼黑等地拜會客戶時，就嘗到了苦頭。我打電話聯絡紐約的同事，計量專家的任務是幫忙做客戶簡報，我需要一些資料向客戶解釋，為什麼他們應該和高盛做美國的衍生性商品交易。

「我不是故意擺爛。」一位計量專家告訴我。「但管理高層已經告訴我們，要把焦點放在可為公司帶進一百萬獲利的交易上，所以真的很抱歉。」

通話結束。

「也許紐約的人正好心情不好吧。」我心想。「我問問這裡的計量專家好了。」這裡有幾位友善的法國人也許可以幫我。

「現在我們只鎖定高GC的生意。」法籍計量專家說，「GC少的生意不值得我們花時間去做。」

通話結束。

我剛到倫敦的那幾週，不敢相信竟然有那麼多人告訴我，某些東西不值得他們花時間。如果是公司的執行長或英國女王覺得他或她的時間寶貴，我還可以了解，但我們畢竟是在做服務客戶的生意。如果客戶想跟我們往來（即使那筆生意無法帶進一百萬美元的獲利），那我們回絕客戶是想傳遞什麼訊息？Abacus的案子和解後，高盛的客戶關係和聲譽受到的損害都需要修補。所以我的看法是，以前我們為了推銷結構型商品，常拒絕做普通的交易，為什麼現在不讓歐洲與中東的大客戶知道，我們其實有興趣跟他們做這類普通的傳統交易呢？

如何說服客戶做那種讓我們賺最多錢的生意？

二〇一一年一月十日，我第一天走進位於河苑大樓（艦隊街一百二十號）的高盛倫敦分公司上班。我聽取友人菲爾的建議，買了一件深藍色的Barbour外套，倫敦金融城（相當於紐約的華爾街）的所有外派人士都有這種防水蠟的棉外套。

前一晚我為了寫市場評論，熬到清晨三點才睡，我想向歐洲辦公室明確宣布我來報到了。我希望早點獲得一些能見度，也想藉此機會讓大家知道，我是來這裡幫忙開拓事業的，不是來搶他們的生意。早上七點我睡眼惺忪地上班，打著我的幸運領帶——亮橘色的愛馬仕領帶，上面有黑色小魚。

七點半是晨會時間。在紐約，這種宣布日常待辦事項的會議，大都是透過廣播進行。在倫敦，大家是聚在交易廳旁邊的合夥人辦公室裡。倫敦的交易廳天花板比較低矮，步調比較緊湊，整個會議充滿著我在紐約從未見過的緊繃氛圍。在倫敦，大家關切的主要議題似乎是：如何說服客戶做那些讓我們的交易員獲利最大的生意？

我剛到的那幾週，時間飛逝而過。由於我是去開闢新事業，需要從頭學習系統和基礎架構，例如德國相對於法國的稅務法規有何差異？杜拜又有什麼差異？我必須善用每分每秒，因為有太多資訊需要吸收了，感覺就像從消防栓喝水一樣，我心想：「要抓重點！」

更痛苦的是，我也必須準備ＦＳＡ法規考試。我實在不敢相信，通過美國證券業執照考十年半後，我又需要埋頭啃書，死背電話簿那麼厚的歐洲法規，而且考完試後，我可能永遠也不會用到。董事總經理們不停地追問我：「你何時去考試？」他們沒有錯，我的確需要先通過考試，才能開始合法跟歐洲的客戶談生意。

週日，有時平日上班日，我也忙著找公寓。我最初看的十間公寓都爛透了，租金比我在紐約的房租貴一倍，卻爛很多。不過，後來我終於運氣好轉，找到十一號公寓，位於貝爾賽斯園（Belsize Park）裡的某棟維多利亞建築，是頂層的樓中樓，約有八百平方英尺。那一帶就在漢普斯特公園（Hampstead Heath）南方，漢普斯特公園區在葛妮絲·派特洛（Gwyneth Paltrow）和酷玩樂團的克里斯・馬汀（Chris Martin）夫婦搬進去以後，變得相當熱門。

我很喜歡那間公寓，最近才剛重新裝潢，全部都是白色的，充滿現代感。有採光明亮的大窗戶，樓上有天窗，而且房東和夫婦突發奇想：把客廳後方的十二呎大牆變成了電影螢幕。所以客廳裡沒有電視，而是裝了高解析的投影機。我會邀朋友來家裡看電影、足球賽、板球賽、美式足球賽、史丹佛大學足球比賽，每天回到家裡都是一種享受。

我在倫敦的第一週，收到一封標示「重要」的電子郵件，裡面寫：「所有的副總裁都需要到七樓會議廳報到。」

那是由達菲親自授課的必修課程，主題是高盛為期一年的「商業實務研究」結果（二〇一一年一月公布）。這是董事會層級要修的研究，目的是深入探討導致高盛在危機期間及之後聲譽受損的原因，找出各方面的補救之道，例如利益衝突、客戶服務、結構型產品、透明度等等。

會議廳裡坐了一千人，等著達菲開始上課。我相信會議廳裡的多數人都不知道課程內容，但我很期待那堂課。首先，如果你要挑一位激勵士氣的演講人，鮮少人能比達菲更有魅力及受到尊重。此外，他也是文化傳承者。其次，我也覺得這是必須做的重要研究，自我反省很重要，我想看看這次檢討是不是來真的。

但結果令人洩氣，達菲就只是形式上念了一長串的提議改革，表現得很失敗，既不帶感情，也沒講出什麼鼓舞人心的話，他沒說：「各位，我們的聲譽受到重創，我們應該樹立榜樣，做正確的事，透過行動讓客戶知道，我們如何改變生意往來的方式。」之類的，就只是以近乎乏味的音調念了一長串的清單。我不禁納悶，達菲是否也對公司墮落至此感到失望，還是他很清楚這只是公關伎倆，目的是為了讓媒體別再糾纏高盛，本身其實沒有多大的意義？我不奢望聽到「登山寶訓」*，或「戈巴契夫先生，把這道牆拆了吧」之類激動人心的演說**，但我確實希望看到他灌輸我們這些東西時，自己也能展現出一些信念。二〇〇三年紐約大停電時，那個跟我一起做交易的達菲到哪裡去了？

課後，達菲經過走道時，我叫了他的名字。

他轉過身說：「嘿，歡迎你來。」這時他的心情似乎變好了，比較有活力，面帶微笑地跟我握手。一位美籍的董事總經理剛好也站在那裡，我們三人聊了美國大學籃球賽幾分鐘。然後達菲走回他的私人辦公室。

---

*登山寶訓（Sermon on the Mount），指馬太福音五到七章，記載了耶穌某日在山上所傳講的許多寶貴、重要的教訓。

**這段話是一九八七年雷根在德國布蘭登堡門前的歷史性演講內容，他說：「戈巴契夫總書記，如果你尋求和平……那麼就來布蘭登堡門。戈巴契夫先生，開啟這扇門！戈巴契夫先生，把這道牆給拆了吧！」

從「傻蛋」客戶那裡賺了一百五十萬美元

我到倫敦的第一週，一位約莫二十四、五歲的年輕助理告訴我，他剛做了一筆生意，那時我才認識他一分鐘而已。

「我的傻蛋（muppet）客戶沒拿我們做的交易去比價，我們從他身上多賺了一百五十萬美元。」他的意思是，客戶信任他，沒去問其他經紀商的價格，所以他開高價狠削了對方一筆。這可不是什麼胡搞的助理，他的老闆就坐在他旁邊，還笑著點頭認可。

時代真的變了，我還是助理時，要是做這種冷酷無情的事，早就被叫進合夥人辦公室臭罵一頓了，甚至還有可能被開除。因為大家會覺得那違反了公司長久以來秉持的原則：如果你沒謹記客戶的長期利益，他們就不會跟你做長久生意。

Muppet一詞讓我想起科米蛙（Kermit the Frog）之類的可愛布偶，但是倫敦辦公室使用這個字時，跟可愛一點也沒有關係，他們口中的muppet是白癡、傻蛋、任人操弄的意思。我到倫敦沒幾天，就驚訝地聽到大家以這個詞來形容客戶很多次，不分資歷深淺都一樣。我不禁納悶，這種歧視眼光是從哪裡來的，你竟然會覺得客戶比你笨很多，是你可以占便宜的對象？

最初幾個月，我一再聽到大家這樣稱呼客戶。例如，某位客戶被稱為傻蛋，是因為他沒付高昂的費用取得即時的彭博市場報價，所以高盛的業務員幫他執行交易時給的是十五分鐘前的報價，也就是客戶在他那套較差系統上看到的價位。業務員看的價位當然是執行交易時的即時價格，即時價和客戶看到的價格之間有落差，當然這對高盛比較有利，有時可以幫高盛多帶進一百萬美元的業績。

另一位客戶被稱為傻蛋，是因為他不懂買期貨時必須有某個水準的保證金。

還有一位客戶不小心下錯單，搞錯了選擇權的執行價（未來客戶買進或賣出標的股票的約定價）。他問業務員，高盛能不能幫忙改執行價，維持選擇權的價格不變，以免他挨老闆罵。因為對方不了解選擇權的理論，不懂那個錯誤其實對他有利。於是業務員說：「當然可以。」這個傻蛋不知道他的選擇權價格應該比較低，他為了那筆交易多付了約一百萬美元。

另一個傻蛋則是因為「完全不知道自己在做什麼」，在危機之前大幅放空波動性，結果自爆了。傻蛋客戶的例子不勝枚舉。

我很訝異大家竟然那麼公開地取笑客戶，這跟我所了解的高盛價值觀是如此扞格不入。如果我要開闢事業，就必須跟客戶培養關係，而不是把客戶當成傻蛋。

我想啟動的基本收入來源，一開始需要先做點費勁的工作，但是一旦我們說服那些只做大象交易的客戶，透過高盛做選擇權、交換、普通的衍生性商品（而且這些交易不需要大力說服），就能持續提供我們穩定的獲利。這些都是可以輕易獲得的利潤，為什麼放著不做呢？

我第一次對合夥人鼓吹這種基本事業時，對方是歐洲業務部的負責人，我指出：「我已經見過你下面的業務員了，他們都告訴我，他們覺得我來這裡開闢的事業獲利不夠。但是那些跟我談過的客戶感覺卻不是如此，如果我們拒絕跟客人做這些生意，這會傳達什麼訊息？」

他強勢地反駁我的論點（現在我已經知道那是高盛的歐式風格），他的反駁雖然充滿敵意，但至少表達方式還挺有創意的：「我們用在客戶身上的子彈有限。」他告訴我：「我們必須確定這些子彈只用於獲利高的大象交易。」

我不禁愣了一下。「這傢伙是從哪裡來的？」我心想。上次大象到處亂跑是二〇〇八年，他們現在已經不太移動了。我猜，他仍想把握那些逐漸消失、動輒高達一兩百萬美元的結構型商品交易，那些交易只能賣給單純的客戶或不會發問的客戶。

我打算做的事業可以帶進收費，這邊五萬美元、那邊五萬美元，年底就可以達到我最初預估的兩千萬美元。如果我們告訴客戶：「我們不做規模較小的美國衍生性商品交易。」那是在疏離他們，把他們推往別處。如果我們說小生意我們看不上眼，又如何期待他們跟我們做大生意？

德國客戶不愛衍生性商品，法國客戶總愛咖啡與香菸

二月十二日，我去考FSA考試，也考過了，我終於可以展開事業。同一天，我跟老闆及一位同事第一次出差去拜訪客戶，地點是米蘭。第一次到義大利，我很興奮，通過考試也讓我大大鬆了一口氣。

米蘭的一切就如我的預期，但不僅於此。我老闆住在超高檔的寶格麗（Bulgari）飯店，那裡只剩一間房，所以我和同事住在柏悅飯店（Park Hyatt），那裡也非常高級。我住的是標準客房，但是以「豪華氣派」來形容更加貼切，感覺像是高雅義大利別墅裡的房間，可以直望對面的米蘭大教堂（拿破崙在這裡加冕為義大利國王）。抵達義大利的第一晚，我們帶最大的義大利客戶去用晚餐，在市內歷史最悠久、最頂級的Antico Ristorante Boeucc享受了美味的四菜晚餐。人生真美好。

隔天，我們去拜訪米蘭的五家客戶，其中包括避險基金、共同基金、保險公司。每家客戶管理的資金都超過十億美元，跟他們談過以後讓我更加樂觀，因為我可以清楚看到，我們歐洲的同仁對於我覺得可以輕易打造的業務有多麼渾然不知。

從二月中旬到五月，我幾乎一直在海外出差，馬不停蹄。我去了巴黎、法蘭克福、慕尼黑、哥本哈根、蘇黎世、日內瓦，又去了一次米蘭。四月某次出差時，我週四晚上飛抵巴黎，週五拜訪客戶，週日晚上飛去香港，見了兩家客戶，週一去了高盛的香港分公司一趟。那晚，我又飛去新加坡，和兩位高盛的董事總經理在麗思卡爾頓飯店享用自助餐，去了全新的賭場濱海灣金沙飯店（Marina Bay Sands），那裡有充滿未來感的天空酒吧，頂樓有無邊泳池，可俯瞰整個城市。週二，我去拜訪新加坡的五家客戶，當晚，我飛往杜拜參加中東的高淨值個人會議，那些人的身價高到連貝蘭克梵都親自出席了。隔天早上，我飛回倫敦。

這樣的出差非常疲累，但也令人興奮。真正讓我感到筋疲力盡的，反而是倫敦辦公室裡那種逐漸敗壞的風氣。

這些出差經驗讓我學到很多東西，各地的客群截然不同，民族特質往往有很大的影響，幾乎全呼應了大家對不同民族的刻板印象。例如，德國客戶非常有禮，極度趨避風險，開會時總是靜靜地坐著點頭。倫敦辦公室的一位計量專家告訴我，他遇過最糟的例子是某家大型的德國客戶，他為二十人做了兩小時的衍生性商品簡報，他們都禮貌地坐著點頭，有時還會微笑，最後他問：「有什麼問題或意見嗎？」現場一片靜默，接著坐在前頭的一位資深客戶告訴他：「其實，我們不交易衍生性商品。」

至於法國人，你大概可以從「神奇托爾」的例子預期到他們截然不同，基本上他們都喜歡炫耀浮誇。法國客戶很愛說自己有多聰明、多講究、多在行。我去巴黎造訪的法國老字號興業銀行（Societe Generale）就是一例，他們的總部就像金融工程的巨作，裡面有許多計量專家，很多人啜飲著咖啡，抽著香菸。法國市場非常「過度經紀」（overbrokered），這個金融術語的意思是：客戶接獲十家不同的銀行來推銷生意時，他們會把生意分成十種不同的方式來做。市場很快就飽和了，每家銀行只分到一點生意。

有時我需要帶紐約的資深合夥人一起拜訪新客戶，才進得了門。這些會議讓我既充滿希望又感到沮喪：他們的確有生意可做，但令人沮喪的是客戶對我們感到失望。我一再聽到瑞士、法國、德國的客戶提出同樣的看法：「高盛對客戶不友善，景氣好的時候，你們來搶獲利好的生意；危機時候，我們需要你們，你們卻不在。現在，當我們想做一般流量交易時，你們百般刁難，你們是覺得那不好賺嗎？」所謂的「一般流量交易」，是指普通的衍生性商品，例如期貨、選擇權、交換等等日常需要交易的東西。

高盛現在自己設立的一大阻礙，就是法律流程太繁瑣。即便只是交易股票選擇權那麼簡單的東西，我們會說：「你需要填這份五十八頁的文件。」相對的，其他銀行是說：「簽這一頁文件就好。」客戶直接找其他銀行交易簡單多了。

我把解決這個問題視為我的一大任務，後來在紐約總部的協助下，我們終於把問題解決了。那年夏天，我把五十八頁的文件變成一頁文件，開始拉進數十家客戶。要讓客戶開心地跟高盛交易，其實只要有一雙新的眼睛，看到多年來沒人注意的事業角落就行了。公司裡有些人對此相當佩服，他們說：「哇，我真不敢相信十年過去了，我們都沒發現有這些生意。」當然，也有些人說：「那是不錯，不過都沒有大象交易，那些就像是一壘安打或二壘安打，不是全壘打。」固定費率的佣金不會讓你成為公司裡的神人或紅人，高盛裡有很多人是真的以「神人」或「紅人」來稱呼那些帶進大象交易的人，在電子郵件裡就可看到，交易廳裡也常聽到。

「幹得好，大紅人。」

「老兄，你真神。」

「某某某真猛。」

「某某某太強了。」

「某某某又做了大交易，她真是台印鈔機啊。」

由於歐洲市場發生主權債務危機，導致市場動盪，客戶想把資金放在比較穩定的地方。我負責的美國事業成了他們著眼的目標。我看到歐洲有大量的閒置資金等著投資，一些曾因結構型商品而賠錢的客戶，現在想做透明的掛牌交易，那些交易不會一次帶進大量獲利，但可以穩穩地持續十年。但是為了做那些生意，我必須說服合夥人相信，倫敦同事的心態有必要改變。我在倫敦那一年，有大半時間都在呼籲：「這是重要的生意，一定可以帶進獲利，支應我們的日常開支。不僅如此，那也是我們為了服務客戶應該做的。」

偶爾會有人聽我的說法，但是大多時候，大家都當成耳邊風。

有一次我出差特別久，那次的收穫也很豐富，回來以後，我發信給喬潔，說我想和她討論我拜訪客戶的一些結果。意外的是，她走來我桌邊，正眼看著我，臉上不帶微笑。「我通常一個月不會跟員工對話一次以上。」她嚴肅地說。「我唯一想聽你說時，是希望你以一行的電子郵件告訴我，交易有多大，帶進多少GC。」

他們的目標是讓客戶進行交易，而不是問客戶需要什麼

我到倫敦後的前六個月過得很快，一直在出差，努力工作，不過我也有機會體驗一些樂趣。我很幸運能到巴黎球場看男網明星拉菲爾・納達爾（Rafael Nadal）擊敗羅傑・費德勒（Roger Federer），六度贏得法國公開賽冠軍；也有幸到溫布敦一邊享用草莓配奶油，一邊觀賞諾瓦克・喬科維奇（Novak Djokovic）首度奪冠。我也有機會到布魯姆斯伯里（Bloomsbury）、法林頓（Farringdon）及倫敦西區等美食餐廳好好享用一頓。能有這些體驗，我心存感激，盡可能記得留意身邊美好的一切。下次你到倫敦，聽我的建議：不管點什麼餐，都要多加點鹽和胡椒。相信我，你會需要的。

二〇一一年六月，我飛回紐約向幾位合夥人報告我對市場的評估，他們都很想了解倫敦的狀況。

「那裡的文化如何？」五位合夥人中有一位問我。

我坦白說那裡偏重交易文化，大家最關切的是如何幫公司賺錢。這位合夥人之前在倫敦待了很久，他也認同我的看法。

我在紐約時，也見了一位二〇〇四年升等的合夥人。我還沒說什麼，他就自己問道：「那裡的文化有多糟？」我提出我的看法時，他微微一笑。「倫敦的領導者通常不像我們紐約這樣以客戶為重。」他說。「他們的目標是讓客戶進行交易，而不是問客戶需要什麼。」他又補充說，歐洲的共

同執行長邁克・薛伍德（Michael Sherwood）和寇恩不對盤。

在我報告倫敦文化有何問題時，心裡想的卻是：紐約的文化其實也差不多。在我看來，兩邊基本上是大同小異。倫敦那邊吹噓大象交易的無情方式確實比較糟糕，對公司的年輕人來說遺害較大，但紐約總部對大象交易也同樣重視。

紐約總部的交易廳就位於管理高層旁邊，你在交易廳時，必須擺著一張撲克臉，讓人感覺一切都很好，但其實不然。紐約總部和倫敦一樣，都在說服單純的客戶和不會發問的客戶交易獲利高的結構型商品，客戶並不了解做那些交易必須付出什麼代價。只不過紐約總部的人討論這些交易時，比較小心謹慎，他們知道萬一表現得太無情或自滿會惹上麻煩。

我偶爾會跟那位指導我的合夥人討論這些事，我們都覺得明爭暗鬥正在腐蝕高盛的文化和士氣。當合夥人比較在意的是捍衛自己的業績，而不是滿足客戶的需求時，也為底下的人（從董事總經理到副總裁，再到助理與分析員）樹立了糟糕的榜樣。難道公司裡有些人是賺太多，多到無法做出有道德的決策嗎？

射殺行之有年，無恥程度不一

「宰殺」或「射殺」某人，在華爾街的術語裡，是指開除、降職或轉調到偏遠的辦公室。這通常是發生在雙方發生紛爭，一方往上提報的時候：「我們已沒法溝通，這已經影響到了事業，而且他的做法完全錯了。」發生這種事時，通常情況已經惡化到極點，管理高層覺得有必要調離其中一人，通常他們會把比較弱勢或是可以犧牲的人調到別處。

這種做法在金融界行之有年，無恥的程度不一。當然，保爾森和貝蘭克梵也都耍過不少權謀才爬到今天的位子。他們都很強勢，有旺盛的事業心，高盛畢竟不是慈善機構。不過，當有人為了升遷而不擇手段，逾越了道德的界線時，在高盛和整個華爾街裡還是會遭到開除、降職或譴責的。這種情況通常是這樣運作的：你可以盡量耍狠，只要你權力在握，你上面的人就不會過問。但即使在現今這麼混亂的世界裡，耍權謀到某種喪盡天良的程度，還是會重挫士氣，為年輕人樹立惡劣的榜樣。那些剛加入公司的分析員和助理，會以為糟糕的行為還可獲得獎賞。

喬潔就是企業暗殺界的高手。一位前輩告訴我：「不管出於什麼原因，她決定不宰你，那是好消息。但是話說回來，就算她不直接射殺你，也會持續阻擋你的發展。」他說整個交易廳裡只有一個傢伙曾經打敗她。那個人就是我剛去倫敦面試後寫電子郵件給我的人：「有一整個世界等著我們一起去征服。」他的資歷比喬潔少兩三年，綽號是「賭徒」。他跟喬潔互槓的故事是這樣的：他從別人手中接下幾個很大的客戶，喬潔馬上對他使出一貫的伎倆：分紅一五%。

那伎倆是這樣運作的：業務員每拉進一筆生意，一千美元的佣金（更常見的是交易價中內含的十萬美元費用），就會掛在該業務員的名下。到了年底，管理高層會看每個人名下累積的總業績來決定他的紅利。喬潔則是從她部門裡每個人的佣金抽走一五％掛在自己的帳上，藉此提高自己的年終獎金。她會大剌剌地通知交易管理部門：「以後，勞倫做進來的X、Y、Z客戶收入都搬一五％到我的帳上。」這種行徑根本就是攔路搶劫。大家都覺得很誇張，但每個人都敢怒不敢言。

除了賭徒以外。

喬潔把狼爪伸向他的客戶收入時，他直接說：「去你媽的。」即使喬潔比較資深，他還是叫她閃開。這招奏效了，因為賭徒是自己一手把生意帶進來的，如果喬潔說：「反正我就是要分一五％。」她在大家面前會很難看，所以她縮手了，沒再打他業績的主意。這是唯一的例外。

喬潔還曾經在眾目睽睽下，大膽走進達菲的辦公室，在達菲的玻璃牆裡強勢要脅，達菲就只是平靜地坐著聽她講。「達菲也拿她沒輒。」前輩告訴我：「他們都很擔心她一氣之下辭職，所以都放任她囂張。」

我開始和同事熟悉以後，逐漸得知一些倫敦特有的做法，硬搶下屬的部分GC只是其一，還有其他怪事。交易廳的另一位管理者只在乎獲利，聽說他在金融危機前和歐洲某大基金做了多方的跨資產結構型交易，為公司賺進了一億美元。據說那年他拿到了一千兩百萬獎金，客戶則是花了幾年才把那筆交易平倉。

那傢伙收到任何稍微跟客戶交易有關的電子郵件時，回覆一律是：「GC？」就沒了，完全不問客戶為什麼做那筆交易、那是筆什麼交易，或其他資訊，就只在乎賺了多少錢。怪的是，只要是和交易無關的議題，他人倒是挺好的，很有幽默感。

但對GC太重視有可能會走火入魔。二〇一一年夏末，歐洲主權債務危機延燒時，穆迪（Moody）和標準普爾調降美國政府的信用評等，有五、六位董事總經理發信給交易廳裡的六百多人，吹噓他們的團隊各自在危機期間帶進了多大的GC。在電子郵件中，這些董事總經理還細分這幾百萬美元的費用收入——哪些是超過一百萬美元的大象交易；或按客戶別區分（基於法規，沒放客戶名稱）；或按交易類別區分等等，然後稱讚大家（主要還是褒獎自己）「幹得好」。兩分鐘內，達菲發出「全部回覆」的信件給六百多人：「現在慶功還太早，市場還沒封關，多幹活。」

我記得當時心想，這一切好詭異。歐洲經濟正在崩解，感覺希臘、西班牙、義大利、葡萄牙都快垮了，我們竟然還在吹噓我們從那些恐慌或賠上好幾億美元的客戶身上賺了多少錢，讓人不禁回想起二〇〇八年金融危機期間那些恐慌的客戶。

豈可把老百姓所仰賴的銀行，玩弄於股掌之間

達菲開員工大會宣布「商業實務研究」的結果幾個月後，公司為副總裁及董事總經理之類的較小團體，也舉行了一連串的研討會，討論那個研究的結果。我參與的研討會僅有二十五位副總裁參加，是由希弗曼主持。二〇〇八年春季貝爾斯登倒閉後，他曾跟我去亞洲拜訪客戶，他也是年終派

對惡搞影片背後的創意天才，大概比我早三個月調到倫敦。有些人說他被調來的原因，部分是為了修復公司的文化。

我個人覺得那場研討會辦得很好。希弗曼說：「我們服務客戶時，出現一種明顯的模式：客戶信任高盛個別的業務代表，但不信任高盛整個組織。我們需要改變這種觀感。」

會後，幾乎所有人都離開會議室時，我走向希弗曼。我跟他說我覺得他們幫副總裁上這些課很好，但是身為部門領導者的董事總經理需要身體力行，做好榜樣。「我看不到這種現象。」我告訴他，「年輕的員工看到董事總經理的惡行時，他們也會有樣學樣，董事總經理應該要負責。」

他茫然地看著我，不發一語，像個機器人似的。

在研討會結束後，我發現很多產品部門的業務領導人表現出來的樣子，和以前差不多。他們和自己的部門開會時，說法也跟以前如出一轍：「這週我們做了多少大象交易？哪一區做得最多？為了增加高利潤的生意，我們可以鎖定哪些結構型商品？哪些問題部位需要從我們的帳上盡快剔除？」

「問題部位」（axe）那部分讓我感到特別困擾，那是指公司想要趕快排除或是加強的危險部位。高盛明明知道那些部位會出問題，卻還是建議客戶做，好讓高盛以自營資金當客戶的交易對手。

我們可以用賣甜甜圈的例子來說明這種情況。假設你開了一家Krispy Kreme甜甜圈店，架上有太多甜甜圈需要在變質之前賣出去。為了刺激消費，你宣稱：「我們的甜甜圈是無脂的！」基本上這是謊言，但不會害你坐牢。也許你可能挨告，但誰喜歡上法院？所以大家都會衝去買美味的甜甜圈，並說服自己如果Krispy Kreme這麼有名的甜甜圈品牌都說無脂了，那肯定是真的。問題部位就像生產過剩的甜甜圈，高盛想盡快從架上出清，把它包裝得很誘人，但不見得完全正確或適合客戶購買。

令我驚訝的是，每天我在倫敦參加晨會時，我們對市場的看法竟然可以隨時變來變去。這種看法的變動有時太過頻繁，毫無道理可言。當天的市場看法，通常是根據交易員帳上的交易，以及他們想從帳上排除什麼（賣）或放進什麼（買）而定。他們常派計量專家進來說服業務員，要我們去說服客戶做那些交易。如果做成交易，有時還可以獲得加倍的GC。計量專家的論點可能理論上和我們實際所想的相反，只因為我們希望客戶成為我們的交易對手。

二〇〇七年最明顯的例子就是Abacus。二〇一一年我在倫敦時，公司設法說服客戶買賣興業銀行、法國巴黎銀行（BNP Paribas）、義大利裕信銀行（UniCredit）、義大利聯合聖保羅銀行（Intesa）等歐洲大銀行的選擇權（賣權或買權）。當時我們對這些銀行的看法從正向轉為負向又轉為正向大概有十來次，我記得當時心裡想：「我們怎麼能臉不紅氣不喘地做這種事？沒有一個頭腦清楚的客戶會相信狀況如此多變。」那些投資看法有明顯的誤導性，也不真實。

高盛推銷那些歐洲銀行的交易時，相信這類交易的客戶比平常還多，就連一些平時較保守的共同基金也做了。高盛和其他銀行都發現這一塊有很大的獲利商機，因為希臘、葡萄牙等國正經歷債務危機的動盪，美國政治家正為了是否提高聯邦政府的舉債限制，以及是否採行長期減少公債的計畫，而鬧得不可開交。所以，當時標準普爾似乎會調降美國的信用評級——此一舉動會造成更大的震盪。市場越是紛亂，選擇權的波動越大，銀行從中獲得的利潤就越高。當然，風險也比較大，但暴利的可能性更高。

除了根據交易員的意圖而持續更換對客戶的建議以外，我對這類歐洲銀行選擇權的買賣感到不滿的另一個原因是，這些交易會衝擊市場（有些歐洲銀行的股價每日波動可能超過五％）。這些不是抽象的資產，而是主權國家的國營銀行，有數百萬人民依賴政府保護這些銀行。我覺得把這些銀行的命運玩弄於股掌之間，真的很不負責。

更糟也更黑暗的是，某個知名的高盛計量專家還提出一份半機密的報告，只發給一些精挑細選過的客戶，《華爾街日報》報導過這件事。他在報告中提到一種特別可怕的情況，建議歐洲銀行籌資一兆美元，利用這個動盪時機做一些衍生性商品交易。高盛的計量專家預測歐洲的銀行體系即將內爆的同時，交易桌卻頻頻說服客戶今天是買進（看多）的最佳時機。

這些做法都太過分了。幾年前，我們建議希臘如何交易衍生性商品，以掩飾債台高築的真相，如今希臘自食惡果，我們又教避險基金如何利用希臘的混亂來獲利。而在中國牆（亦即職能分管制度）的另一邊，我們的投資銀行家則是努力爭取歐洲政府合約，以便建議他們如何收拾這些爛攤子。

這些利益衝突的複雜狀況，讓交易廳裡的很多人倍感失望，我和同事經常談到這點。大家都看到公司的虛偽，但沒人加以改正。獎金文化已經根深柢固，數字本身妨礙了變革。

在高盛的歷史中，曾經有段期間獎金非常客觀。每年年底，老闆會根據你帶進來的業務量，以及你在公司內部的表現，評估你的獎金。綜合這兩項因素，可以看出你對公司的真正經濟價值。

但是二〇〇五年到現在，評量系統變成以數字為主：你的獎金是你業績的某個比例，有幾年是五％，景氣好時可能是七％。所以，如果你在景氣好時帶進五千萬美元的生意，你又夠資深（副總裁以上）的話，套用公式計算，理論上你可以領到三百五十萬美元的獎金。

新系統的問題在於，現在大家會無所不用其極地提高自己名下的業績。交易員和業務員不分老少，都爭相仿效領導者樹立的壞榜樣。看到那些年輕人也沾染惡習，我開始感到難過。

我在高盛十一年，身任史丹佛大學的人才招募隊長之一，曾見過數千位將來可望成為公司棟樑的優秀大學生。對我來說，招募新人的整個過程是很特別的事，那是為我真正關心並相信的公司增添新血。當我對金融一無所知時，曾經有人這樣對待我，他們看出我的潛力並不吝提攜我。現在我也很珍惜這個機會，能夠以同樣的方式對待我相信有潛力的人。能夠轉換身分，從接受者轉為施予者，我覺得相當欣慰。

經驗豐富的投資銀行家常談到年輕人加入時（尤其是暑期實習生和剛畢業的分析員），會為交易廳帶來活力與蓬勃感，為許多麻木的華爾街老將帶來嶄新的理想精神，但我覺得高盛已經不再如此了。

現在，新進的助理看到他們的老闆（董事總經理和合夥人）爭搶ＧＣ，這種不良習性逐漸由上而下感染了整個公司，助理開始相信他們也應該有樣學樣。助理之間為了爭搶GC而起的紛爭，我至少仲裁了十起。以前我當助理時，根本連算GC的資格都沒有，公司當時還不注重這些，但現在的助理則是把GC視為衡量年終獎金的絕對指標。助理之間的紛爭通常是這樣的：

助理一：「我真的覺得我應該獲得XYZ客戶的七五％GC，我做的事遠比你做的還多，客戶也喜歡我。」

助理二：「胡扯，客戶都是找我做衍生性商品，我才應該獲得七五％的GC，你閃遠一點。」

高盛的團隊合作精神早已蕩然無存。面對這種紛爭時，我通常鼓勵他們每人各拿五〇％，然後某個合夥人會出來做最後決定——結果通常是看合夥人比較喜歡哪位助理而定。兩位助理此後形同陌路。

在此同時，達菲仍端坐在他的辦公室裡，隔著三道保全，牆上掛著PEOPLE的字樣。

現在的高盛，已經不是我加入時的那個高盛了

另一件讓我心情沉重的事是：我再也不想招募新血加入高盛了。我離開高盛的前一年，開始迴

避新人招募的工作，因為我已經警覺到公司情況惡化的程度。

現在的高盛，已經不是我加入時那個讓年輕人振奮的公司了。溫伯格、李維、懷海德的形象已經褪色，不留下任何痕跡。高盛仍是全球頂尖的銀行，但那只是因為他們對自己在行的事情更精明，也因為我們的對手變得更脆弱。我無法再昧著良心，建議年輕人進入高盛工作。

每季結束時，高盛都會召開員工大會，告知內部的最新消息，各地區的負責人也會發表當季的結果，談論市場的競爭狀況。在倫敦，從分析員到合夥人共一千多人，齊聚於河苑大樓的七樓會議廳，所有的歐洲辦公室都會撥電話進來參加會議，總計有數千人參與。會議通常持續一個小時，最後通常會保留十五分鐘讓大家提問，例如：「公司未來的優先要務是什麼？」或「我們對競爭狀況的看法如何？」

我離開高盛的幾個月前，主持員工會議的是歐洲的共同執行長薛伍德和南非的投資銀行長羅以德（Richard Gnodde），兩人分別站在大舞台兩邊的講台上。問答時間快結束時，觀眾席中有個女性站起來發問：「對於企業文化的逐漸喪失，以及公司聲譽的惡化，公司打算怎麼處理？」主講者思考著如何回答時，現場一片沉寂。

薛伍德和羅以德都愣住了，對於有人敢問這種問題，還期待有人回答，感到不知所措。兩人看看我們，又看看彼此，約半分鐘後，薛伍德說：「羅以德，你來回答這個問題好嗎？」

那個場面很不真實，觀眾席響起了緊張的笑聲。

高大、和善的羅以德散發著一種堅定感，他說：「好啊，我來回答。」他垂著頭約一秒鐘，接著面向觀眾說：「我們剛完成六十三頁的商業實務研究……」他說高盛的文化跟以前一樣濃厚，並在各部門舉行研討會，以確保大家了解研究的結果，讓大家能進一步落實。他講了約一兩分鐘，接著對那位斗膽提問的女性微笑，彷彿他剛剛揭露了一個很簡單的事實。

但是對方並不滿意這種官式回答，她想聽到的是高層承認問題並有所反省，所以她又接著問道：「但管理高層**確切**做了什麼，來解決這個很多人掛念的問題？」

又是一陣沉寂，接著換薛伍德回應，他開始訴之以情：「在高盛，我們都是很重視家庭的人，我們都有家人，都是好人。我們只要記住在事業上做有道德的決策，就像我們日常生活一樣。」

現場響起零落敷衍的掌聲，會議就此結束，大家都失落地離開現場。

該是我離開的時候了。

不在乎後果，也看不起客戶

我內心深處很清楚，大家做事的方式嚴重錯誤——他們不在乎後果，也看不起客戶。我直覺認為這對公司的未來是不利的，這裡曾是我全心全意付出的地方。我知道我離開的時候到了——年輕人的不滿讓我知道我該走了，客戶的不信任也讓我知道我該走了，不過真正促使我付諸行動的，是公司其實不在乎發生的狀況。所以我開始寫作，把想法濃縮成文字，確切表達出真實的感受。我還記得十幾年前惠普執行長菲奧莉娜就曾建議史丹佛的應屆畢業生，要把事情持續提煉濃縮，直到我們找出它們真正的本質。

在飛機上、在機場休息室、在旅館房內，或是深夜在我的房間裡，我試著寫下究竟是哪些事情正在毒害著我熱愛的公司。一開始我的思緒很亂，我再三思索，想辦法把它們濃縮成精簡的話語。

最初兩三個月，寫作只是為了幫我更了解我確切的感受，後來我開始有了另一個念頭：我可以靜靜離開，什麼都不說，讓這個體制繼續腐化。又或者我可以試著改變體制——既然我已明顯看出跟我談過的合夥人根本無意做些什麼。「如果公司的文化無法由內改變。」我心想，「或許可以由外改變。」我決定草擬讀者投書或社論，提醒大家金融界的現況，或許能改變一些人的想法。於是我寫下這些句子：「我想，我在這家公司已經待了夠長的時間，足以了解它的文化、員工和本質。我可以坦白說，現在公司的環境是我見過最惡劣也最有害的。」

我的文章迅速膨脹成三千字，後來更增至五千字。我知道我需要言簡意賅地表達想法，直搗核心。核心是什麼呢？高盛和華爾街已經忘了「服務客戶」的使命，文化日益腐敗，嚴重威脅到公司與整個產業。當客戶不再信任銀行時，災難也隨之而至。董事會以及貝蘭克梵、寇恩、薛伍德、羅以德等人位居要津，卻無視眼前發生的一切，他們終究應該負起責任。他們把追求短期獲利視為唯一目標，把獲利看得比幾十年辛苦累積、卻可能一夕摧毀的聲譽還要重要。他們不知道你不能光是嘴巴講你與眾不同，強調你以客戶為重，你必須說到做到。如果你做不到，那種虛偽的氣息很快就會讓員工及客戶感到窒息。

我跟萊克斯討論我離開高盛的想法，我沒告訴他我正在寫一篇文章。我想知道的是，我公開說出我為何離開及體制的問題所在，是否有警世價值。我自認為我能發揮影響力，我只是想知道他是否認同我的看法。

萊克斯是我唯一信任可以幫我保守這個祕密的人，他不太喝酒，也不會在聊天中說溜嘴。我們已經是多年老友，永遠支持著彼此，他很清楚我的想法在職業生涯中的轉變。過去一年，我告訴他好幾次，我對公司日益強烈的失望。

萊克斯以朋友身分大力勸阻我公開說任何事，他說：「你說的有道理，但你這是小蝦米對抗大鯨魚。我擔心你在法律上會惹禍上身，我擔心那樣做的後果，你要多為自己想想，不值得你去冒那個險。」

他的話讓我多想了一會兒，那天是週日，我在倫敦市附近史密斯菲爾德（Smithfield）的某家餐廳，盡可能小心地透過iPhone和萊克斯聯繫。

萊克斯繼續說：「你要想想你自己，這樣做可能沒人理會，結果你離開公司、拿不到配股，你損失大了。」萊克斯的意思是，我會丟了未來的收入：薪資、獎金，外加高盛為了鼓勵我留下來，而在未來幾年給我的配股。

但我信心堅定，我告訴萊克斯：「我的理智告訴我，警世價值高於風險，我非常確定這點。」

「很好，」萊克斯說，「我只是告訴你，這風險很大。要是我，就不會那麼做。」

於是我們結束通話，我直到文章刊出後，才又和他聯繫。

先生，「蘭登．湯馬斯」找你……

後續一個月，我還是照常上班，盡全力做好分內的工作，持續精簡及琢磨那篇文章直到深夜，但沒把這事告訴其他人。二月初，我終於把文章精簡成一千五百字，標題是「我為什麼要離開高盛？」，我認為要讓這篇文章發揮它的影響力，最適合的是《紐約時報》的評論版，但我不認識報社裡的人，不知道該寄給誰。評論版只列了一個投書電子信箱，強制所有投書都必須經由這個管道提交。我決定把命運交給報社，於是我按了「傳送」鍵，知道這是無可逆轉、但完全正確的決定。

整整一個月，我都沒有收到《紐約時報》的回應。音訊全無。我的投書石沉大海，但我決定再試一次。

由於我覺得把文章寄給特定的人，比寄到一個真空帳號更有機會獲得關注，於是我開始查報社編輯的個人電子信箱。二〇一二年三月七日晚上，我把那篇文章寄給了四位編輯。

隔天早上我收到了回信。

《紐約時報》有意在評論版刊登那篇文章，我跟編輯討論，堅持那篇文章應該原文照登——我花了五個月把五千字精簡成我真正想表達的內容，我是真心相信裡面所寫的一字一句，不想看到刊登出來的東西是刪減或修改過的版本。我冒的風險實在太大了，這是我唯一的機會。

《紐約時報》同意刊登後，我還是每天到高盛的倫敦辦公室上班，當衍生性商品的業務交易員。投書的最後編修是在極度保密下進行的。接著，我突然收到《紐約時報》編輯的意外要求。

「我們必須百分之百確認你的身分，我們希望派記者跟你在高盛的倫敦辦公室見面，確定你所言屬實。」

「怎麼會有這種事？」我說，「我很樂意提供你需要的任何證據，但是報社記者跑到辦公室櫃檯來找我，那實在太誇張了。」感覺就跟間諜小說的情節一樣。

「別擔心，我們的人會很謹慎。」

《紐約時報》派了駐倫敦的財金記者蘭登·湯馬斯（Landon Thomas Jr.）來確定我的身分，同時確認我沒捲入任何醜聞，沒做讓《紐約時報》自打嘴巴的事。湯馬斯已經為《紐約時報》追蹤報導高盛十年了。我們約定的時間是三月十二日週一上午九點半，他到了櫃檯後請總機找我出來。事前我們沒有討論過他是否以真名求見，讓我意外的是，九點半一到，櫃檯就打電話來說：「蘭登·湯馬斯找你。」

「我馬上下去。」我說。

我到我辦公桌附近的洗手間，迅速往臉上潑了些水，心想：「這應該會很有意思。」有意思？應該是史無前例吧。我冷靜沉著地走下樓，看到一個高大的傢伙背著肩袋，是湯馬斯。我走向他，我們在高盛的大廳握手，他面帶微笑地說：「幸會。」

「一起去喝杯咖啡？」他問道。

我們走上艦隊街，往聖保羅大教堂的反方向走去。我建議或許可以找離高盛遠一點的星巴克分店，我們大約走了十分鐘，最後在皇家法院對面的星巴克坐了下來。在倫敦，多數咖啡店的地下室都有個休息區，所以我們買好咖啡後就走下樓，那裡比較安靜。我再次覺得我們的舉動就像間諜出任務一樣。

湯馬斯看得出來我是認真的，所以他的查證工作變成尋常的聊天。我一開始就告訴他，我所講的內容要保密。

他問的問題都在我的預料之內，首先，他問我這麼做的原因。我告訴他，我覺得我在做正確的事，我想發揮正面的影響力，無法再不聞不問。

「你對公司有不滿嗎？」

「不，但是看到我付出那麼多的公司墮落至此，我很難過。」

「你是不是快被公司開除了？」

「不，事實上，我到倫敦的第一年已經完成三五%的任務，修正長達十年的法律阻礙，增加我們經常交易的客戶數八〇%，年終考核時我也受到各方的讚賞。」

「你對獎金或沒獲得升遷感到不滿嗎？」

我告訴他，我的獎金比同儕高出一〇%。沒錯，我是希望我能獲得升遷，但是從副總裁升到董事總經理的平均年齡是三十五或三十六歲。我今年三十三歲，有幾位合夥人告訴我，我大概再兩年就能升上去了。

「你是否太天真了？」湯馬斯問：「華爾街不是一向如此嗎？」他問我，難道你一直活在自己的世界裡嗎？

我說：「當然不是。」首先我告訴他，如果華爾街真的一向都是如此，為什麼大家可以接受？其次，情況是真的變了，二〇〇八年金融危機後的三年間，我親眼看到高盛標榜的責任感淪喪，如今他們是積極占客戶的便宜。華爾街普遍如此，但高盛一向被視為業界的領導者。我說，到了二〇一二年，高盛已經完全喪失長遠的心態，只專注不惜一切代價牟取眼前利潤。他們完全沒從金融危機記取任何教訓。

「為什麼你沒跟老闆們談這個問題？」

「過去一年，我已經跟九位合夥人談過公司的文化和道德了。雖然有半數的合夥人關起門來坦言公司的確有問題，但我看得出來他們無心做任何改變，他們賺的錢實在太多了。」

我們談了約四十五分鐘，接著開始走回辦公室。

「你現在對這件事的感覺如何？」湯馬斯問我。「好戲快要上演囉。」

其實，我只帶走了自由

在冬末的冷冽空氣中，罕見的冬陽讓聖保羅大教堂看起來更美了。我告訴他，我覺得很好，事實上，我感到開心。我相信我多少能發揮影響力來促成體制的改革，無論影響力有多小。但我也告訴他，我不知道事後會有什麼反應，我們兩個都不知道。

湯馬斯祝我順利。握手道別後，他往另一個方向離去，我回艦隊街一百二十號的交易廳座位。我的投書最後敲定在三月十四日週三刊出，我一直校稿到最後一分鐘，裡面提到的事實都經過了徹底查證，我為即將刊登的內容感到自豪。

三月十日週六，我大約晚上八點進辦公室清理我的桌子。我特地選週六晚上，因為我知道那時候不會有太多人在辦公室裡。我從畢業進入職場以來，一直都待在這家公司，不想匆匆忙忙離開。我想從容地打包我的東西，順便回憶一下我的職業生涯。

交易廳裡沒半個同事，只有我和一位警衛。多數的電燈都為了省電關掉了，空調也關了，辦公室裡又悶又熱。我坐在辦公桌前，捲起衣袖，拿下手錶，咬了幾口剛剛在附近麥當勞買的麥香魚，開始清理我的東西。我看到幫土耳其電信公司掛牌成功的紀念品，還有我做第一筆交易後，魯迪從我的襯衫剪下的鈕釦。我想起以前和柯瑞一起工作的日子，他在工作上教我的一切，以及教我如何做個正直的人。我看到暑期實習留下的相片集，二〇〇〇年暑假有七十五人開始在高盛工作，現在只剩下七人還留著。我把一顆舊的跳羚隊橄欖球，還有以前我在紐約交易廳跟達菲拋來拋去的板球放進箱子裡。我再次想到從我第一天進高盛，到十二年後的今天，公司的風氣與文化改變有多大。

其後的四個小時，我獨自坐在靜得出奇的交易廳裡。沒有交易員的喊叫聲，沒有電話響起，我仔細列出週二我想盡可能迅速低調離開時，所需要做的一切事情。我打算飛回紐約，展開新的人生，無論那將會是什麼。當我走出這扇門時，希望我和公司都能盡可能地把關係切得乾淨俐落，桌上沒留下我個人的丁點痕跡。

最後，在跨過午夜不久的週日凌晨，我關上電腦，背起背包，拿著一箱裝了十幾年回憶的小箱子離去。高盛後來告訴我，他們有監視錄影，錄到我帶著箱子和背包從大廳離去，他們認為我有意偷竊。其實，我只帶走了自由。

後記

想起踏入金融業的初衷

我們不是活在全球最棒的民主國家嗎？

我的投書上報那天，接近午夜時分，我飛抵紐約的甘迺迪機場。到處都可以看到我的相片，我不確定會不會有人認出我，所以稍微變裝了一下（聽起來有點蠢）：我戴著深棕色的編織紳士帽，故意沒刮鬍子。我直接前往位於七十九街和第三大道附近的菲爾住處，菲爾幫我弄了一個充氣床墊，讓我在他家借宿，他說我下機後應該直接過去找他。

我不知道對那天該做何預期，也沒多做規畫。我深信我在投書裡提到的所有論點，也覺得公開提出是正確的做法。至於會引發什麼反應，我自己會處理。不過當我真正看到文章所掀起的回響時，還是有點難以招架，數千封的讀者來信湧至，從德州鄉下到俄羅斯、印度和中國，都有人寫信過來。我也收到了數十封以前的同事和客戶的來信。

那些信中都表達了共同的心聲：支持我。他們都喜歡「改革崩壞體系」的想法，也喜歡有人不畏強權揭露事實，即便要付出代價。紛沓而至的支持讓我相當感動，但是當媒體發起攻勢時，我很高興直覺告訴我不要回應。我弟弟和我最要好的朋友萊克斯及丹，也認同我的處理方式，原因如下：

我花了近五個月的時間寫那篇文章，裡面的內容已經涵蓋了我想說的一切。如果我再貿然補充些什麼，就會把焦點從那篇投書移開。我很驕傲也很興奮能以微小的力量，揭露金融界不負責任的行為及利益衝突等真實面，創造議題讓大眾能夠參與，不再置身事外。在媒體的關注下，我能夠在飛抵紐約以後直接去找好友，覺得相當安心。

我從計程車下來，菲爾家的門房走出來幫我提行李。他的臉突然亮了起來，露出我見過最熱情的微笑。

「你是葛瑞．史密斯？」門房興奮地問我。被他認出來，我嚇了一跳。我那天有大半時間都在飛機上，不知道新聞報導引起的回響那麼廣。

「歡迎來到紐約。」他熱情地對我說，「我只是想讓你知道，這裡有很多人支持你，像我這樣的一般人也支持你，我們都很感謝你能為大家挺身而出。」他的話令我感動，也讓我感到謙卑。等候電梯上樓時，我想了一下這件事引發的強烈回響。接著我走進電梯，很高興見到我的朋友。

門房凱文是二十出頭的非裔美國人，他希望將來有機會能進入金融業。他在菲爾家那棟大樓打工，以支付夜校的學費及養家。他對金融充滿了熱情和理想，也很迷股市，對股市的波動、公司的評價、了解資產負債表等都相當感興趣。

我在菲爾家睡充氣床墊的那三週，每天進出大樓時都會和凱文聊天，我們談到他應該讀哪些金融教科書，哪些市場期刊最好，怎麼做才可以讓他更有機會擠進金融業。

凱文讓我想起當初我進金融業的原因，以及促使我們決定去做某件事的熱情。我希望他有一天能如願進入金融業，也希望金融業不會讓他失望，因為金融業需要像凱文這樣的人才。

華爾街只跟那些活該賠錢的上流社會富人往來？

金融業一直存在著一個重大的謬誤。大家都以為華爾街只跟那些活該賠錢的上流社會富人往來，以為業界的古怪做法和利益衝突不會直接影響到一般老百姓，但事實並非如此。

就連華爾街的執行長被叫到國會接受質詢時（例如證管會控告高盛時，貝蘭克梵去國會應訊；摩根大通因為交易不當而虧損六十億美元時，戴蒙也去應訊），他們也主張：「我們都是大人了。」「我們都是複雜的機構投資人，都知道自己在做什麼。」但是請停下來仔細想想，他們玩的是誰的錢？

光看最近爆發的醜聞就好了：阿拉巴馬州的某個郡和摩根大通交易結構型衍生商品出了事，害整個郡差點破產，遭殃的是誰？希臘或義大利等政府和高盛或摩根大通交易衍生性商品來遮掩其債務，掩飾問題時，是誰受到衝擊？當摩根士丹利定錯臉書公開上市的股價，讓共同基金虧損數十億美元的退休金時，最終受害的又是誰？當然是一般老百姓。

當利比亞之類的主權國家，因投資衍生性商品而虧損十億美元的人民血汗錢時，是誰的生活受到影響？當巴克萊銀行（Barclays）和其他大銀行操控同業拆借利率（LIBOR，影響數兆美元學生就學貸款和房貸利率）時，是誰吃虧？當摩根大通的經紀人銷售績效欠佳的共同基金給客戶，以賺取更多收費時，蒸發的是誰的積蓄？

這種例子不勝枚舉，這些最終都會影響到一般民眾、教師、退休人員，他們的命運都和這些管理他們積蓄的組織連在一起。華爾街的惡行對一般百姓的衝擊更大，因為攸關的是他們辛苦一生的血汗錢。

但是為什麼華爾街還是獲利那麼高？他們難免會虧損吧？別傻了，你仔細想想：有連續幾季華爾街的銀行是天天賺錢的，沒錯，連續賺九十天，百分之百都有獲利。美國銀行最近就達成這種驚人紀錄，這就像打棒球，棒棒都能揮出安打，完美紀錄是怎麼辦到的？

答案只有五個字：資訊不對稱。市場是不公平的，銀行可以看到市場上每位客戶在做什麼，所以比任何人知道的更多。如果賭場永遠都可以看到你的牌，有時甚至可以決定發什麼牌給你，你還期待賭場會賠錢嗎？

市場是這樣運作的：華爾街為最精明的避險基金、共同基金、退休基金、主權財富基金、世界各地的企業促成交易，它知道誰在交易的兩邊，這就像看穿每個人有什麼牌一樣，所以它可以更精明地操作自己的資金。

更糟的是，如果華爾街可以說服你交易訂製的結構型衍生性商品，以因應公司的需求，那就好像你的牌已經事先被決定了，賭場不可能輸。

現在你想想在真實的賭場內，賭博是在賭廳進行的，到處都安裝了監視器。即便你不喜歡拉斯維加斯的賭場，但它基本上是有所節制的。

反觀在華爾街，賭博可以移到暗室裡進行，那裡沒有監視器，沒有人監督或追蹤。交易不透明的ＯＴＣ衍生性商品，**沒有**攝影存證。在這個充滿煙霧的暗室裡，銀行有極大的動機剝削客戶，跨越利益衝突的防線。這種動機和缺乏透明性，就是導致二〇〇八年全球金融危機的主要原因。

最後，再來想想發牌的莊家。你的業務員或交易員也許看起來很客觀，像個友善的賭場莊家，與你談笑風生，好像跟你是同一國的，但有時他們可能會引導你去做讓賭場獲利最多的事。如果你在玩二十一點，你手上拿了十九點，你會讓莊家幫你補牌嗎？在華爾街，有時他們會鼓勵你再抽一張牌。

諷刺的是，真正的賭場可能還比華爾街銀行受到更多的規範。證管會和美國商品期貨交易委員會（Commodity Futures Trading Commission，簡稱ＣＦＴＣ）無法阻止那些促成危機的惡行，他們仍在想辦法制定適當的措施，以限制前面提過的利益衝突。華爾街銀行占了這些優勢，怎麼可能會賠錢？即使是真正的賭場，也無法天天都賺錢。

以下是這種資訊優勢的證據：為什麼在投資研究機構晨星（Morningstar）的衡量制度下，高盛和摩根大通的共同基金績效比其他同業差？為什麼高盛、摩根士丹利及摩根大通的一些交易高手自立門戶，創立避險基金以後，績效不佳？因為他們自立門戶時，失去了不公平的優勢，再也看不到每個人的牌，再也沒有資訊不對稱的優勢，無法棒棒揮出好球。

華爾街最積極反抗的改革，就是最有利可圖的部分：不透明的衍生性商品，以及自營交易。但這些正好也是對金融體系的穩定危害最深的領域。華爾街已經花了三億美元以上遊說，想要消除任何規範衍生性商品及禁止自營交易的措施，例如把衍生性商品變成交易所內的透明交易，以及無法再利用沃爾克法則（Volcker rule）提到的資訊優勢來坑殺客戶。華爾街討厭透明，他們會竭盡所能地反抗，避免透明化的規定降臨。

我是個資本主義者，非常贊成人們去追求財富，也希望企業獲利，因為財富是驅動經濟成長的動能，但我希望那是以公平方式達成的。我不相信的，是資本主義裡面暗藏的某種假設：為了追求最大獲利可以盡可能地挑戰道德界線，欺騙客戶。

我相信的是長期導向的商業模式，你有誠信義務善待客戶，讓他們持續與你往來。那不只是正確的事，也對事業更有利。你的獲利可以一樣多，只是走得比較緩慢穩健、光明正大。這對股東來說也比較好，他們喜歡可預期的營收及更穩定的事業。如今這種「撈一票就跑」的模式是不負責任的，也無法長久以往。

為什麼危機發生四年後，仍沒有好的措施來導正這一切？我們不是生活在全球最棒的民主國家嗎？政治人物無意修正會傷害人們的問題，讓懂得操弄遊戲的少數人變得更富有，使全世界在未來幾年仍受到災難威脅，大家應該對此感到憤怒才對。

大家都很清楚體制出了嚴重的差錯，卻很少人知道問題所在。一九二九年市場大崩盤後，美國參議院舉行皮科拉聽證會（Pecora Hearings），調查造成崩盤的原因。那些調查促成了真正的改革，讓銀行負起責任，消除了導致股市崩垮的惡行，讓金融界有了後來數十年的平靜。如果我能透過這本書達成一件事，那我希望它能促使一些了解問題的人，打電話給他們的參議員或眾議員，提出這個問題：為什麼你沒有膽識做同樣的事？

華爾街專業行話小辭典

Agent 代理人：代替客戶在交易所執行交易的人或實體，未投入銀行的自有資金來協助交易。亦參見：principal。

Analyst 分析員：大學的應屆畢業生，華爾街最低階的職銜。

Asset management 資產管理：投資者（如退休基金、校務基金、主權財富基金及個人）為了特定的投資目標，而對股票、債券、大宗商品、衍生性商品等證券所做的專業管理。

Associate 助理：通常是MBA的畢業生，或是在公司工作三年以上的研究員。華爾街第二低階的職銜。

Attribution 功績：業務員名下累積的總業績，亦即他帶進了多少客戶生意。亦參見：GC。

Axe 問題交易：Axe原義是斧頭，在華爾街是指公司說服客戶投資以便脫手的股票或商品，因為那些交易看起來對公司沒有多大的潛在獲利。

Bid-offer spread 買賣價差：某人願意賣的最低價（賣價）和願意買的最高價（買價）之間的價差。造市者通常可以把部分價差變成自己的獲利。

Bigs 大期貨：原始S&P五百期貨大合約的俗稱，在芝加哥商品交易所的公開喊價場子裡交易。E-Mini期貨合約的人氣後來超越了大期貨。E-mini的票面規模只有大期貨的五分之一，採電子交易，全天候二十四小時幾乎都有交易。

Bip/Bp 基點：basis point的俗稱，一基點等於一%的百分之一。資產波動一%時，你可以說它波動一百基點。

Blocking and tackling 日常要務：英文原意是指球場上的攻防。這裡是指在業務與交易廳裡，服務客戶的日常基本任務，例如接聽電話、接單、蓋時間戳印和客戶確認價格等。

Bloomberg Terminal 彭博終端機：提供業界新聞和市場資料服務的電腦系統，華爾街用它來取得即時資訊，彼此溝通，也和客戶溝通。彭博公司（Bloomberg L.P.）是紐約市長麥克．彭博創立的。

Bloomie 蓬訊：用彭博終端機上的傳訊功能傳給客戶的訊息。透過蓬訊和蓬訊聊天室或即時通訊的溝通在業界很普遍，甚至比講電話還常見。

Blown up 爆掉：指交易員因交易時機不佳而賠光或賠了很多錢。

Buck 支：一百萬美元的俗稱。例如：「那個避險基金經理人，剛剛眼睛眨都不眨就交易了五百支的銀礦期貨。」「他在翠貝卡的頂樓豪宅要價八支。」

Call option 買權：一種衍生性商品，買家有權在未來以約定價格買進標的證券。

CDO(collateralized debt obligation) 擔保債權憑證：一種讓房市泡沫大幅膨脹的證券，後來促成二〇〇八年的崩盤，以及貝爾斯登、雷曼、美林、美聯銀行和華盛頓互惠銀行倒閉。CDO把房貸包裝在一起，讓投資人的資金和美國房市相連。投資銀行及房貸供應鏈上的每個單位，都因此賺進了大量的收費。

CDS(credit-default swap) 信用違約交換：一種類似保單的不透明衍生性商品，投資人購買這種商品以避免某家公司、房貸或甚至主權國家違約或破產。賣家從買家收取保費，同意在違約發生時提供買家一定的補償。美國國際集團（AIG）後來拿了一千七百萬美元的納稅人紓困金，就是因為他們賣出大量的房市CDS，有過量的CDS曝險。

Cheap as chips, mate! 超便宜啦：這是英國同事告訴你，某個東西便宜得要死的方式。

Chinese wall 中國牆：一種法律規定的屏障，用以分隔金融事業可能涉及利益衝突的兩類業務：一類，是業務與交易、資產管理、研究；另一類是投資銀行、企業融資、併購。

Commercial killer 殺手級業務：特別會帶進生意的人，通常是在公司裡升遷最快的方法。

Commission 佣金：客戶同意為交易而支付給公司的議定費用（例如，每股兩美分、每張期貨合約五十美分）。

Culture carrier 文化傳承者：特別擅長保留與傳遞公司的文化、價值觀和傳統給周遭同仁的人。

Custy 客戶：顧客或客戶的俗稱。

Derivative 衍生性商品：選擇權、交換、期貨、新異產品、結構型商品的通稱。一般來說，衍生性商品是從股票、債券、大宗商品或指數之類的標的證券衍生出價值。

D/K 不知道：don't know的縮寫，當客戶宣稱他不記得有某筆交易或交易細節，想把責任推給你的時候，會使用這種說法。在華爾街，這也代表任何形式的拒絕，例如：「真慘，瑞克約那女孩出去，但被狠狠D/K（拒絕）了。」

Don't be a dick for a tick 別當小氣鬼：當客戶為了幾毛錢或一檔（tick，證券變化的最小單位）而討價還價時，你對客戶講的話。

Don't get sore, buy some more 逢低繼續買：講這句話是為了讓客戶繼續交易，即使交易對客戶不利，客戶已經虧錢了。

Dressin' British, thinkin' Yiddish 英國人的裝扮，猶太人的腦袋：指高盛的創辦人。

Elephant trade 大象交易：為公司帶進一百萬美元以上的單筆交易。

E-mini 股價指數期貨：全球流動性最高、最熱門的期貨合約，每天交易金額有數千億美元。由於流動性極高又幾乎全天候電子交易，是避險基金的交易首選。

ETF(exchange-traded fund) 指數股票型基金：一種追蹤指數（例如S&P五百）或大宗商品（例如黃金）績效的基金。

Exchange-traded 交易所掛牌交易：在交易所掛牌，有透明的公開市場。亦參見：OTC。

Exotic 超甜的：指某種複雜的衍生性商品，需要複雜的模型才能精確衡量其價值。對華爾街來說，是獲利極佳的高利潤商品。亦參見：結構型商品（structured product）、不透明（opaque）。

Fast market 快市：原本是期貨用語，指市場因某一突發性因素造成市場價格劇烈波動。但現在變成忙碌交易員婉拒幫忙的藉口：「我目前在快市裡，閃遠一點。」。亦參見：shit show。

Fast money 快錢：通常是指交易很多，進出部位非常頻繁的避險基金。

Fat-finger 胖指：因手指笨拙而按錯鍵或按太多次所犯下的交易錯誤，例如交易金額多按了三個零，那可能對市場造成好幾億美元的衝擊。

Fill or kill 成交或拉倒：這是給經紀商的下單指令，意指「馬上完全執行，或完全不要執行」。

Futures contract 期貨合約：買家和賣家之間的衍生性商品合約，交易的價格與數量是今天協定，但交割與付款是在未來。這個詞源自於農民想避免穀物因乾旱、暴雨、需求不定所造成的價格不穩定風險。

G：華爾街對一千美元的俗稱。例如：「蘭迪的巴拿馬之旅花了他8G。」

GC(gross credit) 總業績：意指每位業務員從每家客戶帶進的營收。亦參見：attribution。

Handle 字頭：指證券的交易價位。假如Google的股票交易價是634，你可以說：「Google的交易價是六字頭（trading with a 6 handle）。」這個詞也可以用於日常生活，例如：「吉姆體重暴增，現在已經邁進三字頭（亦即超過三百磅）。」

Hedge fund 避險基金：可採行多種投資策略的投資基金，包括使用槓桿和衍生性商品，可做多（買進）和放空（在沒擁有資產下出售）。由於避險基金不太受到管制，只開放讓大型投資人加入（例如退休基金、大學校務基金、高淨值個人）。

High-net-worth individuals 高淨值個人：指可投資資產總值較高的人，是富豪的另一種說法。

Hit a bid 接受買價：以造市者所開的價格成交。

Hit the tape 成交：完成交易，或是新聞公布。這說法源自於一八七〇年以來用來傳輸股價資訊的報價機。華爾街的人經常使用：「My new kid hit the tape」（意指孩子出世了）。「Ben and Kelly are dating? When did that hit the tape?」（班和凱莉在交往嗎？何時公布消息？）

Hoot 廣播：每個人桌上的小型對講機，可對整個交易廳宣布消息。

Hundo/hunge 一百元：華爾街對一百美元的俗稱。例如：「這條愛馬仕領帶花了我三hundo。」「去Per Se用餐？至少要八hundo。」

I see 知道了：「去你媽的」的委婉說法。例如：「嗯，彼得，我們需要你週六來加班。」「我知道了。」

Illiquid 流動性低：缺乏買家和賣家，所以很難交易。交易流動性差的證券可能對市場有過大的影響。

Investment banking business 投資銀行業務：投資銀行的私密面，承銷證券的發行，以幫企業、政府和個人籌資，也提供企業合併或併購其他公司的建議。亦參見：IPO。

IPO(initial public offering) 首次公開上市：首次在證交所掛牌，到股市向大眾發行公司股票。私人企業透過此流程轉型為上市公司。

Leverage 槓桿：以借錢或交易衍生性商品的方式讓損益加倍的工具。在金融危機以前，銀行的槓桿高達三十比一，亦即他們每借與賭三十元，實際上只擁有一元。

Levered money 槓桿資金：資金以槓桿方式操作，讓獲利加倍，通常是用來避險。

Lift your offer 以你開的賣價向你買：以造市者願意賣的價格（亦即賣價）買進某個東西。

Liquid 流動性高：很容易交易，對市場的影響有限（市場上有很多買家和賣家）。

Make a market 造市：對客戶想交易的證券開出本金風險價格，公司以自有資金冒險，但是可以賺取價差或佣金。亦參見：bid-offer spread、principal。

Managing director 董事總經理：公司位階第二高的職稱，通常（但不見得一定）是小組的領導者，年薪通常超過一百萬美元。

Mark to market 依市價：會計用語，意指精確評估投資部位的價值，或在每個交易日結束時「平倉」（square up），不留待月底。

Market color 市場建議：針對市場上的主題，向客戶表達自己的看法，建議客戶如何交易證券以運用那些主題。

Muppet 傻蛋：毛絨絨的可愛布偶，在英國是「白癡」的俗稱。

Mutual fund 共同基金：根據集體投資計畫，匯集許多投資人（包括社會大眾）的資金，購買股票與債券之類的證券，由專業經理人管理，受到管制。

Noted 知道了：「去你媽的」的委婉說法。例如：「嘿，彼得，你要更認真提交那些TPS報告。」「知道了。」

Notional value 名目價值：槓桿部位的資產總值。常用於選擇權、期貨、衍生性商品市場，因為只要投資一點資金，就可以掌控很大的部位（也對交易員有很大的影響）。

On the hop 立馬：華爾街說「馬上」的意思，例如：「我需要你立馬接聽那位客戶的電話，他要執行交易。」

On the wire 線上：華爾街說「電話上，立刻」或即時的意思。客戶詢價時，業務員有時需要詢問交易員，然後再回客戶電話。很急的客戶會在線上等報價，然後在線上做決定。

Opaque 不透明：內容不透明，有時難以了解或精確的評價。通常用來指複雜的衍生性商品。亦參見：exotic、OTC、structured product。

Open outcry 公開喊價：交易場內的傳統交易方法，例如芝加哥商品交易所，交易員站在交易場內，在混亂中互相喊單，使用手勢溝通。最近十年，多數證券已經從公開喊價改成電子交易。亦參見：E-mini。

Option 選擇權：一種衍生性商品，讓買家有權在未來以約定的價格，買賣標的證券。亦參見：call option、put option。

OTC(over the counter) 店頭市場：交易所外的交易，由買賣雙方直接協商，對外界來說是不透明的。銀行通常會從買賣價差中拿一部分當收費。亦參見：exotic、structured product。

Partner 合夥人：公司裡最資深的階層，年薪通常是好幾百萬美元。

PATC(per annum total compensation) 年總所得：員工一整年的總報酬，包括薪水和獎金。

Pension fund 退休基金：有私人退休基金也有公共退休基金。是全球最大的投資者，資產高達好幾兆美元。

Pit 交易場：交易所內，所有交易員站著互相喊價、比手勢，以顯示買或賣及數量的地方。亦參見：open outcry。

Plain-vanilla 普通：你最常見的香草冰淇淋口味，或是形容單純的衍生性商品投資，例如買權或賣權、期貨。通常很透明，在交易所內掛牌。與普通衍生性商品相反的是結構型商品。亦參見：call option、put option、futures contract。

Portfolio manager 投資組合經理：在資產管理公司裡可決定投資哪種證券的人。投資組合經理會雇用研究人員幫忙提供資訊，以利其決策。

Pre-IPO partner 前IPO合夥人：高盛於一九九九年公開上市之前的合夥人，身價高達數千萬美元或數億美元。一定具備的特質：幾乎隨時都是古銅色的肌膚，即便是在冬天。

Principal 對家：與客戶交易的另一方，可以是個人或法人。例如有些券商會為了促成交易，而以自有資金吃下客戶股票。亦參見：agent。

Proprietary trading 自營交易：投資銀行以自己的資金，用自己的帳戶交易證券來獲利，很像避險基金。這和撮合客戶的交易不一樣。陶德－法蘭克法案（Dodd-Frank Act）的沃爾克條款旨在禁止自營交易，因為自營交易是導致二〇〇八年金融危機的原因之一，同時也因為這與客戶交易之間會有利益衝突。

Put option 賣權：一種衍生性商品，讓買家有權在未來以約定的價格，賣出標的證券。

Quant 計量專家：在業務與交易事業裡，負責做很多計量數學的人，例如為衍生性商品定價、為交易員分析風險，以及打造複雜的結構型商品讓業務員去推銷。許多計量專家都擁有物理、數學、電機等領域的博士學位，在華爾街的魅力與高薪誘惑下脫離本行。有些計量專家自立門戶，自建模型自己操作避險基金。

Real money 真錢：指共同基金、退休基金等機構，他們的投資期間比避險基金長，且鮮少使用槓桿或完全不用槓桿（亦即只用真實的資金）。

Research analyst 研究分析師：在投資銀行的研究部工作，主要任務是以基本分析研究某產業的幾檔股票，然後寫研究報告，建議客戶買進、賣出或中立。

Rip someone's face off 狠削某人：在某人（客戶）不知情下狠削他一筆。

Run over 被修理：交易虧損，類似被削一筆或爆掉，但比較沒那麼嚴重。通常你賠了之後，還能改日再繼續交易。當客戶把交易分給多家銀行來做時，交易員有時會抱怨他們被客戶「修理」了，這種做法稱為「分單」（spraying the Street）。

Sales and trading business 業務與交易部門：在投資銀行內，代替客戶（例如避險基金、共同基金、退休基金、保險基金、主權財富基金）買賣股票、債券、貨幣、大宗商品、衍生性商品的事業。銀行同時當代理及主理人，準備好在必要時投入自有資金，以促成客戶交易。業務與交易事業裡的三個角色是業務交易員、交易員、計量專家。亦參見：make a market。

Salesperson 業務員：通常和業務交易員同義。

Sales trader 業務交易員：在業務與交易事業裡，業務交易員（通常和「業務員」交替使用）的工作是跟客戶談市場，提出建議，拉生意。接著，業務交易員和交易員一起幫客戶執行交易。

Series 7 美國證券業執照考試：金融業菜鳥在合法和客戶交談及執行交易以前，需要先考過的六小時累人考試。

Shit show 亂成一團：華爾街對天大惡夢或混亂的俗稱，例如：「市場暴跌、客戶來電滿線、交易單子紛飛，亂成一團。」

Short squeeze 軋空：很多人都賣空某檔證券，突然間幾乎每個人都開始買進。軋空可能非常痛苦，會造成很大的交易虧損。

Smart money 法人資金：來自避險基金或其他精明投資者的資金俗稱。

Sovereign wealth fund 主權基金：政府擁有的投資資金，投資股票、債券、大宗商品、房地產、私募基金、避險基金。

Stick 支：華爾街對一百萬美元的俗稱。例如：「大家都很意外，比利去年收入高達三支。」

Strat 策略家：參見quant。

Structured product 結構型商品：銀行賣給客戶的預先包裝投資策略（裡面通常有期貨、選擇權、交換等衍生性商品），目的是達成特定的投資目標，無法以普通的產品輕易複製。銀行來跟你推銷結構型商品時，你腦中應該閃過的念頭是：「快逃，現在就逃！」

Swap 交換：一種OTC衍生性商品，一方以金融工具的金流，交換另一方另一種金融工具的金流。交換適用於各種資產類別。亦參見：CDS。

Take a view 表達看法：透過執行交易來表達你對市場的看法，看準時就會獲利。

Talking your book 炒作：刻意包裝你公開發表的論點，讓它對你自己的交易部位有利。如果你買進黃金期貨，你上電視說黃金即將大漲，那就是在炒作。

Tick 檔：英文原義是蜱蟲，一種你晚上睡覺時會來吸你血的虱子。在華爾街，一檔是證券波動的最小單位。

Trader 交易員：在業務與交易事業裡，造市與執行交易以協助客戶事業的人。交易員要跟直接與客戶溝通的業務交易員密切合作。

Vice president/executive director 副總裁／執行董事：通常在公司或金融業工作七、八年後可以達到的位階，是中階職稱。

Working your order 執行交易：執行客戶交易的動作，通常用於交易廳，表示你會幫某人留意。例如：「別擔心，我幫你執行交易，你會很滿意你的獎金。」

Yard 碼：華爾街對十億美元的俗稱。用法：「大停電後，投資組合經理非常恐慌，拋售了兩碼（亦即二十億美元）的股市曝險。」

You're done/you're filled 大功告成：意指你的交易執行了，最終價格會馬上出現。

國家圖書館出版品預行編目（CIP）資料

我為什麼告別高盛：以及華爾街教我的那些事 / 葛瑞・史密斯 (Greg Smith) 著；洪慧芳譯 . -- 初版 . -- 臺北市：早安財經文化，2014.06
面；　公分
譯自：Why I left Goldman Sachs : a Wall Street Story
ISBN 978-986-6613-63-0（平裝）

1. 高盛公司 (Goldman, Sachs & Co.) 2. 投資銀行 3. 美國

563.525　　103008413

早安財經講堂 60

我為什麼告別高盛

以及華爾街教我的那些事

Why I Left Goldman Sachs

A Wall Street Story

作　　者：葛瑞・史密斯 Greg Smith
譯　　者：洪慧芳
特約編輯：莊雪珠
封面設計：Bert.design
責任編輯：沈博思、劉詢
行銷企畫：陳威豪、陳怡佳

發 行 人：沈雲驄
發行人特助：戴志靜、黃靜怡
出版發行：早安財經文化有限公司
台北市郵政 30-178 號信箱
電話：(02) 2368-6840　傳真：(02) 2368-7115
早安財經網站：http://www.morningnet.com.tw
早安財經部落格：http://blog.udn.com/gmpress
早安財經粉絲專頁：http://www.facebook.com/gmpress

郵撥帳號：19708033　戶名：早安財經文化有限公司
讀者服務專線：(02)2368-6840　服務時間：週一至週五 10:00~18:00
24 小時傳真服務：(02)2368-7115
讀者服務信箱：service@morningnet.com.tw

總 經 銷：大和書報圖書股份有限公司
電話：(02)8990-2588
製版印刷：中原造像股份有限公司
初版 1 刷：2014 年 6 月

定　　價：380 元
I S B N：978-986-6613-63-0（平裝）

WHY I LEFT GOLDMAN SACHS: A Wall Street Story by Greg Smith
Copyright © 2012 by Greg Smith
Complex Chinese translation copyright © 2014 by Good Morning Press
This edition published by arrangement with Grand Central Publishing, New York, New York, USA.
through Bardon-Chinese Media Agency
博達著作權代理有限公司
ALL RIGHTS RESERVED

版權所有・翻印必究
缺頁或破損請寄回更換